图像证史

（第二版）

Eyewitnessing
The Uses of Images as Historical Evidence

〔英〕彼得·伯克(Peter Burke) 著 杨豫 译

著作权合同登记号　图字：01-2016-1063

图书在版编目(CIP)数据

图像证史/(英)彼得·伯克（Peter Burke）著；杨豫译.—2版.—北京：北京大学出版社，2018.10

（历史与理论）

ISBN 978-7-301-29527-4

Ⅰ.①图… Ⅱ.①彼…②杨… Ⅲ.①世界史—通俗读物 Ⅳ.①K109

中国版本图书馆 CIP 数据核字（2018）第 098446 号

Eyewitnessing: The Uses of Images as Historical Evidence by Peter Burke was first published by Reaktion Books, London, 2001

Copyright © Peter Burke, 2001

书　　　名	图像证史（第二版） TUXIANG ZHENGSHI
著作责任者	〔英〕彼得·伯克(Peter Burke) 著　杨豫 译
责 任 编 辑	张　晗　赵　阳
标 准 书 号	ISBN 978-7-301-29527-4
出 版 发 行	北京大学出版社
地　　　址	北京市海淀区成府路 205 号　100871
网　　　址	http://www.pup.cn　新浪微博：@北京大学出版社
电 子 邮 箱	编辑部 wsz@pup.cn　总编室 zpup@pup.cn
电　　　话	邮购部 010-62752015　发行部 010-62750672　编辑部 010-62755910
印 刷 者	北京中科印刷有限公司
经 销 者	新华书店
	880 毫米×1230 毫米　A5　10.75 印张　206 千字 2008 年 2 月第 1 版 2018 年 10 月第 2 版　2023 年 10 月第 4 次印刷
定　　　价	58.00 元

未经许可，不得以任何方式复制或抄袭本书之部分或全部内容。

版权所有，侵权必究

举报电话：010-62752024　电子邮箱：fd@pup.cn

图书如有印装质量问题，请与出版部联系，电话：010-62756370

纪念鲍勃·斯克里布纳

目 录

前言和致谢 1

导论　图像的证词 1
第一章　照片和肖像 21
第二章　图像志与图像学 43
第三章　圣像与超自然的图像 64
第四章　掌权者和抗议者 84
第五章　透过图像看物质文化 115
第六章　社会景观 150
第七章　他者的套式 183
第八章　可视的叙事史 212
第九章　从见证人到历史学家 243
第十章　超越图像学？ 265
第十一章　图像的文化史 281

参考书目 302
索　引 311
致　谢 332

插图目录

图 1　为《阿尔及尔的妇女》所画的素描,水彩素描　　13
图 2　《苏丹前往清真寺》,水彩素描　　14
图 3　《弗吉尼亚的塞科顿村》,素描　　19
图 4　《死神丰收:1863 年 7 月的葛底斯堡》,摄影　　26
图 5　《士兵之死》,摄影　　27
图 6　《菲利普·蒂克内斯夫人》,油画　　31
图 7　《直布罗陀总督希费尔德勋爵》,油画　　32
图 8　《穿加冕礼袍的路易十六》,油画　　34
图 9　《路易·菲利普像》,油画　　35
图 10　《春》局部,蛋彩画　　49
图 11　《强暴卢克蕾齐娅》,油画　　49
图 12　《天上的爱与人间的爱》,油画　　50
图 13　《塔卡卡:黑夜与白天》,油画　　62
图 14　《阿比基督受难像》,包铜木刻祭堂雕饰　　69
图 15　《基督受难像》,木制　　69
图 16　《为屠夫的儿子制作的供奉圣像》,油画　　72
图 17　《从十字架上解救下来的耶稣》,镶嵌油画　　74
图 18　卢卡斯·克拉纳赫所做的对帧木版画　　80
图 19　《带光环和鸽子的僧正路德》局部,木版画　　80
图 20　《自由引导人民》,油画　　90

图 21　《自由女神像》,铜像　91

图 22　《炼糖》,环形壁画《现代墨西哥大观》局部　93

图 23　《奥古斯都皇帝像》,石像　95

图 24　《罗马皇帝马尔克·奥利略骑马像》,铜像　96

图 25　《路易十四像》,雕版画　99

图 26　《拿破仑在杜伊勒里宫的书房里》,油画　100

图 27　《墨索里尼在理齐昂的海边慢跑》,摄影　101

图 28　《农民代表访问列宁》,油画　102

图 29　《祖国的早晨》,油画　104

图 30　《旗手希特勒》,油画　106

图 31　《斯大林像》,油画　107

图 32　《查尔斯·詹姆斯·福克斯》,铜像　109

图 33　《榨蔗机》,蚀版画　117

图 34　《印刷作坊》,雕版画　119

图 35　《里亚尔托桥的奇迹》,油画　120

图 36　《阿姆斯特丹的海伦格拉希特大街的一角》,水墨画　123

图 37　《拉罗什尔港口》,油画　125

图 38　《德尔夫特的一所庭院》,油画　127

图 39　《杂乱的一家人》,油画　130

图 40　《伦敦天鹅剧场内景》,素描　131

图 41　I. P. 霍夫曼(I. P. Hofmann)创作的雕版画　132

图 42　《书房里的圣奥古斯丁》,油蛋彩画　134

图 43　《书房里的圣杰罗姆》,铜版画　135

图 44　《附有读书支架的新式躺椅》,版画　137

图 45　20 世纪 50 年代意大利卡美香皂广告　139

图 46	《奥尔萨的凌晨起床钟声响了》,水彩画	142
图 47	《哈勒姆的圣巴沃教堂内景》,油画	143
图 48	《波士顿华盛顿大街 117 号约翰・P. 朱厄特公司新开张的综合书店内景》,雕版画	145
图 49	《弗朗西斯科・卡尔佐拉里博物馆》,木刻	146
图 50	《歌德第一次访问意大利时在罗马住所的窗边读书》,速写	148
图 51	《布鲁克・布思比爵士读卢梭》,油画	149
图 52	《格雷厄姆家的孩子》,油画	155
图 53	《清明上河图》中开封街景局部,绢本设色	160
图 54	《女书贩》,手工彩绘木刻	161
图 55	《建筑胜利之城》,绘画局部	163
图 56	《卖蔬菜的妇女》,大理石浮雕	164
图 57	《阿姆斯特丹市场上卖家禽的妇女》,油画	165
图 58	《两个女孩》,希腊花瓶上的红色人物画	167
图 59	《乡村学校》,铜版画	168
图 60	《市镇的婚姻》,铜版画	172
图 61	《农民的晚餐》,油画	175
图 62	《卡蒙卡附近的林间野餐》,水彩画	179
图 63	《加利福尼亚贫穷的摘豆工人》,七个孩子的母亲,32 岁	180
图 64	《手持"念珠"的西藏使节》,铜版画	186
图 65	《葡萄牙的基督教国王和他的臣民所发现的岛屿和岛屿上的民族》,木版画	191
图 66	《妾与奴隶》,油画	194
图 67	《大马士革的街景》,油画	197

图 68	《怪物》,木刻画	199
图 69	日本人画的葡萄牙人像,火药瓶画	200
图 70	尼日利亚(贝宁)青铜饰版上的两个葡萄牙人	201
图 71	《两种力量》,漫画	203
图 72	《女巫》,木刻画	206
图 73	《农民的婚宴》,油画	208
图 74	《肯宁顿区的宪章派大会》,银版照相	213
图 75	《闵斯特和约批准仪式上的宣誓》,油画	216
图 76	《攻占巴士底狱纪念》,彩色木刻画	223
图 77	《汽油弹袭击》,摄影	232
图 78	《国王哈罗德在黑斯廷斯战役中阵亡》	237
图 79	《阿尔及尔之战》镜头之一	259
图 80	贝尔纳多·贝托鲁奇的影片《1900年》的广告,1976年	273
图 81	《大门口的流浪乐师》,油画	297
图 82	《里约热内卢的佛洛雷斯塔街》,摄影	300

前言和致谢

据说,一位擅长画竹的中国画家曾经得到一位朋友的忠告:对着竹子揣摩数日,待到胸有成竹,便可一挥而就。这本书,我写起来相当快,但我对这一主题的思考,却可以追溯到三十年以前。当时我正在研究欧洲文化中时代错置(anachronism)意识的起源,而且意识到,文本可能不会引发过去是否遥远的问题,而画家却不可以不管这个问题,必须决定(譬如)在画亚历山大大帝时是否要让他穿上当时的服装,或是否要让他穿上不同的衣服。遗憾的是,我当时正在写作的那部丛书没有把图像的问题纳入其中。

从那以后,我有过许多次机会把图像当作历史证据来使用,并且为剑桥大学一年级的本科生开设了这门课程。这门课程最初是与已故的鲍勃·斯克里布纳(Bob Scribner)一道设计和讲授的。本书便是这门课程的结晶,并纳入"图说历史丛书"(Picturing History),鲍勃也曾经担任过这套丛书的编辑。这本书,我们原本希望来共同写作,现在由我把它完成,作为对他的纪念。

我应当感谢我的妻子玛丽亚·露西娅(Maria Lúcia),是她告诉了我,"我的最佳批评者"一词究竟是什么意思。我还要感谢斯蒂芬·巴恩(Stephen Bann)和罗伊·波特(Roy Porter),他们对本书的初稿提出了建设性的评价。何塞·加西亚·冈萨雷斯(José García González)让我注意到了迭戈·德·萨维德拉·法雅尔多(Diego de Saavedra Fajardo)对骑马人政治画像所做的思考,在此一并致谢。

导　论　图像的证词

> 一幅画所说的话何止千言万语。
> ——库尔特·塔科尔斯基

本书的主要内容关于如何将图像(images)当作历史证据来使用。* 写作本书的目的有二：一是鼓励此种证据的使用，二是向此种证据的潜在使用者告知某些可能存在的陷阱。一两代人以来，历史学家极大地扩展了他们的兴趣，涉及范围不仅包括政治事件、经济趋势和社会结构，而且包括心态史、日常生活史、物质文化史、身体史等。如果他们把自己局限于官方档案这类由官员制作并由档案馆保存的传统史料，则无法在这些比较新的领域中从事研究。

出于这一原因，范围更加广泛的证据被越来越多地使用，其中除了书面文本和口述证词外，图像也占了一席地位。以身体史为例，画像可以用来说明人们在关于疾病和健康的观

---

*　"图像"一词，原文是 images。按照作者的界定，它不仅包括各种画像（素描、写生、水彩画、油画、版画、广告画、宣传画和漫画等），还包括雕塑、浮雕、摄影照片、电影和电视画面、时装玩偶等工艺品、奖章和纪念章上的画像等所有可视艺术品，甚至包括地图和建筑在内。故此，images 一词如无其他特指时，统译作"图像"。

念上发生的变化。如果要证明衡量美貌的标准发生了什么变化,或者阐述过去的男人和女人都看重个人外表的一部历史,画像是更为重要的证据。此外,如果没有图像提供的证词,后面第五章所讨论的物质文化史实际上无法进行研究。正如第六章和第七章试图说明的,图像提供的证词在心态史研究中也发挥了重要作用。

可见中的不可见性?

很可能,目前的状况依然是历史学家没有足够认真地把图像当作证据来使用,因此最近的一次争论就是围绕着"可见中的不可见性"的话题。正如一位艺术史学家所指出的,"历史学家……宁愿处理文本以及政治或经济的事实,而不愿意处理从图像中探测到的更深层次的经验",而另一位艺术史学家所说的"以屈就的态度对待图像"指的也是这个意思。①

使用摄影档案的历史学家人数相当少,相反,绝大多数历

---

① Gordon Fyfe and John Law, 'On the Invisibility of the Visual', in Fyfe and Law, eds., *Picturing Power* (London, 1988), pp. 1-14; Roy Porter, 'Seeing the Past', *Past and Present*, CXVIII (1988), pp. 180-205; Hans Belting, *Likeness and Presence* (1990: English trans. London, 1994), p. 3; Ivan Gaskell, 'Visual History', in Peter Burke, ed., *New Perspectives on Historical Writing* (1991: second edn. Cambridge, 2000), pp. 187-217; Paul Binski, *Medieval Death: Ritual and Representation* (London, 1996), p. 7.

史学家依然依赖档案库里的手抄本和打字文件。历史学的专业杂志很少刊登图片,即使杂志同意刊登图片,愿意利用这一机会的作者也很少。即使有些历史学家使用了图像,在一般情况下也仅仅将它们视为插图,不加说明地复制于书中。历史学家如果在行文中讨论了图像,这类证据往往也是用来说明作者通过其他方式已经做出的结论,而不是为了得出新的答案或提出新的问题。

为什么会出现这样的情况?已故的拉菲尔·塞缪尔(Raphael Samuel)曾经写过一篇文章,描述他如何发现了维多利亚时代的摄影照片。他在文章中把自己和同一时代的社会史学家称作"视觉文盲"。按照他自己的说法,作为一个出生在20世纪40年代的孩子,他过去是、现在依然是"完全属于前电视时代的人"。他在中小学和大学接受的教育都是训练他如何解读文本。①

尽管如此,到目前为止,确有为数极少的历史学家已经把图像当作证据来使用,尤其是那些研究书面档案非常缺乏或根本不存在的历史时期的一些专家。例如,如果不使用阿尔塔米拉(Altamira)和拉斯科(Lascaux)的洞穴绘画作为证据,确实很难写出欧洲的史前史;而没有陵寝绘画作证据,古埃及的历史将显得极为贫乏。这两个例子都说明,实际上,图像是

---

① Raphael Samuel, 'The Eye of History', in his *Theatres of Memory*, vol. I (London, 1994), pp.315-336.

有关狩猎之类的社会实践的唯一证据。有些研究较晚时代的历史学家也非常认真地对待图像。例如,研究政治态度、"公众舆论"和宣传的历史学家很早以前就使用照片作为证据。此外,近半个世纪以前,研究中世纪的著名历史学家戴维·道格拉斯(David Douglas)曾明确地指出,贝叶挂毯(Bayeux Tapestry,图78)是"研究英格兰历史的主要史料","应当同《盎格鲁-撒克逊编年史》(Anglo-Saxon Chronicle)的描述以及普瓦提埃的威廉(William of Poitiers)所做的描述相互参照,放在一起加以研究"。

有些历史学家使用图像作为证据的事例还可以追溯到更早的年代。正如弗朗西斯·哈斯克尔(Francis Haskell,1928—2000)在《历史及其图像》(History and its Images)一书中所指出的,17世纪关于罗马陵寝的研究是为了把它用作早期基督教历史的证据(到19世纪又用它作为治社会史的证据)。① 贝叶挂毯在18世纪初已经被学者们认真地当作史料来对待。18世纪中叶,约瑟夫·韦尔内(Joseph Vernet)的一系列法国海港绘画(见第五章)得到了一位批评家的称赞。他说,如果有更多的画家以韦尔内为榜样,他们的作品将造福于后代,因为"从他们的绘画中有可能读到行为举止的历史,

---

① David C. Douglas and G. W. Greenaway, eds., *English Historical Documents, 1042-1189* (London, 1953), p. 247.

还可以读到艺术史和民族史"①。

文化史学家雅各布·布克哈特(Jacob Burckhardt,1818—1897)和约翰·赫伊津哈(Johan Huizinga,1872—1945)本人也是业余艺术家。他们分别写过文艺复兴时期和中世纪的"秋天"。他们对意大利和荷兰文化所做的描述和解释不仅以那个时代以来的文本,而且以拉斐尔和凡·艾克(Van Eyck)等艺术家的绘画为依据。布克哈特描述了意大利艺术之后转而论述文艺复兴时代的整个文化,把图像和历史遗迹称作"人类精神过去各个发展阶段的见证",通过这些对象"才有可能解读特定时代思想的结构及其表象"。

至于赫伊津哈,1905 年他在格罗宁根大学发表了题为"历史思想中的美学成分"的就职演讲,比较了历史上对"视觉"(vision)或"感受"(sensation)的理解(其中包括直接与过去相接触的意识),他宣称"历史研究和艺术创作的共同之处在于构建图像的方式"。此后,他又把用视觉方式研究文化史的方法称作"镶嵌法"(mosaic method)。赫伊津哈在自传中承认,他对历史的兴趣来源于孩提时期收藏货币的经历,他之所以把主要精力集中于中世纪,是因为他把那个时代形象化地看作"处处都有戴着插有羽毛头盔的行侠仗义的骑士"的时代,而且,他之所以脱离东方学的研究并转向荷兰史,是

---

① Francis Haskell, *History and its Images* (New Haven, 1993), pp. 123-124, 138-144;这位批评者的话引自 Léon Lagrange, *Les Vernet et la peinture au 18e siècle*, (second edn. Paris, 1864), p. 77.

因为1902年在布鲁日举行的一次佛兰德斯绘画展对他产生的激励。赫伊津哈还为倡导建立历史博物馆付出了毕生的努力。①

阿比·瓦尔堡(Aby Warburg,1866—1929)是赫伊津哈同时代的学者,起初是位艺术史学家,颇具布克哈特的风格,但他艺术生涯的晚年却试图依据文本和图像写作一部文化史。从瓦尔堡的私人图书馆派生出的瓦尔堡研究所,在希特勒掌权以后从汉堡迁往伦敦,继续提倡这样的研究取向。研究文艺复兴时代的历史学家弗朗西斯·耶茨(Frances Yates,1899—1981),从20世纪30年代末开始经常出入该研究所,按她自己的说法,她"从此学会了瓦尔堡的研究方法,把可视证据用作历史证据"②。

20世纪30年代,巴西社会学家和历史学家吉尔伯托·弗雷雷(Gilberto Freyre,1900—1987),也使用了图画和摄影照片的证据,并自称为提香式的历史画家。他研究社会史的方法从形式上看类似于印象主义,也就是说"试图捕捉运动中的生命"。研究巴西史的美国历史学家罗伯特·列文

---

① Haskell, *History*, pp. 9, 309, 335-346, 475, 482-494;布克哈特的话引自Lionel Gossman, *Basel in the Age of Burckhardt* (Chicago, 2000), pp. 361-362;关于赫伊津哈,参见Christoph Strupp, *Johan Huizinga: Geschichtswissenschaft als Kulturgeschichte* (Göttingen, 1999), especially pp. 67-74, 116, 226.

② Frances A. Yates, *Shakespeare's Last Plays* (London, 1975), p. 4, 参见Frances A. Yates, *Ideas and Ideals in the North European Renaissance* (London, 1984), pp. 312-315, 321.

（Robert Levine）循着弗雷雷的轨迹，出版了一系列反映19世纪末和20世纪初拉丁美洲生活的照片集，加上解说词，不仅把照片与背景结合起来，而且讨论了使用此类证据而产生的主要问题。①

独具一格的"星期天历史学家"菲利普·阿里耶斯（Philippe Ariès, 1914—1982），在他的两部重要著作——童年史和死亡史里，均把图像作为起点；可视的史料被当作"感知和生活的证据"，同"档案馆的文献和档案"一样，成为这两部著作的依据。关于阿里耶斯的这两本著作，本书在以后的章节里还会做更详细的讨论。20世纪70年代，他的研究方法得到法国一些著名历史学家的仿效，其中包括米歇尔·伏维尔（Michel Vovelle）和莫里斯·阿居隆（Maurice Agulhon）。前者主要研究法国大革命和革命前的旧体制，后者专门研究19世纪的法国史。②

美国批评家威廉·米歇尔（William Mitchell）所说的这一"图画转向"（pictorial turn）在说英语的世界里也明显可见。③正如拉菲尔·塞缪尔所承认的，正是在20世纪60年代中叶，

---

① Robert M. Levine, *Images of History: 19th and Early 20th Century Latin American Photographs as Documents* (Durham, N C, 1989).

② Philippe Ariès, *Un historien de dimanche* (Paris, 1980), p. 122；参见 Michel Vovelle, ed., *Iconographie et histoire des mentalités* (Aix, 1979); Maurice Agulhon, *Marianne into Battle: Republican Imagery and Symbolism in France, 1789-1880* (1979: English trans. Cambridge, 1981).

③ William J. T. Mitchell, ed., *Art and the Public Sphere* (Chicago, 1992), introduction.

他与同时代的一些人才逐渐认识到摄影照片作为19世纪社会史证据所具有的价值,帮助他们建构了"自下而上的历史学",把研究重点开始放在日常生活和普通民众的经历上。然而,如果把颇有影响的《过去和现在》(Past and Present)杂志看作英语世界里历史写作新趋势的代表,人们却惊愕地发现,从1952年到1975年在该杂志上发表的文章没有一篇含有图像。到了20世纪70年代,这份杂志刊登了两篇带有插图的文章,然而,在80年代,这个数字增加到了14篇。

在这一方面,可以把80年代视为一个转折点。这还可以用美国历史学家在1985年举行的一次学术会议记录来加以证明,该会议关注的是"艺术的证据"。《跨学科历史学杂志》(Journal of Interdisciplinary History)发表了一期专号,其中收集的会议论文引起了历史学家极大的兴趣,因此很快以书籍的形式重新出版。① 其中的一位作者,即西蒙·沙玛(Simon Schama),自此之后就以在著作中使用可视证据而闻名遐迩,范围涵盖了从《富人的困窘》(The Embarrassment of Riches, 1987)中对17世纪荷兰文化的研究,到《风景与记忆》(Landscape and Memory, 1995)中对若干个世纪以来西方人对风景的态度变化所做的全面描述。

从1995年开始陆续出版的《图说历史丛书》(Picturing

---

① Robert I. Rotberg and Theodore K. Rabb, eds., *Art and History: Images and their Meanings* (Cambridge, 1988).

History)进一步证明了这一新趋势。读者们正在阅读的这本书就是其中的一本。操作计算机和观看影视的这一代人一出世就一直生活在充满图像的世界里。几年以后，人们将会看到从这一代人当中产生的历史学家如何使用可视证据去研究过去，这确实是一件有趣的事情。

史料和遗迹

传统上历史学家把他们的档案视为"史料"（sources）。他们似乎在不停地把真理之溪中的水舀入自己的水桶，越是接近源头，他们所做的叙述越纯真。这个比喻固然非常形象，但也可能造成误解，因为它含有这样的意思：他们对过去的描述可以做到不受中介人的干扰。但是实际上，如果不借助于中介人组成的整个链条，就无法对过去进行研究。这些中介人不仅包括以前的历史学家，还包括整理和保存文件的档案人员、书写文件的书记员，当然还有证人，正是他们说的话被记入了档案。正如荷兰历史学家古斯塔夫·雷尼埃（Gustaaf Renier,1892—1962）近半个世纪以前指出的，应当用存留至今的过去的"遗迹"（traces）观念取代"史料"观念。①"遗迹"一词不仅指手稿、刊印的书籍、建筑物、家具、（因人类的利用而发生变化的）地貌，也指各种不同类型的图像，包括绘画、

---

① Gustaaf J. Renier, *History, its Purpose and Method* (London, 1950).

雕像、版画、摄影照片。

历史学家对图像的使用,不能也不应当仅限于"证据"这个用词在严格意义上的定义(见第五章、第六章和第七章所做的详细而专门的讨论),还应当给弗朗西斯·哈斯克尔所说的"图像对历史想象产生的影响"留下空间和余地。绘画、雕像、摄影照片等,可以让我们这些后代人共享未经用语言表达出来的过去文化的经历和知识(例如第三章讨论的宗教经历)。它们能带给我们一些以前也许已经知道但并未认真看待的东西。简言之,图像可以让我们更加生动地"想象"过去。正如批评家斯蒂芬·巴恩所说的,我们与图像面对面而立,将会使我们直面历史。在不同的历史时期,图像有各种用途,曾被当作膜拜的对象或宗教崇拜的手段,用来传递信息或赐予喜悦,从而使它们得以见证过去各种形式的宗教、知识、信仰、快乐等等。尽管文本也可以提供有价值的线索,但图像本身却是认识过去文化中的宗教和政治生活视觉表象之力量的最佳向导。①

因此,本书所研究的内容是不同类型的图像在不同类型的历史学中,如何被当作律师们所说的那种"可采信的证据"来使用。这里拿它与法律做类比是有一定道理的。在过去的几年里,银行劫匪、足球流氓和滥用暴力的警察被证明有罪所

---

① Haskell, *History*, p. 7; Stephen Bann, 'Face-to-Face with History', *New Literary History*, XXIX (1998), pp. 235-246.

依据的是录像证据。警方拍摄的犯罪现场照片也经常被用作证据。早在19世纪50年代,纽约警察局设立了一个"罗格图片室"(Rogue's Gallery),用来指认小偷。① 实际上,早在1800年以前,在法国的警察卷宗中,重大嫌疑人的个人档案中已经包含他们的画像。

本书所支持并力图说明的一个基本论点是,图像如同文本和口述证词一样,也是历史证据的一种重要形式。它们记载了目击者所看到的行动。但正如一幅名画所证明的,这个观点并没有什么新颖之处。这就是收藏在伦敦国家美术馆中画有夫妻二人的《阿尔诺芬尼夫妇像》(Arnolfini portrait)。画面上写有"扬·凡·艾克在此"(Jan van Eyck fuit hic)的字样,似乎这位画家扮演着这对夫妻结婚的证人。恩斯特·贡布里希(Ernst Gombrich)曾经在一本书中论述过"见证者的原则"(eyewitness principle),换句话说,亦即自古希腊以来在某些文化中艺术家们所遵循的规则:见证人能够而且只能够表现在特定的时间从特定的角度所看到的东西。②

类似的是,"见证者的风格"(eyewitness style)一词在研究维托雷·卡尔帕乔(Vittore Carpaccio,约1465—1525)的绘

---

① John Tagg, *The Burden of Representation: Essays on Photographies and Histories* (Amherst, 1988), pp.66-102; Alan Trachtenberg, *Reading American Photographs: Images as History, Mathew Brady to Walker Evans* (New York, 1989), pp.28-29.

② Erwin Panofsky, *Early Netherlandish Painting*, (2 vols., Cambridge, MA., 1953);参见 Linda Seidel, *Jan van Eyck's Arnolfini Portrait: Stories of an Icon* (Cambridge, 1993);Ernest H. Gombrich, *The Image and the Eyck* (London, 1982), p.253.

画(以及跟他同时代的威尼斯画家的一些画作)时也被提出。这个词被用来指称这些绘画表现出来的对细节的偏爱,以及艺术家和他们的赞助人的意愿:要让"一幅绘画看上去尽可能的真实,合乎作为证据和证言的通行标准"①。文本有时会增强我们的印象,即艺术家所关心的是给出准确的证词。例如,美国画家伊斯门·约翰逊(Eastman Johnson,1824—1906)的绘画《奔向自由》(*Ride for Liberty*, 1862)表现了骑马奔驰的三个奴隶:一个男人,一个妇女,一个儿童。他在画的背面写上了一段话,说这幅画记录了"我在内战中亲眼看到的一个真实场景"。"纪实性"或"人种学"风格之类的术语,也被用来描述以后各个时期的类似图像的特征(见下文第19页、第130页和第138页——边码,下同)。

不用说,使用图像提供的证词会引出许多棘手的问题。图像是无言的见证人,它们提供的证词难以转换为文字。它们可能倾向于用自己的语言进行交流,但历史学家为了要从"字里行间"解读图像,获得连艺术家本人都不知道自己说出的某些东西,就往往会忽视这一点。这一过程藏有明显的危险。为了可靠——更不用说有效——地使用图像证据,有必要了解这类证据的弱点,这就像使用其他类型的证据时一样。长久以来,对文字档案进行"史料考证"就是历史学家训练的

---

① Patricia E. Brown, *Venetian Narrative Painting in the Age of Carpaccio* (New Haven, 1988). pp.5, 125.

一个必要组成部分。虽然像文本证词一样,图像提供的证词也提出了背景、功能、用语和收集(事隔多久才收集的)以及是否间接作证等问题,但相比而言,对可视证据的考证还不够发达。因此,有些图像提供的是比较可靠的证据,但有些图像则不然。以素描为例,它直接表现出了生活的场景(图1和图2),而且不受"宏大风格"(grand style,见第八章)的限制,作为证词,它比艺术家回到画室后创作的绘画更加真实可信。这一点可以通过比较欧仁·德拉克洛瓦(Eugène Delacroix, 1798—1863)的两幅绘画来说明。一幅是素描《两个坐着的妇女》(Two Seated Women),另一幅是油画《阿尔及尔的妇女》

图1　为《阿尔及尔的妇女》所画的素描,水彩素描
德拉克洛瓦作,约1832年。现藏巴黎卢浮宫博物馆。

图 2 《苏丹前往清真寺》,水彩素描

康士坦丁·居伊(Constantin Guys,1802—1892)作,1854 年。私人收藏。

(*The Women of Algiers*,1834)。跟原创的素描不一样,后者看上去有些做作,像是参照过别的画像。

在多大程度上,以及以什么方式,图像能够提供有关过去的可靠证据呢?试图对这样的问题做出简单而全面的回答,显然是愚不可及的。16 世纪的圣母玛利亚神像和 20 世纪的斯大林宣传画,都能告诉历史学家一些有关俄国文化的东西,但是,这两类图像尽管有某些令人感兴趣的相似之处,然而,在它们告诉我们以及不告诉我们的东西上,彼此之间却有明显的差异。如果我们忽视了图像、艺术家、图像的用途和人们看待图像的态度在不同历史时期的千差万别,就会面临风险。

图像的多样性

本书所关心的不是"艺术"(art),而是"图像"。在西方,"图像"一词在文艺复兴的进程中开始使用,尤其是在18世纪以后,图像主要发挥着审美的功能,它的许多其他用途反倒退居其次,至少在精英阶层中如此。抛开图像的美学性质不谈,任何图像都可以用作历史证据。地图、装饰餐具、谢恩供奉画(图16)、时装玩偶以及早期中国皇帝陵墓中陪葬的兵马俑,所有这一切都可以对历史学研究者说出些东西来。

进一步说,还必须考虑到在特定的地点和时代,图像的种类所发生的变化,尤其是图像制作上的两次革命:一次是15和16世纪印刷图像的出现(木版画、雕版画、铜版画等),另一次是19和20世纪摄影图像的出现(包括电影和电视)。如果要详细分析这两次革命造成的后果,恐怕需要写一本很厚的书,但这里做几点泛泛的评论仍然是有益的。

例如,图像的外观发生了变化。在木版画和摄影的早期阶段,黑白图像取代了彩色绘画。这里不妨思考一下,就像口述信息转变为印刷信息一样,用马歇尔·麦克卢汉(Marshall McLuhan)的一句名言来说,黑白图像是一种比色彩斑斓的图像"更加冷静"的交流方式,能让观众保持更超然的态度。此外,印刷图像,就像后来出现的摄影照片那样,无论是制作还是传送,都比绘画更加迅速。因此,反映正在发生的那些事件的图像,可以在对事件的鲜活记忆还没有消失之前就到达观众那里。关于这一点,本书在第八章将进一步展开讨论。

关于这两次革命,还有一点很重要,应当记住,那就是它们实现了一大飞跃,让普通民众可以看到大量的图像。的确,中世纪流通的图像总量之小是难以想象的,因为我们现在所熟悉的那些带有插图的文稿,无论是保存在博物馆里的,还是复制的,过去一般都由私人收藏,可供大众观看的只有教堂里的祭坛装饰画、雕刻和壁画。这两次飞跃带来了什么样的文化后果呢?

有关印刷术的发明产生的结果,一般都是从它推动了文本的标准化,并使之以不变的形式固定下来的角度加以讨论。这一点大致也适用于印刷的图像。纽约古籍收藏馆主任小威廉·M.埃文斯(William M. Ivins Jr. ,1881—1961)所举的例子可以说明,16世纪印刷术的重要性就在于它"完全可以反复地用图像来表述"。例如,埃文斯指出,古希腊人放弃了在植物学书籍中加插图的做法,因为他们不可能在同一书籍的各个手抄本中画出一种植物一模一样的图像。相反,到了15世纪末以后,草药书往往插有木版画。另一个例子是1472年开始印制的地图,说明印刷术由于具有复制功能,从而提供了用图像交流信息的方式。①

---

① 关于文本,见 Marshall McLuhan, *The Gutenburg Galaxy* (Toronto, 1962);参见 Elizabeth Eisenstein, *The Printing Press as an Agent of Change* (2 vols. , Cambridge, 1979).关于图像,见 William H. Ivins, jr. , *Prints and Visual Communication* (Cambridge, MA. , 1953);参见 David Landau and Peter Parshall, *The Renaissance Prints 1470-1550*(New Haven, 1994), p.239.

按照德国马克思主义批评家瓦尔特·本雅明(Walter Benjamin,1892—1940)在 20 世纪 30 年代的一篇著名文章中提出的看法,艺术工作的特征在摄影时代发生了变化。机器"使得复本取代了孤本",造成了图像的"崇拜价值"向"展示价值"的转变。"在机器复制时代凋谢的那种东西,恰恰是艺术品的光环。"这个论点无论在过去还是现在都遭到了人们的怀疑。例如,一幅木版画的所有者会将它尊为独特的图像,而不是许多复制品中的一个。又例如,从 17 世纪的荷兰到酒店的绘画中可以看到可视的证据,证明木版画和雕版画像油画一样被挂在墙上展示。进入摄影时代以后,正如迈克尔·卡米尔(Michael Camille)所证明的,图像的复制反而在事实上增强了它的神圣性,就像大批量复制的摄影照片只能增加电影明星的魅力,而不是减少他们的魅力一样。如果我们不像前辈们那样在乎个别的图像——这个观点尚待证明——这也许不是复制本身造成的结果,而是我们所经历的世界充满了越来越多的图像所导致的。①

《历史是什么?》这本著名教科书的作者(即爱德华·卡尔——译注)告诉读者:"你们在开始研究事实之前应当先研究历史学家。"②同样,这里也应当告诫准备利用图像作证据

---

① Walter Benjamin, 'The Work of Art in the Age of Mechanical Reproduction' (1936; English trans. in *Illuminations* [London, 1968]), pp. 219-244;参见 Michael Camille, 'The *Très Riches Heures*: An Illuminated Manuscript in the Age of Mechanical Reproduction', *Critical Inquiry* XVII (1990-1), pp. 72-107.

② Edward H. Carr, *What is History?* (Cambridge, 1961), p. 17.

的每个人,应当以研究它们的制作者的不同目的为起点。例如,以纪实为主要目的而制作的作品通常比较可靠,诸如记载古罗马的遗迹,或记录异国文化的外观和习俗的作品。伊丽莎白一世时代的艺术家约翰·怀特(John White, fl. 1584—1593)当场制作的关于弗吉尼亚印第安人图像(图3),就像跟随库克船长和其他探险者的画匠所制作的夏威夷人和塔西提人图像一样,纯粹是为了记载他们发现的东西。"战争艺术家"被送往前线去描绘战斗和士兵的生活(见第八章)。从神圣罗马帝国皇帝查理五世远征突尼斯到美国干涉越南——如果不是更晚的话——都活跃着这样一批"战争艺术家"。与那些只在国内工作的同行相比,在通常情况下,他们是比较可信的见证者,特别是他们对细节的描绘。我们可以把本段列举的那类作品称作"纪实艺术"(documentary art)。

尽管如此,如果认为这些艺术家或记者有着一双"纯真之眼",也就是认为他们的眼光是完全客观的,不带任何期待,也不受任何偏见的影响,那也是不明智的。无论从字面上还是从隐喻的意义上说,这些素描和绘画都记录了某个"观点"。以怀特为例,我们应当记住,他亲身参加了对弗吉尼亚的殖民过程,但有可能避开裸体、人祭或任何会让潜在的移民感到震惊的场景,以便让这块土地给人留下良好的印象。历史学家在使用这类资料时,难免会忽视它们有做宣传的可能性(见第四章),忽视带有"他者"成见的可能性(见第七章),或者会忘记习以为常的视觉习惯在某个特定的文化中或诸如

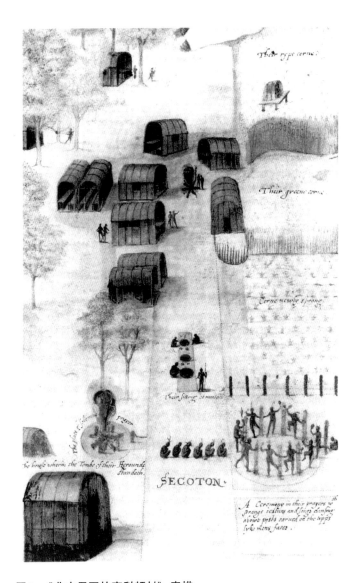

图 3 《弗吉尼亚的塞科顿村》,素描

约翰·怀特作,约 1585—1587 年。现藏伦敦大英博物馆。

战争画的图像种类中所发挥的重要作用(见第八章)。

为了支持对"纯真之眼"观点所做的批评,通过一些例子来说明哪类图像提供的历史证据是比较清楚和直接的——至少表面来看如此,也许是有益的做法。这类图像就是照片和肖像。

第一章　照片和肖像

虽然照片不会撒谎,但撒谎者却可能去拍照。

——刘易斯·海恩

如果你想完全认识意大利的历史,那么,请仔细端详人物肖像……在他们的脸上总有那么一些关于他们那个时代历史的东西有待解读,只要你知道如何去解读。

——乔万尼·莫雷利

写实主义的诱惑,严格地说,就是把图像等同于事实,在照片和肖像上表现得尤为强烈。正因为如此,这里需要对这两类图像做比较详细的分析。

摄影写实主义

早期有关摄影史的讨论把这种新媒体视为历史学的辅助手段。例如,早在 1888 年,乔治·弗朗西斯(George Francis)就在一次演讲中呼吁,应当系统地收集摄影照片,因为它们

"在可能的范围内最充分地描绘了我们的土地、房屋和生活方式"。历史学家面对的问题是,这些照片是否可信,或有多大的可信度?一向都有人这样说:"照相机从不撒谎。"因为,在我们这个时代的"快照文化"中依然存在着一种诱惑,我们当中的许多人把家庭和节日活动记录在胶卷中,并把绘画与照片等同起来,且期望历史学家和艺术家能做出忠于事实的表述。

确实,我们对历史知识的理解有可能因为摄影技术的进步而发生转变。正如法国作家保罗·瓦莱里(Paul Valéry,1871—1945)曾经指出的,在衡量历史准确性的标准上,我们开始增添这样一个问题:"如此这般的事实,诚如文字叙述的那样,可以拍成照片吗?"从很早以前开始,报纸就使用新闻照片来证明其报道的真实性。这些照片像电视图像一样有力地推动了批评家罗兰·巴特(Roland Barthes,1915—1980)所说的"真实效应"。例如城市的旧照片,当把它们放大到一面墙那么大时,观众会产生一种亲临其境的感觉,他或她会感到能进入照片并走在里面的街道上。①

瓦莱里提出的问题,意味着主观叙事与"客观的"和"纪实的"照片之间形成了鲜明的对比。这个观点得到了许多人

---

① 弗朗西斯的这句话引自 James Borchert, *Alley Life in Washington: Family, Community, Religion and Folklife in an American City*(Urbana, 1980), p. 271; Roland Barthes, 'The Reality Effect' (1968 English trans. in *The Rustle of Language*, Oxford, 1986, pp. 141-148)。

的赞同,至少过去如此。早期摄影家提出的客观性观念得到了一种论点的支持。这种论点认为,物体在曝光时把自己的映迹留在了摄影底片上,由此产生的图像不是靠手工而是靠"自然之笔"制作。至于在20世纪30年代的美国开始出现的"纪实摄影"一词(当时"纪录片"一词刚刚出现不久),是指拍摄普通民众尤其是穷人的日常生活场景。哥伦比亚大学的雅各布·里斯(Jacob Riis,1849—1914)、多罗西娅·兰格(Dorothea Lange,1895—1965)和刘易斯·海恩(Lewis Hine,1874—1940)当时正在从事社会学研究,用镜头拍下了这些场景,并把他们的工作称作"社会摄影学"。①

然而,这些"纪实"照片(例如图63)需要放在它的背景下研究。就摄影照片而言,这并不总是容易做到的事情,因为被拍摄者和拍摄者的身份往往无法识别,而照片本身在许多情况下至少是最初拍下的一大堆照片中的一张,已经脱离了原来摆放它们的相册,最后被收藏进了档案馆或博物馆。不过,在里斯、兰格和海恩制作的"纪实"照片这样一些著名的事例中,有关这些照片的社会和政治背景还可以说出一些东

---

① Roy E. Stryker and Paul H. Johnstone, 'Documentary Photographs', in Caroline Ware, ed., *The Cultural Approach to History* (New York, 1940), pp. 324-330; F. J. Hurley, *Portrait of a Decade: Roy Stryker and the Development of Documentary Photography* (London, 1972); Maren Stange, *Symbols of Social Life: Social Documentary Photography in America*, 1890-1950 (Cambridge, 1989); Alan Trachtenberg, *Reading American Photographs: Images as History, Mathew Brady to Walker Evans* (New York, 1989), pp. 190-192.

西来。拍摄这些照片的目的是为了公开展示,其中有的是为了发动社会改革运动,有的是为慈善组织协会、全国童工委员会和加利福尼亚州紧急状况救济署等机构提供服务。因此,他们把镜头对准了比如童工、工伤事故或贫民窟的生活(同样,照片在英国也用于推动清理贫民窟的运动)。这些图像通常是用来争取观众的同情的。

无论如何,主题的选择,甚至连早期照片中的姿势,都在模仿过去的绘画、木刻画和版画的套式,后来的照片又常常仿照以前拍摄的照片。因此,照片的结构也传送着某种信息。例如,萨拉·格雷厄姆-布朗(Sarah Graham-Brown)曾经说过,"软深褐色的照片能产生一种'往事'的静谧气氛",而黑白影像可以"带上严峻的'现实'感"。①

长期以来,列奥波德·冯·兰克(Leopold von Ranke, 1795—1886)一直被奉为客观历史学的代表,而法国银版摄影法的发明者路易·达盖尔(Louis Daguerre, 1787—1851)大致上与他生活在同一时代。电影史学家西格弗里德·克拉考尔(Siegfried Kracauer, 1889—1966)曾对他们两人进行过比较,目的在于证明,在选择真实世界中的哪些侧面来进行描绘时,历史学家与摄影家并无二致。他说:"所有伟大的摄影家都

---

① John Tagg, *The Burden of Representation: Essays on Photographies and Histories* (Amherst, 1988), pp. 117-152; Stange, *Symbols*, pp. 2, 10, 14-15, 18-19; Sarah Graham-Brown, *Palestinians and their Society, 1880-1946: A Photographic Essay* (London, 1980), p. 2.

根据自己的感受自由地选择主题、结构、镜头、滤色镜、感光剂和色彩。兰克难道有什么不同吗?"20世纪40年代,另一位摄影家罗伊·斯特莱克(Roy Stryker)也提出了相同的基本观点。"摄影家对主题的选择,"他写道,"是基于他的偏爱,这与历史学家所表达出来的偏爱相似。"①

在某些场合,摄影家已经超越了纯粹的选择。19世纪80年代以前,即用三脚架照相机进行20秒曝光的时代,无论是在摄影棚内还是在露天,摄影者都需要参与对拍摄现场的安排,告诉人们应当站在什么位置上,做出什么样的表情(就像今天的集体合影一样)。有时,他们也会根据所熟悉的绘画流派的套式去建构社会生活的场景,尤其是荷兰的酒店、农民、市场等场景(见第六章)。拉菲尔·塞缪尔在一本书中,回顾了英国社会史学家在20世纪60年代对摄影照片的重新发现,做出了令人沮丧的评价,认为"我们没有注意到维多利亚时期的照片中玩弄的那些花样"。他指出:"我们满怀爱心地复制了那么多照片,小心翼翼(而且信以为真)地加上注解,而它们原来都是用美术的手法在有意行骗,即使表面上说是纪实性的。"例如,赖兰德(O. G. Rejlan-der)因为拍摄过街头打哆嗦的儿童形象而名闻天下,但这位摄影家"在伍尔弗汉普顿镇上找来一个孩子,给了他五个先令,让他坐在那里,

---

① Siegfried Kracauer, *History: The Last Things before the Last* (New York, 1969), pp. 51-52; 参见 Dagmar Barnouw, *Critical Realism: History, Photography and the Work of Siegfried Kracauer* (Baltimore, 1994); Stryker and Johnstone, 'Photographs'.

图4 《死神丰收:1863年7月的葛底斯堡》,摄影
蒂莫西·奥苏利万(Timothy O'Sullivan)和亚历山大·伽德纳(Alexander Gardner)摄。据 Gardner, *Photographic Sketch Book of the War*, 2 vols. (Washington, DC. 1865—1866)。

给他穿上褴褛的衣服,并用烟灰涂脏了他的脸"①。

摄影家对拍摄的物品和人物进行事先的布置,程度有所不同。例如,玛格丽特·伯克-怀特(Margaret Bourke-White, 1904—1971)曾经为《财富和生活》(*Fortune and Life*)杂志拍摄过一组照片,以反映20世纪30年代美国农村的贫穷状况。她在场景布置的参与程度上远远超过了多罗西娅·兰格。此外,在美国内战的照片(图4)中可以看见一些"尸体"。他们显然是一些活着的士兵在照相机前装扮出来的姿势。罗伯

---

① Raphael Samuel, 'The Eye of History', in his *Theatres of Memory*, vol. I (London, 1994), pp.315-336. 引言见于该书第319页。

图 5 《士兵之死》,摄影
罗伯特·卡帕摄,1936 年。

特·卡帕(Robert Capa)拍摄的《士兵之死》(*Death of a Soldier*,图 5)是反映西班牙内战的最著名的一幅照片,1936 年最先刊登在法国的一家杂志上,其真实性也因同样的理由遭到了怀疑。出于这样或那样的一些理由,一直有人主张"照片绝不是历史证据,它们本身也是历史"①。

不过,这个判断显然过于消极。像其他任何形式的证据一样,摄影照片也有积极和消极的两个方面。例如,作为过去物质文化的证据(见第五章),照片有特殊的价值。以爱德华

---

① Trachtenberg, *Reading*, pp.71-118, 164-230; Caroline Brothers, *War and Photography: A Cultural History* (London, 1997), pp.178-185; Michael Griffin, 'The Great War Photographs', in B. Brennen and H. Hardt, eds., *Picturing the Past* (Urbana, 1999), pp.122-157, at pp.137-138, Tagg, *The Burden*, p.65.

时代的摄影照片为例,正如一本著作的导论所说:"我们可以看到富人的穿着以及他们的体态和举止,看到爱德华时代对妇女服装所做的限制。当时的文化唯物主义认为,应当把财富、地位和财产公开地展示出来。" 20 世纪 20 年代出现的一个说法"无偏见的照相机",倒是一个真实的看法,虽然照相机必须由人来操作,而且摄影者在不带偏见这一点上程度有所不同。

对这类史料进行考证是必要的。正如艺术批评家约翰·拉斯金(John Ruskin,1819—1900)所敏锐指出的,如果你知道如何横向考证(cross-examine)照片的话,它们作为证据"会有很大的用处"。这类横向考证的突出例子,是历史学家尤其是研究农业和庄园制度的历史学家对航空摄影术的使用(它最初在第一次和第二次世界大战中用作侦察手段)。航空照片把"摄影资料和设计资料结合在一起考察",记录了地面发生的变化,而地面上的人是看不见这种变化的。它显示出了各家各户耕种的条地(strips of land)如何布局,荒废的村庄所在的位置,修道院的布局。它使得用照片探测过去成为一种可能。①

---

① Paul Thompson and Gina Harkell, *The Edwardians in Photographs* (London, 1979), p. 12; John Ruskin, *The Gestus of Aglaia* (1865-1866, reprinted in his *Works*, vol. XIX [London, 1905], p. 150); M. D. Knowles, 'Air Photography and History', in J. K. S. St Joseph, ed., *The Uses of Air Photography* (Cambridge, 1966), pp. 127-137.

肖像,镜像还是符号?

我们许多人有一种强烈的愿望,倾向于把人物肖像看作准确的画像,就像摄影照片一样,是被画的那个人在那个瞬间的快照或镜像。这种愿望显然需要加以克制,理由是多方面的。首先,画好的人物肖像是一种艺术作品。它像其他类型的艺术作品一样,是按照套式系统构成的,而这些套式仅仅随着时间的推移而缓慢地变化着。被画者的姿势和手势,以及他们身边的附加物或物品都遵循着一定的套式,而且带有符号的意义。从这个意义上说,人物肖像是一种符号形态。[①]

其次,套式的目的是为了用特定的方式表现被画的人,通常按照人们喜爱的方式——虽然我们也不应当忘记,弗朗西斯科·德·戈雅(Francisco de Goya,1746—1828)的著名画像《查理四世全家》(*Charles IV and Family*,1800)有可能是为了讽刺被画者。15世纪,乌尔比诺公爵,费德里科·达·蒙特费尔特(Federico da Montefeltre)在一次竞赛中弄瞎了一只眼睛,因此总被画成侧面像。神圣罗马帝国皇帝查理五世的下巴突出,但后人只是通过外国使臣写的对他不加奉承的报告

[①] David Smith, 'Courtesy and its Discontents', *Oud-Holland* C (1986), pp. 2-34; Peter Burke, 'The Presentation of Self in the Renaissance Portrait', in Burke, *Historical Anthropology of Early Modern Italy*, (Cambridge, 1987), pp. 150-167; Richard Brilliant, *Portraiture* (London, 1991).

才得知这一缺陷,因为给他画像的画师(包括提香在内)都把这个缺陷掩盖了起来。被画者在画像时总要穿上最华贵的服装,因此也会误导历史学家,错误地用人物肖像来证明人们平常穿的是什么服装。

此外,尤其是在 1900 年以前,被画者很有可能会摆出最佳姿势,也就是做好某种姿势,或者要求把他们画成做出了某种比通常更为文雅的姿势。因此,人物肖像不能等同于"无偏见的照相机"所拍下的画面。社会学家欧文·戈夫曼(Erwing Goffman)把这种行为描述为"自我表达",是艺术家和被画者的共谋过程。自我表达的套式多少有些不那么正式,而且随着被画者或随着时代而变化。例如,在 18 世纪末的英国,有一个时期可以称作"典型的非正式性"(stylized informality)。这个名称可以用布鲁克·布思比爵士(Sir Brooke Boothby)的画像来说明,他手持一本书躺在树林中的草地上(图 51)。然而,这样的非正式性有一定的限度,这一点可以用托马斯·庚斯博罗(Thomas Gainsborough)所画的肖像《菲利普·蒂克内斯夫人》在当时的人群中引起的惊愕来说明。画面中,她被画成将裙摆下的一只腿架在另一只腿上(图 6)。有位夫人曾说:"摆出这样的姿势,无论是我所钟爱的任何人,我都会为她感到遗憾。"相反,到了 20 世纪末,在布里安·奥尔甘(Bryan Orgam)的一幅著名绘画中,黛安娜公主也摆出了同样的姿势。然而,这时候的人们却可以把这种姿势看作非常正常的事情了。

图6 《菲利普·蒂克内斯夫人》,油画

托马斯·庚斯博罗作,1760年。现藏辛辛纳提博物馆。

在肖像画中,人物身旁放置的附属物品强化了他们的自我表达。这类附属物品可以视为类似于戏剧中的"道具"。例如,古典的圆柱象征着古罗马的荣耀,而皇冠状的座椅赋予画中人物君王的外貌。某些象征性的物品指出了画中人物特殊的社会地位。在乔舒亚·雷诺兹(Joshua Reynolds)所绘的一幅画中,画中的人物手持一把巨大的钥匙,说明他是直布罗陀的总督(图7)。动物作为附属物品也可以用来说明画中的人物特征。例如,在文艺复兴时期的意大利,男性的人物肖像身边往往画有一只大狗,表明画中人正在狩猎,同时也为了体现贵族的阳刚之气;在仕女或夫妻的身边往往画有一条小狗,可能是为了象征忠诚(意指妻子对丈夫的忠诚犹如

图7 《直布罗陀总督希费尔德勋爵》,油画
乔舒亚·雷诺兹作,1787 年。现藏伦敦国家美术馆。

狗对人的忠诚)。①

这种套式有些保留下来,并且19世纪中叶以后在摄影室内拍摄肖像的时代被"民主化"了。摄影者为了掩饰社会阶级之间的差异,向客户提供他们称作"暂离现实"的作品。② 无论这些肖像是绘制的还是拍摄的,它们所记录的并不是社会现实,而是对社会的想象;不是普通的生活,而是特殊的表演。但是,正是由于这个原因,对于那些对希望、价值观和心态变化的历史感兴趣的历史学家来说,它们提供了无价的证据。

如果有可能对一个长时间段内的一系列人物肖像进行研究,便可以注意到表现同一类人物,例如国王的方式所发生的变化。在这种情况下,此类证据有特别强的说明力。例如,威斯特敏斯特议会大厅内悬挂着一幅理查德二世的巨幅画像,从其尺寸而言是罕见的;在国王登基的正面像中,头戴王冠,一手执权杖,另一手托权球,在中世纪的银币和印玺上是常见的形象。亚森特·里戈(Hyacinthe Rigaud,1659—1743)绘制的路易十四身穿加冕袍的著名画像,在今天看来可能显得有些僵硬,但画家将王冠表现为放在软垫上,而不是戴在国王的头上,画中的路易十四倚在权杖上,好像那是一根手杖,从而

---

① Erving Goffman, *The Presentation of Self in Everyday Life* (New York, 1958);关于英国的事例,引自Desmond Shawe-Taylor, *The Georgians: Eighteenth-century Portraiture and Society* (London, 1990).

② Julia Hirsch, *Family Photographs: Content, Meaning and Effect* (New York, 1981), p.70.

有意识地朝非正式性迈出了一步。里戈画的肖像反过来变成后人模仿的榜样。他的创新于是变成了一种套式。法国一系列的国家标准画像在表现路易十五、路易十六（图8）和查理十世时，都以相同的方式画成倚着权杖而立，让人们联想起里戈画的路易十四像。这也许是为了强调王朝的连续性，或试图说明后来的君主是路易大王正统的继承者。

另一方面，1830年革命以及君主立宪制取代绝对君主制以后，新的君主路易·菲利普在肖像中刻意表现出谦恭。他穿的不是加冕长袍，而是国民自卫军制服，比习惯的画法更接近观众的视平线。尽管这位国王依然站在台上，而且依然保

图8 《穿加冕礼袍的路易十六》，油画

约瑟夫-西弗雷德·迪普莱西（Josephe-Siffréde Duplessis）作，约1870年代。现藏巴黎卡纳瓦勒博物馆。

留着华丽的帐幔(图9)。① 艺术家、画中人和一些观众对过去的一系列画像比较熟悉,这一事实使画中不同于传统模式的哪怕是微小差异都增添了一定的意义。

在20世纪,除了有意颠倒时代而把希特勒画成中世纪骑士的肖像外(图30),标准像发生了变化。例如,费奥多尔·舒尔平(Fyodor Shurpin)创作的斯大林肖像《祖国的早晨》(*The Morning of the Motherland*, 1946—1948),将这位独裁者与现代性联系起来,其符号是背景中的拖拉机、高压电缆的铁塔;同时,在其正式签名照和屏幕影像的时代里,还有初升的

图9 《路易·菲利普像》,油画

弗朗索瓦·吉拉尔(François Girard)仿制,这幅标准像的原画为路易·埃尔桑(Loais Hersent)所作,1831年首次展出,1848年被毁。现藏巴黎法国国家图书馆。

---

① Michael Marrinan, *Painting Politics for Louis Philippe* (New Haven, 1988), p. 3.

太阳(图 29)。"国家标准像"这种类型被一种与过去有更为紧密联系的东西取代了。

反思之反思

绘画经常被比喻为窗户和镜子,画像也经常被描述为对可见的世界或社会的"反映"。人们可以说它们如同摄影照片一样,但又正如我们所看到的,即使摄影照片也不是现实的纯粹反映。因此,图像如何用作历史证据?作为本书讨论的中心问题,对它的回答可以归纳为三点。

1. 对历史学家来说,好消息是这类艺术作品可以提供有关社会现实某些侧面的证据,而这类证据在文本中往往被忽视了。它们至少可以提供某些地点和时代的证据,例如古埃及人的狩猎活动(见导论)。

2. 坏消息是,写实的艺术作品并不像它表面上那样写实,而是往往缺乏现实,它不仅没有反映社会事实,反而对它进行了歪曲。因此,历史学家如果不考虑画家或摄影师的各种动机(更不用说他们的赞助者和客户的动机),就有可能被严重误导。

3. 然而,让我们回到好消息上。歪曲现实的过程本身也成为许多历史学家研究的现象,为如心态、意识形态和特质等提供了证据。物质的或表面的形象,为自我或他者的精神或隐喻的"形象"提供了极好的证据。

第一点非常清楚,但第二点和第三点可能还需要略微做一些解释。颇为自相矛盾的是,当历史学家把注意力转向图像时,正好发生了一场辩论。在这场辩论中,在"现实"与"表象"(无论是文字的还是可视的)之间的关系上,过去公认的观念遭遇了挑战。这时,"现实"一词在使用时越来越多地被加上了引号。这场辩论的挑战者提出了一些重要论点,矛头直指"现实主义者"和"实证主义者"。例如,他们强调艺术传统手法的重要性,指出即使是称作"现实主义"的艺术风格也有自己的修辞法。他们指出了摄影照片和绘画中"观察角度"的重要性,无论这个词汇是从字面上还是从其隐义来看,既指艺术家物质性的观察角度,也指所谓的精神观察角度。

因此,从某个层面上看,图像是不足信的史料,是歪曲了的镜像。但是,从另一个层面上看,它又提供了可靠的证据来弥补这一缺陷。因此,历史学家可以转弊为利。例如,研究心态史的历史学家不仅要关注有意识地表达的态度,也要关注未经明确表达的观念,对他们来说,图像既是一种不可或缺的史料,又是一种带有欺骗性的史料。图像之所以带有欺骗性是因为艺术有自己传统的表达手法,因为它既要遵循内部发展的轨迹,又要对外部世界做出反应。另一方面,图像提供的证词对心态史学家又是不可或缺的,因为图像必定会明确地涉及文本比较容易避开的问题。图像可以见证未用文字表达的东西。从过去的表象中发现的歪曲,恰恰可以用来证明过去的观察角度和"凝视"(见第 7 章)。例如,中世纪的地图,像著名的赫里福德地图,把耶路撒冷置于世界的中心,提供了有关中世纪如何看待世界的极有价值的证据。即使是雅各布·巴尔巴里(Jacopo Barbari)创作的 16 世纪威尼斯木刻画,从表面上看是写实的,但也可以而且一直被解释为一种符号形象,是"伦理地理学"的典型。①

19 世纪有关欧洲伊斯兰教徒一夫多妻制的画像(例如安格尔[Ingres]创作的绘画),也许不能告诉我们伊斯兰教徒的家庭世界究竟是个什么样子,但它们却可以详细地说明,在创作、购买以及在展览室和书本上看到这些画像的欧洲人心目中有一个什么样的幻想世界(见第 7 章)。② 此外,图像可以帮助后代了解过去某个历史时期的集体感受。例如,在 19 世纪初,失败的欧洲领袖人物的画像象征了虽败犹荣的高尚气质和浪漫主义的观念。这是那个时代反观自身的方式之一,或者更准确地说,是某些杰出的群体看待自己的方式之一。

正如以上有关群体的最后一句话所揭示的,把艺术作品看作"时代精神"(*Zeitgeist*)的表达绝对是一种误解。文化史学家往往想把图像,特别是某件著名的艺术作品看作产生它们的那个时代的体现。虽然这样的诱惑不应一概拒绝,但如

---

① J. Brian Harley, 'Deconstructing the Map' (1989: reprinted in T. J. Barnes and James Duncan, eds., *Writing Worlds* [London, 1992], pp. 231-247). 参见 Jürgen Schulz, 'Jacopo Barbari's View of Venice: Map Making, City, Views and Moralized Geography', *Art Bulletin* LX (1978), pp. 425-474.

② Ruth B. Yeazell, *Harems of the Mind: Passages of Western Art and Literature* (New Haven, 2000).

果以为那个历史时期是同质的,只要用一幅图片、以这样的方式就足以把它体现出来,则是错误的。可以肯定地说,在任何时期都有可能看到文化的差异和冲突。

集中力量去研究这些冲突当然是可能的,匈牙利的马克思主义者阿诺德·豪泽(Arnold Hauser,1892—1978)于1951年首次发表的著作《艺术社会史》(*Social History of Art*)就做过这样的研究。豪泽把绘画看作社会冲突的各种各样的反映和表达,例如表达了贵族与资产阶级之间的冲突以及资产阶级与无产阶级之间的冲突。正如恩斯特·贡布里希在评论豪泽著作时指出的,这种方法仍然过于简单,更不用说它是一种肤浅的简化论。总之,这种方法如果是用来解释艺术作品中的总趋势,往往比较有效,但解释某个具体的图像则适得其反。①

不过,还可以用另一种方法来讨论图像与这些图像所产生的文化(或诸文化,或次文化)之间可能存在的关系。以图像证据为例,如同在许多其他情况下一样,当见证人告诉我们他们(这里指艺术家)并不了解他们已经知道的某些东西时,他们的证词往往是最可信的。对于动物在英国近代早期社会中的地位问题,基思·托马斯(Keith Thomas)做过一次著名

---

① Jan Bialostocki, 'The Image of the Defeated Leader in Romantic Art' (1983: reprinted in his *The Message of Images* [Vienna, 1988]), pp. 219-233; Arnold Hauser, *The Social History of Art* (2 vols., London 1951); 对这本书的批评,见 Ernst H. Gombrich, 'The Social History of Art' (1953: reprinted in *Meditations on a Hobby Horse* [London 1963], pp. 86-94).

的讨论。他指出:"在戴维·洛根(David Loggan)创作的17世纪末剑桥的版画中,到处都可以看到狗……总数达35只。"这件在这位版画家和当时观众看来十分自然的事情,却引起文化史学家的兴趣。①

莫雷利的耳朵

前面这个例子说明,还有一点与历史学家和侦探的工作相关,那就是注意细节。这一点非常重要。夏洛克·福尔摩斯(Sherlock Holmes)曾经说过,他是靠蛛丝马迹来破案的。这与医生在诊断疾病时,往往要注意表面上似乎无关紧要的症状是同样的道理。这让读者联想到,福尔摩斯这一人物的塑造者亚瑟·柯南道尔(Arthur Conan Doyle)曾经上过医学院,这绝不仅仅是个巧合。意大利历史学家卡洛·金兹伯格(Carlo Ginzburg)在一篇著名文章中把夏洛克·福尔摩斯的破案方法与西格蒙德·弗洛伊德在《日常生活的心理学》(*Psychopathology of Everyday Life*)中提出的研究方法进行了对比,把追踪细小线索称作认识论的范式,以直觉取代推理。金兹伯格过去在博洛尼亚大学的一位同事,安伯托·艾柯(Umberto Eco)在小说《玫瑰的名字》(*The Name of the Rose*, 1980)中介绍了书中的主人公,巴斯克维尔的威廉。他是一

---

① Keith Thomas, *Man and the Natural World* (London, 1983), p. 102.

名修士,身兼侦探,在一次追踪动物足迹的行动中似乎提到过金兹伯格的这篇文章。荷兰历史学家雷尼尔使用的语言"遗迹"(见导论)也表达了同样的思想。①

正如金兹伯格所提到的,还有一位观察家十分重视有意义的细节。他就是意大利的艺术鉴赏家乔万尼·莫雷利(Giovanni Morelli,1816—1891)。莫雷利曾经接受过医学的训练,似乎也受到了古生物学家著作的启发。古生物学家的工作是依据残存的动物骨骼碎片去复原整个动物,从而使一句古代谚语"从一只爪子,看到一头狮子"(*ex ungue leonem*)变成了事实。莫雷利提出一种他称作"实验"的方法,当某幅绘画的作者有争议时,可以用这种方法来加以识别。

按照莫雷利的描述,这种方法是解读"套式的语言",即仔细地考察绘画中的细节,例如手或耳朵的形状。每个艺术家都会有意或无意地用自己独特的方式来表现手或耳朵的形状。因此,莫雷利可以凭借这种方法,识别出譬如说波提切利(Botticelli)或贝利尼(Bellini)画耳朵或画手的"基本套式"(*Grundform*)。这些套式可以说是绘画者的符号。在莫雷利看来,这是比文字档案更为可靠的证据。柯南道尔可能知道莫雷利的思想,而文化史学家雅各布·布克哈特发现,他提出的这种方法令人着迷。

---

① Carlo Ginzburg, 'Clues: Roots of an Evidential Paradigm' (1978: reprinted in his *Myths*, *Emblems*, *Clues* [London 1990], pp. 96-125).

阿比·瓦尔堡写过一篇论波提切利如何表现头发和织物飘动的著名文章,虽然其中没有提到莫雷利的名字,但可以看作是把他提出的方法应用于文化史研究。对于这一应用,从本章摘引的莫雷利的那句格言来看,他显然表示赞同。这种模式我在本书中也将尽可能地加以尝试。①

西格弗里德·克拉考尔的思考也沿着同样的思路。例如,他声称,研究德国电影史可以揭示德国人生活中的某些内容,而其他类型的史料则无法做到这一点。"日常生活的整个领域及其细小的运动和稍纵即逝的行动,只能从银幕上发现……电影可以揭示小事件的全部细节。"②

通过细节的分析对图像做出解释,这种做法现在被称作"图像志"(iconography)。应用图像志方法所取得的成就以及存在的问题,我们将在下一章进行考察。

---

① 'Ivan Lermolieff' (Giovanni Morelli), *Kunstkritische Studien über italienische Malerei* (3 vols., Leipzig 1890-1893), especially vol. I, pp. 95-99;参见 Hauser, *Social History*, pp. 109-110, and Ginzburg, 'Clues', pp. 101-102; Aby Warburg, *The Renewal of Pagan Antiquity* (1932; English trans. Los Angeles 1999).

② Siegrfried Kracauer, 'History of the German Film' (1942; reprinted in his *Briefwechsel*, ed. V. Breidecker [Berlin 1996], pp. 15-18).

第二章　图像志与图像学

> 澳大利亚丛林中的居民识别不出《最后的晚餐》的主题，对他们而言，这幅画所传达的思想只不过是一次令人兴奋的聚餐而已。
>
> ——欧文·潘诺夫斯基

在我们着手从"字里行间"去解读图像并把它们用作历史证据之前，应当先考虑它们的意义。这是唯一的谨慎做法。但是，图像表达的意义能转换成语言吗？读者们也许注意到，前面一章曾经说过，图像"告诉"了我们某些东西。从某种意义上来说确实如此，因为制作图像的目的就是为了交流。但是，从另一层意义上说，它们又没有告诉我们什么。正如米歇尔·福柯（Michel Foucault）所说："我们所看到的绝不寓于我们所说的。"（What we see never resides in what we say.）

像其他类型的历史证据一样，图像或至少大部分图像在被创作的时候并没有想到将来会被历史学家所使用。图像制作者所关注的是他们自己的问题，他们有自己想要传达的信息。对这些信息做出解释就是人们所知道的"图像志"（又译图像研究——译注)或"图像学"(iconology)。有时,这两个术语作同义词使用,但从后面的叙述中我们会看到,它们有时也有区别。

图像志的思想

"图像志"和"图像学"这两个术语于20世纪20年代和30年代在艺术史学界开始使用。更准确地说,"图像学"一词是再度起用,因为切萨雷·里帕(Cesare Ripa)在1593年发表了一本附有插图的关于文艺复兴的小册子,书名用的就是《图像学》(*Iconologia*),而"图像志"是从19世纪初开始使用的。到20世纪30年代,这两个术语的使用与对当时流行的绘画形式分析的反动相联系。这种分析方法只注重绘画的结构和色彩,而不考虑其主题。图像志的实践也可以指对我们这个"快照时代"的摄影写实主义观念的批判。"图像学家"一词往往用来指这样一类艺术史学家,他们把重点放在艺术作品所表达的思想内容,即其中隐含的哲学或神学上。他们提出的最著名同时也最具争议的有关绘画的主张,有些是在15世纪至18世纪之间的尼德兰形成的。例如,有人认为,诸如扬·凡·艾克(Jan van Eyck)或彼得·德·霍赫(Pieter de Hooch)提出的著名的现实主义只不过是表面的,其中隐藏着宗教或伦理信息,而这些信息通过日常生活物品的"伪装象征主义"表现出来。①

人们也许会说,对图像研究者而言,绘画作品并不只是简单地用于观赏,而是用来"解读"。在今天,这种思想已成为常识。有一本关于电影研究的导论性的著作,书名就是《如何解读电影》(*How to Read a Film*,1977),法国的文学批评家罗兰·巴特也曾经声称:"我解读文本、画像、城市、面孔、手势、场景等等。"解读画像的思想实际上还可以追溯到更久以前。在基督教传统中,这一思想通过一些教父表达出来,其中最著名的表达者是教皇大格里高利(Gregory the Great,约540—604,见第三章)。法国艺术家尼古拉·普桑(Nicolas Poussin,1594—1665)曾经写过一篇文章,讨论他所画的以色列人聚集在的圣经故事,其中说到"先读故事再作画"(*lisez l'histoire et le tableau*)。同样,法国艺术史学家埃米尔·马勒(Emile Mâle,1862—1954)也在书中提到如何"解读"大教堂。

---

① Erwin Panofsky, *Early Netherlandish Painting* (2 vols., Cambridge, MA. 1953); Eddy de Jongh, 'Realism and Seeming Realism in Seventeenth-Century Dutch Painting' (1971: English trans. in Wayne Franits, ed., *Looking at Seventeenth-Century Dutch Art: Realism Reconsidered* [Cambridge, 1997], pp. 21-56); idem, 'The Iconological Approach to Seventeenth-Century Dutch Painting', in Franz Grijzenhout and Henk van Veen, eds., *The Golden Age of Dutch Painting in Historical Perspective* (1992: English trans. Cambridge, 1999), pp. 200-223.

瓦尔堡学派

从事图像研究最著名的团体可以在希特勒当权以前的汉堡找到。这个团体的主要成员包括阿比·瓦尔堡,弗里茨·萨克斯尔(Fritz Saxl,1890—1948),欧文·潘诺夫斯基(Erwin Panofsky,1892—1968)和埃德加·温德(Edgar Wind,1900—1971)。这些学者都接受过良好的古典文化教育,对文学、历史学和哲学抱有广泛的兴趣。哲学家恩斯特·卡西尔(Ernst Cassirer,1874—1975)也可以算作汉堡学派的成员。他像其他成员一样,也对符号形式抱有兴趣。1933年以后,如我们所见,潘诺夫斯基移居美国,而萨克斯尔和温德前往英国避难,也把瓦尔堡研究所带到了英国,从而更广泛地把图像研究方法的知识传播开来。

潘诺夫斯基1939年撰写的一本非常著名的著作,对汉堡学派研究图像的方法做了归纳。他把对图像的解释分为三个层次,分别对应于艺术作品的三层意义。① 第一个层次是前图像志的描述(pre-iconographical description),主要关注绘画的"自然意义",并由可识别出来的物品(例如树、建筑物、动物、人)和事件(餐饮、战役、队列行进等)构成。第二个层次是严格意义上的图像志分析,主要关注"常规意义"(将图像

---

① Erwin Panofsky, *Studies in Iconology* (New York, 1939), pp. 3-31.

中的晚餐识别为最后的晚餐,或把战役识别为滑铁卢战役)。

第三个层次,也是最后一个层次,是图像学的阐释。它不同于图像志,因为它所关注的是"本质意义",换句话说就是"揭示决定一个民族、时代、阶级、宗教或哲学倾向基本态度的那些根本原则"。图像正是在这个层次上为文化史学家提供了确实有用和不可缺少的证据。潘诺夫斯基在《哥特式建筑和经院哲学》(*Gothic Architecture and Scholasticism*, 1951)一书中着重讨论了图像学的阐释。他在书中探索了 12 至 13 世纪的哲学和建筑学体系之间异体同形的关系。

潘诺夫斯基提出的解释画像的三个层次与古典学家弗里德里希·阿斯特(Friedrich Ast, 1778—1841)所划分的三个文字层次相对应。阿斯特是诠释学的先驱。所谓诠释学指的就是文本阐释的技巧。他所划分的三个文字层次是文字或句法的层次、历史的层次(关注意义)和文化的层次。文化的层次所关注的是如何捕捉古代或其他时代的精神(*Geist*)。换言之,潘诺夫斯基及其伙伴是把德国阐释文本的独特传统应用或适用于图像的阐释。

这里应当告知读者,后来的艺术史学家接过了"图像学"这个术语,但他们有时与潘诺夫斯基所使用的方法并不相同。例如,在贡布里希那里,这个术语指的是图像套式的重现,把潘诺夫斯基的内涵大大地缩小了。这与贡布里希对潘诺夫斯基的图像学表示怀疑有一定的关系,因为在潘诺夫斯基那里,图像学无异于简单地把图像解读为时代精神的体现。然而,对荷兰学者埃迪·德·容(Eddy de Jongh)而言,图像学是"试图把表现手法放在历史背景下,与其他文化现象联系起来加以解释"①。

但是,潘诺夫斯基依然坚持图像是整体文化中的一个组成部分,对那一文化缺乏了解,便无法理解图像。这里可以引用他自己举的一个生动事例来说明。他说:"澳大利亚丛林中的居民识别不出《最后的晚餐》的主题,对他们而言,这幅画所传达的思想只不过是一次令人兴奋的聚餐而已。"大多数读者面对印度教或佛教的圣像雕塑时,有可能发现自己处在同样的状况下(见第三章)。因此,为了解释图像中的信息,必须熟悉文化密码。

同样,如果我们缺乏古典文化的必要知识,也无法解读西方的许多绘画,无法识别出它是源自希腊神话还是古罗马史的典故。例如,在波提切利的绘画《春》(*Primavera*,图10)里,如果我们不知道那位穿着凉鞋、戴着尖顶帽的青年就是赫耳墨斯神(或墨丘里神),而正在起舞的三位少女是美惠三女神,便无法找出这幅绘画所表达的意义(即使具备了这一知识,其他类型的问题依然存在)。其次,如果我们在提香(Titian,约1485—1576)表现强暴的场景中,认不出画中的主角

---

① Ernest H. Gombrich, 'Aims and Limits of Iconology', in his *Symbolic Images* (London, 1972), pp. 1-25, at p. 6; de Jongh, 'Approach'. Cf. Robert Klein, 'Considérations sur les fondements de l'iconographie' (1963: reprinted in *La Forme et l'inelligible* [Paris 1970], pp. 353-374).

图10 《春》局部,蛋彩画

细节表现的是墨丘里神与美惠三女神。波提切利作,约1482年。现藏佛罗伦萨乌飞兹美术馆。

图11 《强暴卢克蕾齐娅》,油画

提香作,1571年。现藏剑桥菲茨威廉博物馆。

是塔奎因(Tarquin)国王和罗马贞妇卢克蕾齐娅(Lucretia),我们则会错过罗马历史学家李维所叙述的故事精髓。这幅绘画表现卢克蕾齐娅的贞操(她最后含羞自杀),从而解释罗马人为什么要放逐这位国王并建立共和国。

例证法

瓦尔堡学派最重要的成就表现为对意大利文艺复兴时期的绘画做出的解释。以提香《天上的爱与人间的爱》(Sacred and Profane Love)为例(图12)。在前图像志描述的层次上,我们看到的是两名妇女(一人裸体,一人着装),一个男孩,还有一座用作喷泉的坟墓,全画以自然风景为背景。如果我们转到图像志的层次,任何人只要对文艺复兴的艺术作品比较熟悉,都会说出那个男孩的角色是爱神丘比特,但是要对这幅绘画其他部分解码却不是一件容易的事情。不过,柏拉图的

图12 《天上的爱与人间的爱》,油画
提香作,1514年。现藏罗马博盖塞美术馆。

《会饮篇》(*Symposium*)中有一段对话,提供了基本线索,可以用来识别这两名妇女:她们是帕萨尼亚斯(Pausanias)在演讲集中讨论的阿芙洛狄忒两女神,一位称"神圣者",另一位称"粗俗者"。根据后来的人文主义学者马尔西利奥·费奇诺(Marsilio Ficino)的解释,她们分别象征灵与物,分别代表智爱与肉欲。

在图像学的更深层次上,这幅画充分说明了意大利文艺复兴时期,所谓的"新柏拉图"运动对柏拉图及其追随者所抱有的热情。在这个过程中,它提供了重要的证据可以证明,在16世纪初意大利的北部,也就是提香的身边,这场运动有多么重要。此外,这幅绘画被接受的过程也可以告诉我们人们对待裸体的态度转变的历史,特别是从欣赏转变为怀疑的历史。在16世纪初的意大利(就像柏拉图时代的希腊一样),人们认为神圣的爱与裸体女人有着天然的联系,因为人们是用肯定的眼光看待裸体。但是,到了19世纪,有关裸体尤其是女性裸体的观念,发生了变化,使得维纳斯必须穿上衣服才能代表神圣的爱。到了现在,裸体已经与亵渎联系在一起。这个过程在观众看来似乎是非常清楚的,可以说是个常识。裸体在文艺复兴时代意大利的艺术作品中频繁出现,而在中世纪却非常罕见,形成了鲜明的对照。这也为我们提供了另一条重要的线索,可以看到对待身体的观念在那几个世纪里发生的变化。

如果我们暂时搁下对画像的解释,而把注意力集中在画像的例证法上,那么,这里有三点需要注意。第一点是学者们在试图重建所谓的图像学"方案"时,往往把因各种事件而分散开来的形象聚集在一起。在最初设计这些绘画的时候,它们是为了放在一起加以解读,但现在却散布在世界各地的博物馆和美术馆里。

第二点是图像学家需要用眼睛紧紧盯住细节,不仅要像莫雷利所主张的(见第一章),把创作它们的艺术家识别出来,还要识别出它们携带的文化意义。对此,莫雷利也有充分的认识。有一次,他在解释其研究方法的对话录中,虚构了佛罗伦萨一位年迈智者的角色。这位老人告诉主角,画中人物的面孔揭示出他们那个时代的历史中一些重要的东西,"只要人们知道如何去解读"。这里再以《天上的爱与人间的爱》为例,潘诺夫斯基注意到了背景中的兔子,并解释说,它们象征着生育力;而温德则把注意力集中在装饰喷泉的那幅浮雕上,其中有一个正在被鞭打的男人和一匹脱缰的马,并解释说,它们是指"异教做爱的启蒙仪式"[①]。

第三点,图像学家在着手研究画像时,通常会把他们想要解释的图像与文本或其他图像放在一起比较。有些文本可以在图像中找到,往往是以标题或题名为形式,从而把图像转变成艺术史学家彼得·瓦格纳(Peter Wagner)所说的"图像文

---

① Panofsky, *Iconology*, pp. 150-155, Edgar Wind, Pagan *Mysteries in the Renaissance* (1958 second edn Oxford, 1980), pp. 121-128.

本"(iconotext),"可以让观众从字面上和隐义上去解读它们"。还有一些文本被历史学家选来澄清图像包含的意义。例如,瓦尔堡在研究《春》时注意到了古罗马哲学家塞内加(Seneca)把墨丘里神与美惠三女神联系在一起,文艺复兴时期的人本主义者莱翁巴蒂斯塔·阿尔贝蒂(Leonbattista Alberti)曾建议画家们把美惠三女神画成手拉手的样子,在波提切利时代佛罗伦萨的一些奖章上,美惠三女神镌刻围成一个圆圈。①

我们怎样才能肯定把这些放在一起比较的做法是正确的呢?例如,文艺复兴时期的艺术家们熟悉古典时代的神话吗?波提切利和提香都没有受过多少正规教育,也不大可能读过柏拉图的著作。为了回答这样一种否定的看法,瓦尔堡和潘诺夫斯基提出了一种假设:人文主义的大师们设计出了复杂图像的图像学方案,供艺术家去实践。问题是,几乎没有任何档案可以证明这类方案的存在。但是,另一方面,文艺复兴时期意大利的画家往往有机会与人文主义者交谈,例如波提切利常与马尔西利奥·费奇诺交谈,提香经常同彼得罗·本博(Pietro Bembo)交谈。因此,如果说在他们的作品中可以看到古代希腊和罗马文化的各种典故,是完全合乎情理的。

---

① Aby Warburg, *The Renewal of Pagan Antiquity* (1932 English trans. Los Angeles, 1999), pp. 112-115.

受到批判的方法

图像学的方法经常受到批判。它们被指责为过于强调直觉,带有过多的猜测,因此不可信。尽管图像学的方案有时可以在保存下来的档案中找到依据,但总的说来,它们是从图像本身推断出来的。在这种情况下,把某个谜题的不同部分所产生的认识拼凑在一起,虽然相当生动,但也相当主观。关于《春》的新解释层出不穷,这说明把绘画中的某个成分识别出来是比较容易的,而把它们结合在一起做出一种逻辑推理就相当困难了。图像学至今仍带有比较多的推测。图像学家想要从图像中发现他们实际上已经知道存在于其中的那种东西,即时代精神,总要冒一定的风险。

图像学方法可能还有另一种缺陷,即缺少社会的维度,忽视了图像的社会背景。潘诺夫斯基如果不是以敌视至少也是以无视艺术的社会史而闻名。他的研究目标尽管是想找出画像的"特有"意义,但从来不提出这样的问题:这个意义是对什么人而言的?然而,无论是艺术家、委托他们进行创作的赞助人,还是当时的观众,都不会用同样的方式去看待某个特定的图像。这里也不敢保证他们一定会像人文主义者和图像学家那样对思想发生兴趣。例如,西班牙国王菲利普二世委托提香画一些古典神话中的场景。其实,菲利普二世对新柏拉图式的寓言或用图像来重新表现神话并不感兴趣。他更感兴趣的是美女图。这个说法有一定的道理。于是,提香给这位国王写了一封信,将他的绘画描述为他的"诗歌",根本没有提到任何哲学思想。①

潘诺夫斯基本人就是一名人文主义者,对于识别画像中的古代典故确实抱有浓厚的兴趣,但因此就以为 15 世纪和 16 世纪的大多数观众也喜欢这样做,则大谬不然。此外,文本有时给我们提供了关于误解的宝贵证据,证明当时的观众往往会张冠李戴,把某位神祇或女神错误地当作另一位神祇或女神。例如,对基督教教义比较熟悉但对古典传统并不了解的观众,会把长有一副翅膀的希腊胜利女神看作天使。改宗基督教的人们往往会保留着一种倾向,从自己的传统来看待基督教图像,例如把圣母玛利亚误认作佛教传统中的女菩萨观音,或墨西哥的圣母托兰琴(Tonantzin),把圣乔治误认作西非的战神奥古姆(Ogum)。

图像学方法存在的另一个问题是,它的实践者对图像的多样性没有给予充分的注意。潘诺夫斯基和温德有敏锐的眼光,善于识别绘画中的寓言,但图像并不总是寓言式的。正如我们看到的,17 世纪的荷兰绘画中源于日常生活的场景是否隐藏着意义,这个问题始终存在着争议(见第五章)。惠斯勒(Whistler)为利物浦的一名船主画过一幅肖像。他把这幅画

---

① Charles Hope, 'Artists, Patrons and Advisers in the Italian Renaissance', in Guy F. Lytle and Stephen Orgel, eds., *Patronage in the Renaissance* (Princeton, 1981), pp. 293-343.

称作"黑色的排列",似乎他作画的目的不是为了表现,而纯粹是为了审美,因此向图像学方法提出了挑战。此外,图像学方法用于研究超现实主义绘画时,也许要做一些必要的调整,因为像萨尔瓦多·达利(Salvador Dalì,1904—1989)等画家对内在方案的思想持根本否定的态度。相反,他们主张表现头脑中的下意识所产生的联想。可以说,惠斯勒、达利和莫奈(见下文)等艺术家在抵制图像学的阐释。

从这种抵制的观点中还可以引申出关于图像学方法的最后一点批判,也就是指责这种方法过于强调字面的解释,过分重视以逻辑为中心,也就是说,图像阐述思想,内容高于形式,把人文主义大师置于从事实践的画家和雕塑家之上。而这些假定显然存在问题。首先,形式毫无疑问是作品所传达的信息的一部分。其次,从严格的意义上说,图像在传达信息的同时,往往也在唤起情感。

图像学家有认为图像表达了"时代精神"。这个观点带来的危险多次被批评者指出,尤其是恩斯特·贡布里希在批判阿诺德·豪泽、约翰·赫伊津哈和欧文·潘诺夫斯基时所指出的:主张特定时代的文化是同质的,是不明智的。以赫伊津哈为例,他从中世纪晚期佛兰德斯的文学作曲和绘画中,推导出当时存在着恐惧和病态意识。汉斯·梅姆林(Hans Memling,约1435—1494)可以作为一个反证。这位画家在15世纪受到了"广泛地称赞",却没有他同行的那种"病态的人神状态"。①

简言之,20世纪初提出的这种解释图像的特定方法可以说在某些方面存在着过于琐碎和狭窄的缺点,从另一些方面来看又显得过于暧昧。对它的讨论总体来说,主要针对其低估了图像的多样性而造成的危险,更不用说图像有可能帮助回答的那些历史问题也具有多样性。(譬如说)技术史学家和心态史学家带着不同的需要和期望利用图像作证。因此,本书以下各章将依次集中讨论诸如宗教、权力、社会结构和事件等不同的领域。如果说从本章的讨论可以得出一般性结论的话,那可能就是历史学家需要图像学,但也必须超越它。他们需要使用更加系统的方式去实践图像学,其中可能涉及心理分析学、结构主义,尤其是接受理论的使用。在以下各章中,本书将不断地提到这些方法,并在最后一章进行更充分和更明确的讨论。

风景问题

潘诺夫斯基提出的第二个层次和第三个层次,从表面上看似乎与风景画毫无关系,但正是出于这个理由,风景画能让我们清楚地看到图像志和图像学方法的优点和缺点。本书在

---

① Ernest H. Gombrich, *In Search of Cultural History* (Oxford, 1969); K. Bruce McFarlane, *Hans Memling* (Oxford, 1971).

使用"风景"一词时有意地赋予其模糊性,它不仅指绘画和素描,也指大地本身,即大地因"园林术"或其他形式的人类干预活动而发生的变化。

图像学方法的优点之一,是激发了地理学家和历史学家用新的眼光去解读自然风景。大地图像学在花园和公园画中表现得尤为明显。还有一些主题性或象征性的风景画,例如用某种独具特色的植物,如橡树、棕榈树或桉树等,来象征国家和民族。英国林业委员会在英国生长落叶树的传统地区种植松树引起了人们的愤怒,这个例子可以让人们掂量出这些象征多么重要。①

如果自然风景是一幅可以解读的图像,那么一幅风景画就是图像的图像。在风景画的研究中,可能会把图像学方法的缺点暴露无遗。如果说风景画家想给予观众的是审美的愉悦而不是为了交流信息,这似乎只是个常识。例如,克劳德·莫奈(Claude Monet,1840—1926)就否定风景画中有什么意义。他仅关注视觉的感受。1872 年,莫奈创作了一幅勒阿弗尔的风景画,把它称作《印象:日出》(*Impression: Sunrise*)。但在某个特定的文化中称作"常识"的那些东西,仍然需要历史学家或人类学家把它们当作文化符号来加以分析。例如,在风景画中,树木、田野、岩石和河流都带有观众的有意识或无

---

① Ronald Paulson, *Emblem and Expression* (London, 1975); Denis Cosgrove and Stephen Daniels, eds., *The Iconography of Landscape* (Cambridge, 1988).

意识的联想。① 这里还应当强调一点,观众是来自某个特定的地方和特定的时期。在某些文化中,野性并不为人称道,甚至会引起恐惧,而在另一些文化中却成为崇拜的对象。绘画揭示出各种不同的价值观,包括纯真、自由和超越,都折射在大地上。

例如,"田园风景"一词的出现是专门用来描述乔尔乔涅（Giorgione,约 1478—1510）和克劳德·洛兰（Claude Lorrain,1600—1682）等人的绘画,因为他们以与忒奥克里托斯（Theocritus）和维吉尔（Virgil）以来的西方田园诗歌传统完全相同的方式,表达了对农村生活的理想化的看法,尤其是牧童和牧女的生活。绘画中的这些风景显然影响到了人们对真实风景的感受。在 18 世纪末的英国,"观光者"——诗人华兹华斯（Wordsworth）是最早这么称呼他们的人之一——手中拿着旅游指南去观看例如湖区的风景,似乎那是被克劳德·洛兰称作"风景画"（picturesque）的一系列绘画。风景画观念说明了一个总的观点:图像会影响到我们对世界的感受。1900 年以来,来到普罗旺斯的观光者在观看当地的风景时,似乎会以为那是由塞尚（Cézanne）创作出来的,正如我们在以下各章中看到的,宗教经历部分地也是由图像塑造而成的。

按照这些田园式的联想,莫奈的绘画《火车》（*The Train*,1872）以及背景中冒烟的工厂烟囱,很有可能会让早期的观

---

① Simon Schama, *Landscape and Memory*（London, 1995）.

众感到震惊,而在 19 世纪美国的风景中,从远处看见这样一辆小火车也会引起人们的惊讶。更难回答的一个问题是,艺术家在画中加进了一辆火车是否因为他对进步表示赞许,就像墨西哥的乡村画家迭戈·里维拉(Diego Rivera,1886—1957)那样,在 1926 年画了一幅壁画来赞美拖拉机和农业机械化呢?①

最后一点意味着风景画唤起了政治的联想,甚至意味着它表达了民族主义之类的意识形态。1900 年前后,一些艺术家选择描绘瑞典亲王欧根(Prince Eugen of Sweden)所说的"北方的大自然,有清新的空气,挺直的轮廓和强烈的色彩"。我们可以说大自然在这个时期被民族化了,转变为祖国的象征。② 在 20 世纪的英国,大地与英国人的特性联系在一起,也同公民权以及受到现代性、工业和城市威胁的农村"有机社会"联系在一起。③

此外,人们可以深有体会地看到,18 世纪英国的风景画家对农业创新视而不见,无视刚刚被圈占的土地,他们更倾向

---

① Barbara Novak, *Nature and Culture: American Landscape and Painting 1825-1875* (1980; rev. edn. New York, 1995).

② R. Etlin, ed., *Nationalism in the Visual Arts* (London, 1991); Jonas Frykman and Orvar Löfgren, *Culture Builders: A Historical Anthropology of Middle-Class Life* (1979; English trans. New Brunswick, 1987), pp. 57-58; Albert Boime, *The Unveiling of the National Icons* (Cambridge, 1994).

③ David Matless, *Landscape and Englishness* (London, 1998).

于表现昔日美好时代的大地。① 同样,约翰·康斯太勃尔(John Constable,1776—1837)在工业革命时期完成的风景画,可以解释为表达了反工业主义的态度,因为在那些绘画里看不到工厂。当然康斯太勃尔描绘埃塞克斯和威尔特郡的风景画里也没有工厂,但是,英国风景画与工厂兴起的时代正好相重叠,这让人们既对它们有兴趣,又为此感到不安。

在同一时期,人们涌现出对野外大自然的热情,突出地表现为前往山区和森林探密的观光者数量大增。有关这个主题的书籍已经大批出版和上架,诸如作家威廉·吉尔平(William Gilpin,1724—1804)的《美景如画》(*Observations Relative to Picturesque Beauty*,1786)。大自然遭到破坏,至少是大自然受到了将被破坏的威胁,这一点似乎成了这类美学欣赏的必要条件。英国乡村已经临近失乐园的边缘。②

从更加一般的角度来说,至少在西方,自然界往往作为政治体制的象征。保守主义思想家埃德蒙·伯克(Edmund Burke,1729—1797)把英国贵族描绘为"一棵大橡树",用树木那样的自然生长来比喻英国的宪政,而把法国革命宪法称为"人工的""几何式的"。相反,对自由派而言,大自然代表着自由,它的对立面是绝对君主制所强加的秩序和限制,用凡

---

① Hugh Prince,'Art and Agrarian Change,1710-1815',in Cosgrove and Daniels,*Iconography*,pp.98-118.

② Keith Thomas,*Man and the Natural World* (London,1983);Ann Bermingham,*Landscape and Ideology: The English Rustic Tradition*,*1740-1860* (London,1986).

尔赛宫以及许多模仿它的对称花园来象征。森林以及居住在其中的绿林好汉,尤其是罗宾汉,则是古代自由的象征。①

帝国风景画则引申出了另一个主题,即剥夺。例如,在一幅美国风景画中没有人物,这一点据说带有"比欧洲更深刻的意义"。有人认为,新西兰风景画"再现了空旷的自然……不能把它看作纯图像的或审美的表达"(图13)。艺术家有意或无意地抹去了原始居民,似乎要表达"处女地"的观念,或试图表达一种法律原则,即新西兰像澳大利亚和北美一样是"无人地带"。这样一来,白人移民的地位便取得了合法性。

图13 《塔卡卡:黑夜与白天》,油画

柯林·麦克卡洪作,1948年。现藏新西兰奥克兰艺术馆。

---

① Stephen Daniels, 'The Political Iconography of Landscape', in Cosgrove and Daniels, *Iconography*, pp. 43-82; Martin Warnke, *Political Landscape: The Art History of Nature* (1992; English trans. London, 1994), pp. 75-83; Schama, *Landscape*.

绘画所记载的东西可以称作"殖民者的凝视"(见第七章)。①

所以,即使在风景事例中,图像志和图像学方法也有用武之地,有助于历史学家去重现过去的意识。它们的功能在分析宗教图像时更为明显。这就是下一章要讨论的内容。

---

① Novak, *Nature*, p. 189; Nicholas Thomas, *Possessions: Indigenous Art and Colonial Culture* (London, 1999), pp. 20-23.

第三章　圣像与超自然的图像

如果我们借助可见的手段显示不可见的事物,
这是何等荒谬的罪过啊!

——教皇大格里高利

艺术并不是复制,而是制作可见之物。

——保罗·克利

在许多种宗教中,图像在创造宗教崇拜的经历中起着至关重要的作用。① 它们在各个时期的各种文化中,不但表达而且构成(因此也记录)了不同的超自然观,即对神癨和魔鬼、圣徒和罪人、天堂和地狱的看法。至少可以这样说,令人好奇的是,在 14 世纪以前的西方文化中,鬼怪图像十分罕见,魔鬼图像在 12 世纪以前也很少见到,尽管从 9 世纪以后可以看到少数这种图像。长期以来,被精心绘制的魔鬼形象全身

---

① Jean Wirth, *L'image médiéval: Naissance et développement* (Paris, 1989), Françoise Dunand, Jean-Michel Spieser and Jean Wirth, eds., *L'images et la production du sacré* (Paris, 1991).

长毛,头上长角,有爪子、尾巴和翅膀,像只蝙蝠,手持干草叉。①

如果阐述某一主题的一系列图像按年代排列起来,可为宗教史学家提供一种特别有价值的史料。例如,法国历史学家米歇尔·伏维尔夫妇在20世纪60年代曾经研究过一批普罗旺斯的教堂组塑。这批塑像表现了炼狱的灵魂,伏维尔夫妇把它们用作心态史、情感史和虔诚史研究的史料。他们把这批图像描述为"长期以来人类对待死亡的态度随着时间而发生变化的最为重要的记载之一"。

在这项研究中,伏维尔夫妇分析了这些图像的编年史、地理学和社会学。他们注意到,这类图像的制作数量在1610年到1850年之间基本保持稳定,因此至少就普罗旺斯地区的心态史而言,法国革命并不是它的转折点。他们还对这些图像进行了主题分析,注意到把圣徒描绘为祈祷者的图像数量越来越少。同时,17世纪的图像着重反映灵魂受难,而到了18世纪,主题的重点转变为灵魂的解救。伏维尔夫妇还指出,这种转变最初确实是靠某些宗教僧团发动的,接着又得到了宗教团体的推动,最后才到达广大俗众当中。他们以这样的方式对反宗教改革的地方史研究做出了贡献。②

---

① Jean-Claude Schmitt, *Ghosts in the Middle Ages* (1994; English trans. Chicago, 1998), p. 241; Luther Link, *The Devil: A Mask without a Face* (London, 1995); Robert Muchembled, *Une histoire du diable* (12e-20e siècles) (Paris, 2000).

② Gaby Vovelle and Michel Vovelle, *Vision de la mort et de l'au-delà en Provence* (Paris, 1970), p. 61.

图像往往被用作教化的手段、崇拜的对象、唤起冥思的刺激物和争论的武器。因此,它们也可以成为历史学家的一种手段,用来还原过去的宗教经历。当然,除非他们能够解释随之出现的圣像。这里将对前面提到的四种功能逐一地加以讨论。

画像与教化

要理解宗教图像中的意义,需要以某类知识作为前提。对大多数西方人来说,这是十分清楚的,尤其是当他们想要理解来自其他宗教传统的图像时。佛像的手势包含着一定的意义,例如,佛像以右手触地是要求大地证明他的开悟。但要破解这些意义,需要掌握某些佛经的知识。同样,掌握一些印度教教义中的知识对于识别蛇的神性,认出象首人身的人物是伽那什神(Ganesha),与挤奶女孩玩耍的那位忧郁的青年是克利须那神(Krishna),更不用说解释这些女孩玩的把戏有什么宗教意义,都是必要的。在 16 世纪,访问印度的欧洲人有时会把印度神祇的形象看作恶魔。他们本来就倾向于把非基督教的宗教视为魔教,而这些"怪物"长着许多只手或长着动物的头,完全打破了西方人描绘神祇的规则,从而强化了他们的这种倾向。

此外,西方的观察者看到湿婆神舞蹈的图像时,也许不知道这位"舞王"(Nataraja)所跳的是宇宙之舞,象征着宇宙的创造或毁灭(虽然这位神的周身通常用火焰装饰,提供了这一象征意义的线索)。他们更不可能解释湿婆神的手势和手印(*mudras*),例如护身的手势可以译作"别害怕"。①

然而,正像潘诺夫斯基在研究《最后的晚餐》时(见第二章)所指出的那样,对外人而言,基督教的传统同样是难理解的。如果不知道有关圣徒的图像或传说中的套式,就无法把在地狱中焚烧的灵魂与在炼狱中焚烧的灵魂区别开来,也无法将把眼睛放在盘子上带着走的女人(圣露西)和把乳房放在盘子上带着走的女人(圣阿加莎)区别开来。

圣像在当时至关重要,因为图像是最原始意义上的"教化"手段,也是交流教义的手段。教皇大格里高利曾经就这个主题说过这样一句话:"将画像放在教堂里,于是,不能读书的人可以面壁而'读'"(*in parietibus videndo legant quae legere in codicibus non valent*)。② 几个世纪以来,这句话一再地被人们引用。

将画像视为文盲的圣经,这一观点一直受到批评,理由是教堂墙壁上的许多图像对普通民众来说还是太复杂了,不能理解。然而,无论是圣像还是它表达的教义,都可以由牧师做出口头的解释,而图像的作用是提醒,以强化口头传达的信息,

---

① Heinrich Zimmer, *Myths and Symbols in Indian Art and Civilisation* (1946: second edn New York, 1962), pp. 151-155; Partha Mitter, *Much Maligned Monsters: History of European Reactions to Indian Art* (Oxford, 1977).

② Lawrence G. Duggan, 'Was Art really the "Book of the Illiterate"?', *Word and Image* V (1989), pp. 227-251; Danièle Alexandre-Bidon, 'Images et objects de faire croire', *Annales, Histoire, sciences sociales* LIII (1998), pp. 1155-1190.

而不是充当独立的资料。让我们回到用图像作为历史证据的问题上来。图像叙述的故事与圣经叙述的故事之间存在着一定差异。这一点最令人感兴趣,因为它提供了一条线索,可以循着这条道路去考察人们如何自下而上地看待基督教。例如,《马太福音》简要地提到了占星家以及他们的礼物,《路加福音》也只简单地提到基督诞生于马槽的故事,而这个故事在无数表现牛和驴子以及参拜基督的三博士——加斯帕、巴尔塔萨和梅尔基奥——的画像中变得更加清晰和栩栩如生,尤其是在14世纪以后。

在图像学的层次上,圣像风格所发生的变化也为历史学家提供了有价值的证据。为激发情感而制作的那类图像,肯定可以作为研究这些情感历史的证据。例如,它们表明,在中世纪晚期人们最关注的问题是痛苦。正是在那个时期产生了对耶稣受难的器物崇拜,例如对钉子和长矛等的崇拜达到了极盛。也正是在那个时期,在十字架上扭曲着身体的可怜的受难基督形象,取代了中世纪那种安详而又威严,即人们常说"从树上君临天下"的基督王的传统形象。11世纪丹麦的基督受难像,即著名的《阿比基督受难像》,与14世纪德国并位于今日科隆的那座基督受难像,形成了鲜明的对比(图14和图15),而且确实是个生动的对比。

相反,在17世纪,人们更为关注的主题是入神,表达这一情绪的最著名作品是吉安·洛伦佐·贝尼尼(Gian Lorenzo

第三章 圣像与超自然的图像 69

图14 《阿比基督受难像》,包铜木刻祭堂雕饰 11世纪下半叶,现藏哥本哈根国家博物馆。

图15 《基督受难像》,木制 1304年,现藏科隆圣玛利亚大教堂。

Bernini)的雕像《圣特雷萨的沉迷》(*Ecstasy of St. Teresa*, 1651)。①

圣像崇拜

圣像远不止是传播宗教知识的工具,它们本身就是作用物,带有奇迹的属性,也是崇拜物。例如,在东正教里,偶像一直有着非常特殊的地位,无论它们是单独还是一道摆放在屏帏内展示。所谓屏帏就是一道屏风,在举行礼拜时将祭坛和俗众隔离开来。偶像以与照相写实主义的套式完全不同又非常明确的方式,表现宗教图像的力量。基督、圣母和圣徒的姿势永远正面而立,直视观众,从而促使他们把偶像当作真人对待。有一些传说讲述偶像落入大海却自己登上了陆地,从而强化了圣像自身拥有一种奇迹力量的印象。

在西方基督教中也可以看到圣像崇拜,从墨西哥瓜达卢佩的圣母崇拜,到波兰的琴斯托霍瓦黑圣母崇拜,以及位于佛罗伦萨附近教堂里的因普卢内塔的圣母玛利亚崇拜。1620年洛林艺术家雅克·卡洛(Jacques Callot,约 1592—1635)创作的一幅铜版画,表现了因普卢内塔的集市。这是一种围绕

---

① Emile Mâle, *L'art religieux de la fin du Moyen Age en France* (Paris, 1908), id., *L'art relgieux de la fin du seizième siècle: Etude sur l'iconographie après le concile de Trente* (Paris, 1932); Richard W. Southern, *The Making of the Middle Ages* (London, 1954); Mitchell B. Merback, *The Thief, the Cross and the Wheel: Pain and the Spectacle of Punishment in Medieval and Renaissance Europe* (London, 1999).

巡香朝圣和崇拜圣像的活动而逐步形成的制度。威尼斯共和国受到的是另一尊圣母像,即圣路加的圣母塑像的保护,于13世纪从君士坦丁堡劫掠而来。中世纪晚期以后,向一些特殊圣像祈祷的人,包括向摆放在罗马圣彼得大教堂中的"耶稣面像"(Veronica)或基督"真像"(true image of Christ)祈祷的人,可以得到特赦,也就是可以免除本应在炼狱遭受的惩罚。

崇拜者往往要行进很远的路程巡香进礼,朝拜圣像。他们在圣像前鞠躬下跪,亲吻圣像,求圣像赐恩。例如朝圣队伍为了求雨或祈求佛罗伦萨免受政治威胁,往往抬着因普卢内塔的圣母玛利亚圣像。① 委托艺人制作圣像也是表达感恩的手段,例如,因为躲避了一次灾祸或被治愈而感恩。在今天意大利或普罗旺斯的教堂中,还可以见到许多这样的"还愿圣像",制作的目的是为了遵守向圣徒所许的愿(图16)。它们记录了普通人的希望和恐惧,证实了供奉人与圣徒之间的亲密关系。②

供奉圣像并不仅限于基督教。例如,在日本庙宇中也可以看到供奉圣像,说明日本人同样关注疾病和海难。基督教诞生以前就有人制作供奉圣像。西西里的阿格里琴托有一座教堂,里面有许多供奉圣像,圣像的手、腿和眼睛用白银(最近以来改用塑料)制成。离它不远处有一家古代文物博

---

① Richard Trexler, 'Florentine Religious Experience: The Sacred Image', *Studies in the Renaissance* XIX(1972), pp.7-41.

② Bernard Cousin, *Le Miracle et le Quotidien: Les ex-voto provençaux images d'une société* (Aix, 1983); David Freedberg, *The Power of Images* (Chicago, 1989), pp. 136-160.

图16 《为屠夫的儿子制作的供奉圣像》,油画

1853年3月14日,现藏耶尔的圣母院。

馆,里面同样陈列着用陶土制成的供奉圣像,它们的制作年代可以追溯到基督诞生以前。这些圣像证明异教与基督教之间存在着一种重要的连续性,这种连续性没有在文本上留下记载,但对研究宗教的历史学家来说非常重要。

圣像与祈祷

中世纪晚期以后,祈祷用的圣像在宗教生活中发挥着越来越重要的作用。15世纪60年代以后,描述圣经故事的系列图片以印刷品的形式流传开来,在家中举行的祈祷越来多地借助于私藏圣像,当然这是对那些有能力提供圣像的人而言的。这些圣像无论在形式上还是在用途上,都有别于上述偶像。它们的内容集中在所谓"生动的特写",集中在宗教故事的某个细节上。① 16 世纪末,在意大利北部的一些圣山,如瓦拉罗的圣山宗教避难所里,圣像中的人物被制成真人一般大小,色彩逼真,表现了《新约》中的故事情景,以更生动的方式取得了同样的效果。大批的朝圣者涌向瓦拉罗的避难所,在那里处处可以看到雕像。站在这些圣像面前,人们不禁会感到自己真的站立在基督时代的圣地上。②

祈祷用的圣像还可以发挥另一种重要作用,那就是用来慰藉病人和临近死亡的人,甚至用来慰藉即将被处决的人。例如,在 16 世纪的罗马,由圣乔万尼教堂(San Giovanni Decollato)组织的兄弟会("被斩首的圣约翰")中,俗人修士需要承担一种义务,陪伴罪犯上刑场,向他们展示基督受难和基督被从十字架上取下的小图片(图 17)。这种做法被称作"视觉迷幻术,能让即将受刑的人在押往绞刑架的可怕途中减轻恐惧和痛苦"。还有一点应当强调,圣像会引导受刑者把基督受难与他自己遭遇的痛苦联系起来。③

新型圣像还与宗教冥思的某种做法的传播有关。13 世

---

① Sixten Ringbom, *From Icon to Narrative*(Abo, 1965);Hans Belting, *Likeness and Presence*(1990;English trans. 1994), pp. 409-457.
② Freedberg, *Power*, pp. 192-201, Cf. Merback, *Thief*, 41-46.
③ Samuel Y. Edgerton, *Pictures and Punishment: Art and Criminal Prosecution during the Florentine Renaissance*(Ithaca, 1985).

图 17 《从十字架上解救下来的耶稣》,镶嵌油画 16 世纪,现藏罗马圣乔万尼教堂。

纪无名氏绘制的《冥思基督的生平》(*Meditations on the Life of Christ*),据传为方济各会的修士圣波纳文图尔(St Bonaventure)所作,集中描绘了圣迹的细节,产生了强烈的视觉化效果。基督降生的圣像中的文字会让读者去想象圣母正跪在她的儿子跟前,身边有一头牛和一头驴。至于《最后的晚餐》,

他解释说:"你必定知道那张桌子很矮,他们按照古代的习惯在桌旁席地而坐。"这种做法的原因,根据15世纪一位意大利修道士解释,"我们的感情是靠看到的而不是听到的东西激发出来的"①。

同样,在波纳文图尔去世三百年以后,读者或听众可以从圣依纳爵·罗耀拉(St. Ignatius Loyola,1491—1556)所写、出版于1546年的祈祷手册《神操》(*Spiritual Exercises*)中得到告诫,即他们需用心灵的眼睛去看地狱、圣地和其他地方。罗耀拉把这种做法称作"地点的合成"(composition of place)。他们受到的鼓励是去产生"一幅生动的图景,地狱有多长、多宽和多深,地狱的'巨火'以及'身上着火的'灵魂,都在他们的想象中浮现出来"。罗耀拉的文本还不是对地狱最早的描绘。最早描绘地狱的是17世纪西班牙的另一名耶稣会士,塞巴斯蒂亚诺·伊斯基耶多(Sebastiano Izquierdo,1601—1681)。他的文本配有雕版画,有助于达到视觉化的效果。②

从面对圣像有意识的冥想到油然产生的宗教观,只有一步之遥。无论如何,宗教观往往是图像实物的反映。圣女贞德(Joan of Arc,约1412—1431)因异端和巫女的罪名而受到审判可以表明,在英国审判官看来,她对圣米歇尔和其他天使的看法完全是由画像引起的,尽管贞德对此表示否定。对锡

---

① Mâle, *Moyen âge*, pp. 28-34; Michael Baxandall, *Painting and Experience in Fifteenth-Century Italy* (Oxford, 1972), p. 41.

② Mâle, *Trente*; Freedberg, *Power*.

耶纳的圣凯瑟林和瑞典的圣布里奇特等中世纪晚期圣徒进行的研究,也得出同样的论点。① 阿维拉的圣特雷萨(St. Teresa of Avila,1515—1582)过着丰富的精神生活,也靠圣像来滋润。众所周知,有一幅基督受难的圣像让她感受极深。人们不禁会怀疑,圣特雷萨看到自己被一名天使用箭射穿,这一神秘的体验是被圣像激发的?而她的这一体验又被贝尼尼作品表现了出来。② 此外,17世纪俄国的大教长尼孔(Nikon)产生了一些幻觉,其中出现的基督与他在圣像中看到的基督是一个样子。③

圣徒在天堂的正面图像固然值得研究,地狱和魔鬼的反面图像也值得研究。例如,希罗尼穆斯·波西(Hieronymus Bosch)所画的阴间图,在我们今天的大多数人看来,比月球或火星图像还要陌生。但是,当时的人认为他们总有一天有可能看到波西所表现的那种地方,这位艺术家不仅描绘了他个人的想象,而且描绘了普遍的观念。要认识这一点确实不是一件容易的事情。埃米尔·马勒曾经说过,中世纪光怪陆离的形象来自"人类意识的深处"。这些图像为历史学家提供了有价值的线索,可以告诉他们在不同的文化中,个人和群体

---

① Millard Meiss, *Painting in Florence and Siena after the Black Death* (Princeton, 1951), pp. 117, 121; Frederick P. Pickering, *Literature and Art in the Middle Ages* (1970), p. 280.

② Mâle, *Trente*, pp. 151-155, 161-162.

③ James Billington, *The Icon and the Ax* (New. York, 1966), p. 158.

的焦虑是什么,只要他们能对图像做出解释。①

例如,地狱和魔鬼形象所发生的变化,可以帮助历史学家重现恐惧的历史。这类研究近来正在进行中,特别是法国学者让·德吕莫(Jean Delumeau)正在从事的研究。② 正如我们已经看到的,魔鬼形象在12世纪以前很少见到。为什么这时却流行起来了呢?有关这个问题的答案从可以或应当称作视觉表达的新套式中去寻找,还是魔鬼形象的增多告诉我们宗教甚或集体情感发生了变化呢?在16世纪和17世纪,女巫聚会的图像开始出现(见第七章)。此类图像把宴会主题和似乎来自地狱的景象结合在一起,为我们提供了一条线索,可以探知这一时期出现的女巫审判背后的焦虑。

当历史学家分析的对象不是从无到有的转变,而是表现场景所发生的逐步或急剧的变化,把握会更大一些。例如在17世纪罗耀拉的《神操》一书中,插图十分逼真地描绘了人们在地狱中遭受的折磨。它们的描述像文本一样,省去了波西绘画中那种令人毛骨悚然的可怕形式。这一具体的变化可以提供一条线索,让历史学家去认识更一般的变化吗?

---

① Walter Abell, *The Collective Dream in Art* (Cambridge, MA., 1957); Link, Devil, p.180.

② Abell, *Dream*, pp. 121, 127, 130, 194, Jean Delumeau. *La peur en occident* (Paris, 1978); W. G. Naphy and P. Roberts, eds., *Fear in Early Modern Society* (Manchester, 1997).

圣像的争端

圣像用于祈祷并没有让所有人都感到高兴。有人担心民众所崇拜的可能仅仅是圣像本身,而不是圣像所表达的东西。在不同的时期和地方,这种担心导致了圣像破坏运动。① 前面引用的教皇大格里高利的那句话,说明了教堂装饰图像的理由。他写下这句话,是对马赛发生圣像破坏事件的消息做出的反应。8世纪,在拜占廷发生过破坏圣像的大骚动。在西欧,从16世纪20年代到60年代掀起过一次又一次破坏圣像的浪潮。历史学家在过去几十年里对这类运动表现出了越来越浓厚的兴趣,这与"自下而上的历史学"的兴起有密切的关系。破坏性的集体行动有助于我们还原普通民众的态度,而他们没有留下书面证据来说明他们的观念。至于观众如何做出反应,本书将在最后一章对此类证据做更详细的讨论。

除了崇拜圣像或破坏圣像之外,还有一种策略是把视觉媒体用作宗教争端的武器。在德国宗教改革初期,新教徒尽量地使用圣像,尤其是木刻的圣像,因为这种圣像既便宜又便于携带。他们这样做的目的是试图接近文盲或半文盲的大多数民众。圣像"是为孩子和头脑简单的民众"而制作的,正如马丁·路德所

---

① Freedberg, *Power*; Serge Gruzinski, *La guerre des images* (Paris, 1990), Olivier Christin, *Une révolution symbolique: L'iconoclasme huguenot et la reconstruction catholique* (Paris, 1991).

言:"相较于文或字教义而言,图片和图像更容易打动他们,让他们回忆宗教的历史。"①因此,这些视觉材料从普通民众的视角记录了宗教改革,提供了在识字的精英们制作的书面材料中难以看到的观点。新教的版画匠以丰富的传统民间笑话为素材,制作了大批图像,把天主教刻画成一个可笑的形象,从而摧毁天主教。他们的作品形象地证明了俄国批评家米哈依尔·巴赫金(Mikhail Bakhtin)的理论,笑声具有颠覆的力量。②

艺术家卢卡斯·克拉纳赫(Lucas Cranach,1472—1553)是路德的朋友。他在维滕堡开了一家作坊,制作了许多带有争辩性的印刷作品,例如《受难基督和敌基督》(Passional Christi und Antichristi)。这幅画像将基督的简朴生活与他"代牧"教皇的华丽和骄傲做了对比。有一对木刻画表现了基督逃离犹太人,因为他们试图拥戴他为国王;相反,教皇却手握宝剑,拼命维护他对教会国家的世俗统治权(这显然是指死于1513年的好斗教皇尤利乌斯二世)。此外,基督头戴棘冠,教皇却头戴三重冕;基督为门徒洗脚,教皇却伸出脚让基督徒亲吻;基督赤足行走,教皇却坐轿子,等等(图18)。③

---

① Robert W. Scribner, *For the Sake of Simple Folk* (1981: second edn Oxford, 1995), p.244.
② Mikhail Bakhtin, *The World of Rabelais* (1965: English trans. Cambridge, MA. 1968), Scribner, *Folk*, pp.62, 81.
③ Scribner, *Folk*, pp.149-163.

图18 卢卡斯·克拉纳赫所做的对帧木版画

摘自《受难基督和敌基督》(*Passional Christi und Antichristi*, Wuttenberg: J. Grunenberg, 1521)。

图19 《带光环和鸽子的僧正路德》局部,木版画

汉斯·巴尔东·格里昂(Hans Baldung Grien)作,摘自 *Acta et res gestae…in comitis principum Wormaciae* (Strasbourg: J. Schott, 1521)。现藏伦敦大英图书馆。

于是，教皇的视觉形象与贪图钱财、与因权力而骄傲、与魔鬼的形象联系在了一起。而路德的形象恰恰相反，正如已故的鲍勃·斯克里布纳所指出的，路德被描绘成一位英雄甚至圣徒，配上了光环和鸽子，表明他像《福音书》的作者那样，受到了圣灵的启示（图19）。① 使用木版画以更广泛地传播改革派的信息，收到的效果大大出乎制作者的预想。到了16世纪20年代，圣徒崇拜的批评者自己也变成了同一种崇拜的对象。对此，最贴切的说法应当是，新教思想的"民间化"（folk-lorization），它被吸收进了文盲所想象的世界中。在一个识字率有限的文化里，圣像提供了说明这一进程的证据，而且比文本提供的证据更为丰富。

圣像的危机

有些历史学家，例如汉斯·贝尔廷（Hans Belting）提出，宗教改革的时代也是"圣像危机"的时代，发生了从所谓的"圣像文化"向"文本文化"的转变。② 16世纪在欧洲兴起的破坏圣像运动支持了这一解释。16世纪末，在欧洲一些地方，尤其是在加尔文教统治的地方，有充分的证据表明其不仅处在破坏圣像的时期，而且处在所谓的"圣像恐惧症"时期，

---

① Scribner, *Folk*, pp.18-22.
② Belting, *Likeness*, pp.14, 458-490; Patrick Collinson, *From Iconoclasm to Iconophobia: The Cultural Impact of the Second Reformation* (Reading, 1986).

也就是"整个地否定一切圣像"的时期。①

然而,如果把贝尔廷的结论加以扩展,把那个时期所有的欧洲人都包含进来,那就很不明智了。破坏圣像者和恐惧圣像者可能都是少数。另一些学者例如戴维·弗里德伯格(David Freedberg)主张,无论是在新教还是天主教统治的欧洲地区,圣像依然保留着相当大的势力。16世纪20年代以后,德国进行了整整十年的圣像辩论以后,宗教画像在路德派的文化中继续发挥着重要作用。在16世纪和17世纪,德意志和斯堪的纳维亚地区的教堂里仍然可以看到描绘《新约》圣经故事的绘画。这些事实支持了弗里德伯格的结论。

有些更为生动的证据可以证明圣像依然保留在新教的世界里。这些证据主要是人们的想象。17世纪20年代,路德派的约翰·恩格尔布雷希特(Johan Engelbrecht)对地狱和天堂提出了一些想象,"神圣的天使们就像许多巨大的火焰,得救的灵魂像许多光明而发亮的火花"。几年以后,出生于波兰的另一位新教徒,克里斯蒂娜·波尼亚托瓦(Kristina Poniatowa),想象出一群红蓝相间的狮子、一匹白马和长着两颗头的天使。这些文本式的想象说明路德教派发展出了他们独特的画像文化。18世纪和19世纪的一些绘画和印刷品也给人们留下了相同的印象。

天主教的画像文化也发生了变化,新教徒批判过的那些

---

① Collinson, *Iconoclasm*, p. 8.

特征反而被增强了。特伦特宗教大会(1545—1563)做出的许多努力都是为了改造近代早期的天主教,郑重地重申圣像与巡香朝圣和圣迹崇拜一样重要。圣像本身也越来越多地重申那些受到新教徒挑战的教义。例如,圣徒形象被设计成入神(ecstasies)和神化(apotheoses)的状态,显然是为了震慑观众,也是为了显示神人和凡人的区别。在绘画中,圣彼得和抹大拉的玛利亚被越来越多地表现成正在揩拭忏悔的眼泪,这可以解释为他们试图用视觉手段回答新教徒对宣信会的圣餐和圣礼施加的攻击。①

在巴洛克时代,圣像越来越带有戏剧化的风格,显然其中也含有某种信息。这种戏剧化或修辞化的风格,像其他相关的东西一样,表明教会已经意识到了劝诫观众的需要。这一需要如果说在路德以前确实也存在过的话,至少不那么紧迫。因此,如果古典的图像学方法得到了心理分析学思想的补充,我们就可以说,这些圣像是在情感、无意识,或我们将要提到的"潜意识"层次上对新教论点做出的反应。这类圣像还可以说成是天主教会的"宣传"。圣像中含有的宣传思想及其在政治上的用途,是下一章讨论的主题。

---

① Mâle, *Trente*.

第四章 掌权者和抗议者

> 在任何时代,统治者总想利用绘画和雕像,以便更好地用正确的情感去激励人民。
>
> ——谢瓦利埃·德·若古

通过吸收罗马帝国文化的某些成分,前一章所讨论的宗教艺术在基督教诞生后的几个世纪里发展起来。皇帝和执政官头戴皇冕,正视前方的姿势被用来表现基督或圣母的"尊严",而帝国的光环则移到了圣徒头上。①

与此相反,自中世纪以来,直到现在,这一发展轨迹却发生了逆转,出现了"世俗化"的长期过程,也就是说,艺术借用宗教的形式为现实世界服务。威斯特敏斯特大厅里悬挂的画像《带王冠的理查德二世》(*Richard II Enthroned*)模仿着王者基督的形象,完成了从世俗用途转向宗教用途,然后又回归世俗用途的环形旅程。法国保王党的印刷图像《新骑士》(*The New Calvary*,1792)描绘刚刚被斩首的路易十六钉在十字架

---

① André Grabar, *Christian Iconography: A Study of its Origins* (Princeton, 1968), pp. 78-79; Jas Elsner, *Imperial Rome and Christian Triumph: The Art of the Roman Empire, AD 100-450* (Oxford, 1998).

上,则是表现这种世俗化过程的、更有戏剧性的典型例子。

还有一些例子比较微妙。自中世纪晚期以后,显然是受到圣徒画像崇拜的启发,向公众展现统治者形象的做法越来越普遍。16世纪末那幅酷似圣母的英格兰女王伊丽莎白一世画像,借助于蜡纸印刷技术而大量复制取代了圣母玛利亚的圣像。这种画像可以发挥某些功能,例如填补因宗教改革而造成的心理空虚。① 凡尔赛宫里悬挂着法国国王路易十四的画像,按照当时的礼仪指南说法,这些肖像应受到充分的尊重,就像国王本人正在悬挂着这些肖像的房间里一样。观众不得背朝这些画像站立。②

总的说来,有关视觉宣传的历史研究,关注的重点在于法国革命或20世纪,集中研究了苏维埃俄国、纳粹德国和法西斯意大利,对两次世界大战期间曾经引起争端的图像也给予了相当的重视。③ 在以下的讨论中,本书将吸收这些研究成果,但是,我试图把它们放在从奥古斯都到路易十四时代这样一个时间长得多的政治图像史的范围内加以考察。对于可否把"宣传"这样一些现代的概念用于1789年以前的时期,有

---

① Frances A. Yates, *Astraea: The Imperial Theme in the Sixteenth Century* (London, 1975), pp. 78, 101, 109-110.

② Peter Burke, *The Fabrication of Louis XIV* (New Haven, 1992), p. 9.

③ Toby Clark, *Art and Propaganda in the 20th Century: The Political Image in the Age of Mass Culture* (London, 1977); Zbynek Zeman, *Selling the War: Art and Propaganda in World War II* (London, 1978); R. Taylor, *Film Propaganda* (London, 1979); David Welch, *Propaganda and the German Cinema, 1933-1945* (Oxford, 1983).

些历史学家表示怀疑。然而,绘画和雕像可以在维护某种体制上发挥重要作用,这一点却得到了历史学家广泛地肯定。统治者感到需要有良好的公众"形象",这并不仅仅是我们这个时代才有的事情。正如谢瓦利埃·德·若古为《百科全书》撰写"绘画"这一条目时所写,"在任何时代,统治者都要利用绘画和雕像,以便更好地用正确的情感去激励人民"(见第 144 页)。不过,这里应当做一点补充,在不同时代,政府在图像的使用上,无论在程度还是方式上都有很大的差异。本章将试图证明这一点。

像讨论圣像的那一章的做法一样,本章也试图将不同类型的图像区别开来加以解读,无论这些图像所表现的是思想还是个人,也无论这些图像的原有目的是维护还是颠覆现有的政治秩序。其中,描述政治事件的图像将留到第八章去讨论。

反映思想的图像

解读图像的方法之一,是把"艺术家视为政治哲学家",这句话是昆廷·斯金纳(Quentin Skinner)一篇文章的标题。他在这篇文章中重新解释了著名画家安布罗焦·洛伦采蒂(Ambrogio Lorenzetti)为锡耶纳市政厅绘制的壁画。当然,把抽象概念变得可视化,或把这些概念具体化,这类问题并不仅仅是艺术家面临的问题。长期以来,象征和符号本身在政治中一直发挥着重要作用。① 1961 年当选的巴西新总统让尼奥·库亚德罗斯(Jânio Quadros)在他的竞选画像中手执扫帚,象征着他希望扫除腐败。这个形象不仅有利于在电视中上镜,而且复兴了一种旧传统。

传统的象征之一是把国家比作一艘船,统治者和他的主要大臣是领航员。例如,在 1558 年神圣罗马帝国皇帝查理五世出殡的队伍中,可以看到他正在发表演说的形象。他站在一艘与实物大小一般的船上,这艘船被拉行在布鲁塞尔的大街上。1890 年,约翰·邓尼尔爵士(Sir John Tenniel,1820—1914)在《笨拙》(Punch)杂志上发表了一幅漫画,也巧妙地利用这个比喻,表现德国皇帝威廉解除了宰相奥托·冯·俾斯麦的职务,还加上了一行文字说明:"抛弃领航员。"

表现统治者的另一个传统象征是马和骑马人,对统治者骑马的雕像进行的比较请见后文。委拉斯贵支(Velázquez)为西班牙国王菲利普四世的儿子和继承人唐·巴尔塔萨·卡洛斯(Don Baltasar Carlos)所绘的画像,描绘了他在马术学校的情景,更为突出地表现了这类传统象征。这幅绘画如果和西班牙同时期的政治思想著作,即迭戈·德·萨维德拉·法雅尔多《基督教亲王的思想》(Idea of a Christian Prince,1640)

---

① Quentin Skinner, 'Ambrogio Lorenzetti: The Artist as Political Philosopher', *Proceedings of the British Academy* LXXII (1986), pp. 1-56; Michael Walzer, 'On the Role of Symbolism in Political Thought', *Political Science Quarterly*, LXXXII (1967), pp. 191-204; Murray Edelman, *Politics as Symbolic Action* (London, 1971); Jos'e M. González García, *Metáforas del Poder* (Madrid, 1998).

放在一起比较,就非常清楚了。该书进一步讨论这样的比喻,建议这位亲王"以意志为马嚼、以理性为马勒、以政策为马缰、以公正为马鞭、以勇气为马刺,尤其是以审慎为马镫,驯服权力这只小马"。在美国革命期间,有一位英国漫画家对这种旧比喻反其意而用之,创作了一幅"马甩掉主人"的漫画。

通过拟人化表达抽象概念的做法,如果不是更早的话,至少在古希腊已经开始了。正义、胜利、自由等抽象概念的化身通常为女性。在文艺复兴时代出版的一本插图词典,即切萨雷·里帕《图像学》中,甚至连"阳刚之气"这一概念也表现为女性。在西方传统中,这样一些化身是逐渐形成的。例如英国的化身约翰牛为男性,从18世纪开始出现。法国革命以后,人们做出了许多努力,将自由、平等和博爱转化为可视语言。例如,自由的化身是一顶小红帽,这是一种新式的弗吉尼亚小帽,与古代释放奴隶有关。在法国革命时期的印刷品中,平等被表现为一位手持天平的女性,与表现公正的传统形象相似,只不过没有蒙上眼睛。[1]

尤其是自由的化身,它发展为一种独具特色的图像,其中固然吸收了古典传统的成分,但也随着政治环境的变化以及艺术家的个人天赋而发生变化。

---

[1] Ernst H. Gombrich, 'Personification', in Robert R. Bolgar, ed., *Classical Influences on European Culture* (Cambridge, 1971), pp. 247-257; Marina Warner, *Monuments and Maidens: The Allegory of the Female Form* (London, 1985); Linda Colley, *Britons: Forging the Nation, 1707-1837* (New Haven, 1992).

第一个例子欧仁·德拉克洛瓦(Eugène Delacroix)的绘画《自由引导人民》(Liberty Leading the People),这是1830年7月27—29日巴黎起义以来出现在绘画、石膏像和铜像中,众多自由形象中最出名的一个(图20)。这次巴黎起义就是后来所说的把国王查理十世逐出法国的1830年革命。德拉克洛瓦塑造的自由形象一半像女神(模仿古希腊的雕像胜利女神),一半像凡间妇女,她一手高举飘扬的三色旗,一手持步枪。她裸露的胸膛和弗吉尼亚小帽(有古典的含义)象征着自由,而革命正是为自由而发生。至于"人民",那位头戴高礼帽的男人依其头饰往往被解释为资产阶级的化身。事实上,当时的工人阶级有些也戴大礼帽。无论如何,只要仔细观察一下他穿的衣服,特别是他的腰带和裤子,就可以发现这是个手工工人。这个例子再次说明微小细节的重要性。这幅画提供了当时对1830年革命事件的解释,与1789年法国革命的观念联系在一起。新的"公民国王"路易·菲利普恢复使用三色旗,从而表达了他对1789年革命的敬意。1831年,《自由引导人民》归法国政府所有,似乎表明该画对刚刚发生的事件所做的解释得到官方的承认。至于这幅画后来的历史,将在后面(第十章)讨论。[1]

---

[1] Maurice Agulhon, *Marianne into Battle: Republican Imagery and Symbolism in France, 1789-1880* (1979; English trans. Cambridge, 1981), pp. 38-61; 关于帽子的解释,见 James Epstein, 'Understanding the Cap of Liberty: Symbolic Practice and Social Conflict in Early Nineteenth-Century England', *Past & Present* CXXII (1986), pp. 75-118.

图20 《自由引导人民》,油画

欧仁·德拉克洛瓦作,1830—1831年。现藏巴黎卢浮宫博物馆。

第二个例子是由法国雕塑家弗雷德里克·奥古斯特·巴托尔迪(Frédéric Auguste Bartholdi, 1834—1904)设计并于1886年落成的,更为著名的自由女神像。她携带着意识形态的信息,与现代的罗德斯巨型雕像一道守护着纽约港。玛利娜·瓦尔纳(Marina Warner)将其她称作"沉静而安详的"形象与德拉克洛瓦绘制的更加解放的妇女形象作对比,显然是正确的。这尊雕像身上的某些细节再次强化了她所表达的信息:她的脚下是被挣断的锁链,是自由化身的传统特征,表明

图 21　《自由女神像》,铜像

弗雷德里克·奥古斯特·巴托尔迪设计,1884—1886年,纽约。

了她的身份,而她手中高擎的火炬表达了雕塑家最初"自由照亮世界"的观念。这个雕像的政治含义,人们完全可以解读出来,因为她的另一只手握着一块牌匾,上面写着"1776年7月4日"。无论这位雕塑家私下可能有什么想法,这块牌匾提供的线索清楚地表明,它纪念的是美国革命而不是法国革命。雕像头上的光环取代了弗吉尼亚小红帽,使自由女神像更有圣徒的神气。当移民驶近必须在那里办理美国"入境手续"的伊利岛时,无论他们来自意大利还是波兰,都可能会想,他们所看到的这尊雕像是圣母玛利亚,即"海上的救星",水手的庇护神。①

---

① Marvin Trachtenberg, *The Statue of Liberty* (1974; reprinted Harmondsworth 1977); Warner, *Monuments*, pp. 3-17.

64　　民族主义比较容易用图像来表达,无论是用漫画来丑化外国人(例如威廉·贺加斯[William Hogarth]所画的骨瘦如柴的法国人),还是纪念民族史上的重大事件。但是,还有两种方式可以用来表达民族感情或民族主义情绪:一种是复兴当地的民间艺术风格,例如20世纪初德国和瑞士画家所说的那种"乡土风格"(*Heimatstil*);另一种是描绘当地的风景特色,就像第二章所提到的"北方大自然"。

在苏联和其他一些国家,社会主义也被艺术家转化成视觉形象,按照"社会主义的现实主义"模式,赞美工厂和集体农庄的劳动(见第六章)。此外,从20世纪20年代开始,墨西哥革命以后的各届政府委托迭戈·里维拉与其同行创作的壁画,被这些艺术家自己称作"战斗和有教育意义的艺术"。其
65 艺术为人民服务,带有诸如表现印第安人的尊严、谴责资本主义的罪恶以及强调劳动重要性的含义(图22)。与苏联的艺术作品一样,这些视觉信息有时因带有诸如"不劳动者不得食"等有教育和劝诫意义的文字而得到了强化。这里再一次说明,图像文字被认为比单纯的图像更能发挥效果。①

个人图像

把抽象转化为具体的一种更常用的手段,是展示体现某

---

① Desmond Rochfort, *Mexican Muralists: Orozco, Rivera, Siqueiros* (London, 1993), pp.39.

图22 《炼糖》,环形壁画《现代墨西哥大观》局部

迭戈·里维拉作,1923年。现藏墨西哥(劳动院)教育部内。

种思想或价值观的个人图像。在西方传统中,把统治者表现为英雄或超人,从古代以来就已经确立了各种套式。研究古代史的历史学家保罗·赞克(Paul Zanker)把注意力从个别的纪念碑转向"反映当时那个时代经历的整体图像",并指出在奥古斯都(公元前27年—公元14年在位)时代,罗马帝国的兴起需要与集中化的目标相一致和需要标准化的新视觉语言。奥古斯都原名屋大维,他的图像从公元前27年以后按照理想化的方式来绘制,最著名的是现藏于格雷戈里亚诺·普罗法诺博物馆中那座比真人还要高大的大理石雕像(图23)。

这座纪念雕像把奥古斯都塑造成身穿盔甲,手持长矛或军旗,举起前臂,似乎正在宣告胜利的形象。在他的胸甲上,只要观众靠近一看,就能发现细部描绘了被击败的帕提亚人向罗马人缴还他们过去夺得的军旗,从而强化了上述的含义。这位统治者赤着双脚,并不像现代观众可能以为的,是要表现他的谦恭,而是要把奥古斯都比作神。奥古斯都的官方形像在他长期的统治内一直保持不变,好像这位皇帝找到了一种驻颜术。①

统治者的形象往往在风格上表现出必胜的信心。胜利不仅用仪式来表达,也用雕像和建筑物来表达,其中包括拱形门,例如罗马的君士坦丁凯旋门,都是表现胜利的古典图像。此外,还有一些装饰的细节,诸如桂冠、战利品、俘虏、行进的队伍、胜利的化身(带翅膀的女性)、名望的化身(手持喇叭的男性)。雕像的尺寸有时非常巨大,构成了他们所宣告的内容中的一部分,例如今天在罗马音乐广场上还能见到的罗马皇帝君士坦丁头像,以及耸立在巴黎大路易宫里的路易十四雕像。这些雕像如此巨大,甚至在建造时连工人都可以在马肚子里吃午餐。②

统治者作骑马状的雕像显然意在把统治术比喻为骑术,

---

① Paul Zanker, *Augustus and the Power of Images* (1987; English trans. Ann Arbor, 1988), pp. 3, 98; Elsner, *Imperial Rome*, pp. 161-172.

② Jas Elsner, *Art and the Roman Viewer* (Cambridge, 1995), p. 159; Burke, *Fabrication*, p. 16.

图 23 《奥古斯都皇帝像》,石像

公元前 63 年—公元 14 年,现藏罗马格雷戈里亚诺·普罗法诺博物馆。

例如一直展示在国会博物馆内的罗马皇帝马尔克·奥利略（Marcus Aurelius）的那座披着斗篷、头发卷曲的雕像（现在已换成了复制品，图24）。这座骑马雕像在意大利文艺复兴时期重获生机，正在向他站立的那片广场宣告统治权威，就像君主向自己的领地宣告统治权威一样。16世纪以后，"骑马铜

图24 《罗马皇帝马尔克·奥利略骑马像》，铜像
现藏罗马国会博物馆。

像"遍布整个欧洲,例如佛罗伦萨希诺里亚广场上的科西莫·德·美第奇大公爵铜像,巴黎的亨利四世、路易十三和路易十四铜像,马德里的菲利普三世和菲利普四世铜像,柏林的勃兰登堡"大选侯"弗雷德里克·威廉(Frederick William, 1640—1688年在位)铜像等。古典传统的复兴也是向古典传统借鉴,就像把年幼的王子称作新亚历山大或奥古斯都第二的习惯一样。大多数统治者都以有这样一座雕像而满足。然而,路易十四的近臣们却组织起了一场所谓的"雕像运动",不仅在巴黎,而且在阿尔勒、卡昂、第戎、格勒诺布尔、里昂以及其他一些城市建造了一大批路易十四的雕像。① 在一大串这样的骑马雕像中,最值得纪念的是普希金所说的那座最早的"骑马青铜像",即彼得大帝雕像。这座雕像由女沙皇叶卡特琳娜二世下令建造,由法国雕塑家埃田纳-莫里斯·法尔科内(Etienne-Maurice Falconet)完成,于1782年落成。

  统治者本身也被视为图像,就像圣像一样。他们的服装、姿势以及身旁的物品都带有王权的意义,这在他们的画像和雕像中充分表现出来。近代早期的一些观察家注意到了他们之间的相似性。例如英国大使克里斯托弗·邓斯塔尔(Christopher Tunstall)说,查理五世"坚定不移,活像一尊偶像",意大利政治理论家特拉扬诺·博卡利尼(Traiano Boccalini)也描述过西班牙驻那不勒斯的总督,说他如此庄

---

① Michel Martin, *Les monuments équestres de Louis XIV* (Paris, 1986).

重而且毫无表情,"我简直不知道他究竟是个活人,还是一座木雕"。

这些话给了现代的观众一些暗示。我们不应当把皇帝或国王的雕像或"国家肖像"看作它们那个时代出现的个人幻想,而应看作戏剧,看作表现理想化的自我公共展示。在一般情况下,被表现的统治者穿的不是平时的服装,而是古罗马的服装,或者手持长矛,或者身着加冕的长袍,从而显得更有尊严。骑马雕像往往脚下踩着敌人,不仅有国内外叛乱或造反的化身,也有敌对国家的化身。一个著名的例子是,意大利雕塑家莱昂·莱昂里(Leone Leoni)塑造的如真人一般大小的查理五世雕像。这位皇帝手持长矛,踩着一个锁链加身的形象,上面镌刻着"怒火"二字。另一个例子是路易十四站立的雕像,一个长有翅膀的人物(代表胜利之神)正在给他戴上桂冠,脚下踏着三只头的狗(代表路易十四的敌人神圣罗马帝国、英国和荷兰组成的三国同盟)以及用锁链捆着的俘虏。这座雕像过去放置在巴黎的胜利宫,1792 年被毁,据记载雕于 17 世纪 80 年代(图 25)。

以上所举的例子都取自个人统治王朝的时代,信奉国王统治的依据是"君权神授",是"绝对君主制",也就是信奉统治者高于法律的理论。当这种政治制度改变以后,特别是 1789 年以后,这类图像发生了什么变化呢?如何才能将皇室人物肖像的套式加以改造,以适应进步、现代性、自由、平等和博爱等意识形态呢?在 19 世纪和 20 世纪的进程中,为了解

第四章 掌权者和抗议者　　99

图25　《路易十四像》，雕版画

尼古拉斯·阿诺特（Nicolas Arnoult）作。画中雕像由马丹·德雅尔丹（Martin Desjardins）约作于1686年，原置于巴黎胜利宫。已毁。

决这个问题，人们曾经提出过好几种方案。路易·菲利普的服装和凝视眼光让人们联想起他的家族有"平等者"（*Egalité*）的称号。早在几年以前，雅克-路易·大卫（Jacques-Louis David，1748—1825）为拿破仑画了一幅在书房里的画像（图26）。这幅画体现了掌权者的新面貌。这位统治者看上去更像是一名政府官员，一大清早就倚在办公桌旁（蜡烛尚未熄灭，时钟显示当时是凌晨四点一刻）。大卫的画像提供了表现统治者的榜样，直到在热拉尔（Gérard）的绘画《路易十八在办公室》（*Louis XVIII in his Cabinet*，1824）和雷谢特尼科夫（Resche-tnikov）的绘画《斯大林在办公室》（*Stalin in his Of-*

图 26 《拿破仑在杜伊勒里宫的书房里》,油画

雅克-路易·大卫作,1812 年。现藏华盛顿国立艺术馆。

fice)中，才出现了一些微小的变化。

适应民主时代的另一种形式，是着重表现领袖人物的阳刚气质、青春活力和体育竞技能力。例如，墨索里尼喜欢让人拍摄他慢跑的照片，无论是穿着制服还是光着膀子只穿一件背心（图27）。美国有些总统喜欢让人拍摄他们打高尔夫球的照片。这种图像构成了所谓"平民化"领袖风格的一部分。这种风格还可以用访问工厂和"街头漫步"的照片来体现。国家首脑在工厂与普通工人谈话握手，政治家在"街头散步"时亲吻孩子的照片或绘画，表现统治者被群

图27 《墨索里尼在理齐昂的海边慢跑》，摄影，1930年

众所拥护,就像弗拉基米尔·塞尔罗夫(Vladimir Serov)所画的《农民上访列宁》(*Peasant Petitioners Visiting Lenin*)那样。这幅画表现了苏联最有权力的人物,正在专注地听取三位农民的倾诉,其中两人坐在他的桌旁。他则认真地了解他们的要求(图28)。

图28 《农民代表访问列宁》,油画

弗拉基米尔·塞尔罗夫作,1950年。现藏莫斯科国立特列切科夫美术馆。

在创造统治者的神话中,新媒体也发挥了重要作用。希特勒、墨索里尼和斯大林的形象都出现在许多宣传画上,把他们当作英雄来表现,就像他们出现在电台上,把他们的声音有意放大一样。电影也发挥了重要的作用(见第八章)。在希特勒的亲自鼓励下,莱妮·里芬斯塔尔(Leni Riefenstahl)导演的电影《意志的胜利》(*Triumph of the Will*, 1935)表现了这位元首如何受到忠实信徒的崇拜。① 今天,新闻摄影师和电视制作小组制作的政治领袖画像虽然影响很大,但持续的时间不长。他们制作的画像得到了详细的研究。例如,只要把美国总统候选人的竞选照片排列起来,就可以看出他们的夫人在竞选中发挥的作用越来越大,特别是在杰基·肯尼迪(Jackie Kennedy)到希拉里·克林顿(Hillary Clinton)的那段时期。

值得强调的是,所谓"画像处理"(image management)的手段非常重要。在电影《意志的胜利》中,摄影师用镜头从下往上拍摄希特勒,让广阔天空作为他的背景,使他显得更加高大,更有英雄气概。费奥多尔·舒尔平在绘制斯大林画像时也使用了同样的手法(图29)。墨索里尼也是一名矮个头的独裁者,他检阅军队和敬礼时站在一张脚凳上。此外,尼古拉·齐奥塞斯库(Nicolae Ceausescu)的照片要先处理掉脸上的皱纹,才允许在罗马尼亚的报纸《火花报》(*Scîteia*)上发表。

---

① Welch, *Propaganda*, pp. 147-164.

图 29 《祖国的早晨》,油画

费奥多尔·舒尔平作,1946—1948 年。现藏莫斯科国立特列切科夫美术馆。

齐奥塞斯库也是矮个子,想尽各种办法去掩盖这一事实。根据他的英文翻译的说法,"齐奥塞斯库在机场与外国贵宾的合影总是从缩短透视的角度拍摄,以保证他看上去更高大一些,至少比别人更高大"①。我们再回过头来说说自己的事情。只要把英国国内报纸上英国王室成员的照片与国外报纸

---

① 塞尔居·塞拉克(Sergiu Celac)语,引自 John Sweeney, *The Life and Evil Times of Nicolae Ceausescu* (London, 1991), p. 125.

上的照片比较一下，就可以充分说明新闻自审制度发挥的重要作用。

近代国家与旧体制之间的连续性固然重要，但1789年以来发生的变化同样重要。"画像处理"或许是个新名词，但绝非新观念。例如，路易十四穿高跟鞋，在画像中避免与他的儿子太靠近，因为这位王子的个子比他高。拿破仑穿加冕袍的画像共有三幅，分别由大卫、安格尔和热拉尔所画，因此把他自己放在了第一章所说的系列国家肖像之中，尽管他的这些画像已经打破了肖像画的套式，用桂冠代替皇冠，手持如长矛一般长短的权杖。在20世纪，画像中的领袖穿上了制服（相当于现代的盔甲），有时也作骑马状。如画像中的墨索里尼是一名戴头盔的士兵，而画像中的希特勒确切地说像一名穿着华丽盔甲的骑士（图30），暗示他正在从事着某场圣战。

巨幅画像的传统始于亚历山大大帝，却在苏联得到复兴。苏联曾经计划在莫斯科的苏维埃宫顶部建造一座高达100米的列宁雕像，但像亚历山大大帝的那个计划一样，从未开始实施。拿破仑不是第一个在画像中把手插进上衣的，但这样的姿势就此与他联系在一起（图26）。正是出于这个理由，后来的统治者，包括墨索里尼和斯大林都采用了这种姿势（图31）。

有时，领袖被表现为圣徒的样子。例如，大卫把被暗杀的法国革命领袖马拉表现为殉道者的样子，看上去的确像基督。

在浴桶中,他的遗体被画成基督从十字架上取下时的传统姿势。早在几年前,本杰明·韦斯特(Benjamin West)用过同样的方式来表现沃尔夫将军之死。在20世纪,列宁在画像中被表现为一名圣徒。例如,亚历山大·格拉希莫夫(Aleksandr Gerasimov)的绘画《列宁在讲坛上》(Lenin al the Tribune,1930),列宁的形象以天空白云为背景,做出雄辩的姿势。在格里高利·斯特雷加尔(Grigory Stregal)

图30 《旗手希特勒》,油画赫伯特·兰齐格(Hubert Lanziger)作,20世纪30年代(?)。现藏华盛顿美国陆军艺术陈列馆。

的绘画《领袖、导师、同志》(The Leader, Teacher and Comrade, 1937)中,列宁被表现得像神龛中的雕像。就像许多其他图像一样,列宁、斯大林、希特勒、墨索里尼、齐奥塞斯库的巨幅画像,往往在游行中被抬着前进在街头。

这些表现手法有时被称作"专制主义的艺术"①。还需要补充一点,奥古斯都皇帝像(图23)提醒我们,阿谀奉承和理

---

① Golomstock, *Totalitarian Art*.

想化都不是 20 世纪的新发明。

民主体制喜爱首相画像,而社会主义体制则喜欢把工人的形象理想化。这些通常是工厂或集体农庄的典型工人画像,但有时也选择其中的代表人物,例如煤矿工人戈里高尔·斯达汉诺夫(Gregor Stakhanov)。他的工作效率极高并因他而创立了"斯达汉诺夫工作者"的称号。1938 年,列昂尼德·科特利亚诺夫(Leonid Kotlyanov)为他创作了一幅画像。许多英雄被人们纪念,并在公众场所为他们树立雕像。一次对伦敦和巴黎等各个城市雕像数量的调查说明,将军、政治家、诗人,以及其他社会界人士的雕像在数量上大致平衡,揭示了当地政治文化的一些重要内容(当然,负责制作雕像的委员会发挥了调节作用)。

例如在巴黎被人们称作"露天万神殿"的地方,有伏尔泰、狄德罗(位于林荫大道的圣杰尔曼广场)和卢梭等知识分子的雕像。在安特卫普,鲁本斯的名气很大,因为从 1840 年

图31 《斯大林像》,油画
鲍里斯·卡尔波夫(Boris Karpov)作,1949 年。已佚。

起,他的雕像就耸立在那里,接着(1852年)在阿姆斯特丹又建立了伦勃朗雕像。相反,在伦敦,人们首先想到的可能是位于特拉法尔加广场纳尔逊圆柱上的雕像(1843年),或海德公园一角的威灵顿雕像,虽然还有一大批其他将军的雕像。一些激进的政治家雕像,从布鲁姆斯伯里广场上的查尔斯·詹姆斯·福克斯(Charles James Fox)雕像(1816年,图32)——这是为当代政治家建立的第一座雕像——到位于卡特莱特公园的马约·卡特莱特雕像和议会大厦外的奥利弗·克伦威尔雕像(1899年为纪念他一百周年诞辰而建),在伦敦的各个广场也占有一席之地,可以向我们说明英国政治文化中的一些重要内容。稍晚一些时候,文学和艺术巨匠的雕像,如位于莱斯特广场的莎士比亚雕像(1874年)和皇家科学院外的乔舒亚·雷诺兹雕像(1931年)也建成了,但不像军人和政治家的雕像那么显目。当然,在众多的雕像中男性占绝对优势,但也有一些例外,其中最著名的是维多利亚女王雕像、位于滑铁卢车站的南丁格尔雕像(1915年)和位于圣马丁广场的艾迪思·卡维尔(Edith Cavell)雕像(1920年)。后两名妇女在雕像俱乐部中当之无愧地占有一席之地,因为她们是参加过重大战争的女护士。卡维尔帮助英国军人逃离比利时被德国人杀害,因此被人们纪念。[1]

---

[1] Alison Yarrington, *The Commemoration of the Hero, 1800-1864: Monuments to the British Victors of the Napoleonic Wars* (New York, 1988), pp.79-149, 277-325; J. Blackwood, *London's Immortals* (London, 1989).

第四章 掌权者和抗议者 109

图32 《查尔斯·詹姆斯·福克斯》,铜像
理查德·韦斯特马科特作,现位于伦敦布鲁姆斯伯里广场。

塑造这些形象的方式也携带着许多信息。20世纪以后,骑马雕像得以复兴,例如位于伦敦白厅的陆军元帅海格雕像(1937年建),揭示出第一次世界大战以后有关英国上层社会中传统价值观的一些内容。古罗马服装在19世纪的复兴也说明了同样的内容。例如,雕塑家理查德·韦斯特马科特(Richard Westmacott, 1775—1856)创作的查尔斯·詹姆斯·福克斯雕像身穿古罗马长袍。这位艺术家跟他同时代的人一样,不愿意让政治家穿上长裤。1770年,当美国画家本杰明·韦斯特表现沃尔夫将军阵亡时让他穿着军服。这幅画像让一些观众感到震惊(但事实上,他在阵亡时所穿的确实是军服)。韦斯特马科特的雕像处理也值得注意。福克斯的雕像采用坐姿,因为他"太肥胖,不能表现出威严的站姿"。这座纪念雕像的政治含义可以通过福克斯手中的卷状物来揭示,表现了以大宪章为形式的自由。安放这座雕像的地点在大英博物馆附近,这一点也值得强调,意味着这座雕像建造在布鲁姆斯伯里的"辉格党领地",按照尼古拉斯·彭尼(Nicholas Penny)的说法,从那以后福克斯成了辉格党崇拜的对象。①

颠覆性的画像

圣像破坏运动并不仅仅是一个宗教现象,还发生过政治上的圣像破坏运动或"汪达尔人运动"。"汪达尔人运动"这个词是亨利·格雷戈瓦神甫(Henri Grégoire,1750—1831)提出的。他是法国革命的支持者,但反对他所认为的过激行动。尽管如此,他对破坏圣像者提出的基本观点还是予以了赞同。本章再一次对这个基本观点做了说明,那就是图像有宣传的价值。他声称旧体制下的纪念物受到了"神话的污染",带有"现实主义和封建主义的烙印"。他支持把这些纪念物从原址移走,但不要破坏它们,应当将它们放入博物馆。事实上,

---

① Nicholas Penny, 'The Whig Cult of Fox in Early Nineteenth-Century Sculpture', *Past & Present* LXX (1976), pp. 94-105, at pp. 94, 100.

有些纪念物在1792年已被捣毁,其中包括前面提到的两座路易十四雕像:一座位于大路易广场,广场的名称也改为旺多姆广场;另一座位于胜利广场。[1]

其他的许多次政治革命也捣毁了与过去的体制有关的纪念物。在1871年的巴黎公社时期,画家古斯塔夫·库尔贝(Gustave Courbet)负责推倒旺多姆广场的圆柱和拿破仑雕像的行动,而正是这座雕像曾经取代了路易十四的雕像。在俄国革命时期,沙皇雕像被捣毁,这一事实已部分记录在当时的影片中。在1956年的匈牙利革命中,位于布达佩斯的斯大林雕像被推翻。1989年以后,继柏林墙拆除后,一些雕像也被推倒,其中包括(位于华沙和莫斯科的)苏联秘密警察首脑费利克斯·捷尔任斯基(Felix Dzerzhinsky)和(位于柏林、布加勒斯特以及其他许多地方的)列宁雕像。

此外,图像本身可以产生颠覆性的作用。即使是公众纪念物有时也可能带有颠覆性。今天,经常来到罗马费奥里广场的旅游者,对广场中心的那座乔丹诺·布鲁诺(Giordano Bruno)雕像已经习以为常。而在当时,经过几十年的争论之后,于1889年建造这座雕像却是一个戏剧性的姿态:故意把这位著名异教徒的雕像建造在他1600年被烧死的地方。这

---

[1] Gabriel Sprigath, 'Sur le vandalisme révolutionnaire (1792-1794)', *Annales Historiques de la Révolution Française* (1980), pp.510-535; Anne M. Wagner, 'Outrages. Sculpture and Kingship in France after 1789', in Ann Bermingham and John Brewer, eds., *The Consumption of Culture* (London, 1995), pp.294-318.

座雕像建立时的意大利总理是自然神论者和共济会会员,他根本不理睬教皇的反对态度。从某个意义上说,它反对教权主义的纪念物。①

近期出现了一种反对任何纪念物形式的动向。某些公众纪念物的反英雄主义和极简抽象派的风格,反映并且推动了对英雄史观和政治观的怀疑。最能代表这个新趋势的例子是约岑·格尔兹(Jochen Gerz)和埃斯特尔·格尔兹(Esther Gerz)夫妇设计的汉堡反法西斯纪念碑(1986年)。纪念碑的圆柱精心设计成随着时间的推移而逐渐缩短,而不是永久性的。到1990年,这个圆柱已消失不见了。这表明"骑马英雄"的时代终于结束了。②

这里还可以举一个图像世俗化的例子。在宗教改革期间,随着宗教争端而发展起来的各种技术(见第三章),被用来为政治服务。1672年,法国军队入侵荷兰以后,荷兰艺术家发动了一场反对路易十四画像的运动,实际上是在用另一种手段继续着战争。他们的作品讽刺性地模拟官方奖章,把这位"太阳王"表现为一名四轮敞篷车夫,一名将天车坠毁的无能驭夫。③

---

① P. Manzi, *Cronistoria di un monumento: Giordano Bruno in Campo de' Fiori* (Nola, 1963); Lars Berggren and Lennart Sjöstedt, *L'ombra dei grandi: Monumenti e politica monumentale a Roma (1870-1895)* (Rome, 1996), pp. 29-35, 123-136, 161-182.

② James E. Young, 'The Counter-Monument: Memory against Itself in Germany Today', in Mitchell, *Art and the Public Sphere*, pp. 49-78.

③ Burke, *Fabrication*, p. 143.

18世纪30年代,政治印刷品在英国大量出现。这与公众开始公开反对政府的现象有一定的联系。在法国,印刷品的兴起与1789年革命有关,那又是一场画像战争(见第八章),制作的画像达6千多幅,因此扩大了公众参与的领域,让文盲也能参与政治辩论。1789年以后,真正的"宣传"开始出现。例如,革命派的记者卡米尔·德穆兰(Camille Desmoulins,1760—1794)把"爱国主义的宣传"比作基督教的传播,而流亡国外的保王派则谴责革命的"宣传"。1789年以后,视觉宣传开始在现代政治史中占据着重要地位。①

与此同时,为政治的目的而使用图像并不仅仅是为了操纵观众。在报纸发明之后和电视发明之前,卡通画或漫画在政治辩论中发挥了巨大作用,撕掉了权力的神秘色彩,鼓励普通民众参与国家事务。它们承担的任务是用简单、具体而引人注目的方法提出有争论的问题,把政治舞台上的主要角色表现为非英雄式而且也会犯错误的凡人。例如,漫画家詹姆斯·吉尔雷(James Gillray,1756—1815)用这种方式为以后的历史学家留下了宝贵的证据,使其得以窥见当时人们如何自

---

① M. Dorothy George, *English Political Caricature: A Study of Opinion and Propaganda* (2 vols., Oxford 1959); Herbert M. Atherton, *Political Prints in the Age of Hogarth: A Study of the Ideographic Representation of Politics* (Oxford, 1974); Michel Jouve, 'Naissance de la caricature politique moderne en Angleterre (1760-1800)', in Pierre Rétat, ed., *Le journalisme d'ancien régime*, (Paris, 1981), pp. 167-182; Michel Vovelle, ed., *Les Images de la Révolution Française* (Paris, 1988); James A. Leith, *The Idea of Art as Propaganda in France, 1750-1799*, (Toronto, 1965).

下而上地看待 18 世纪英国的政治。奥诺雷·杜米埃（Honoré Daumier,1808—1879）是一位批评家,曾经猛烈地批评过法国国王路易·菲利普,他也留下了同样宝贵的证据,让历史学家得以探索 19 世纪法国的各种态度。毕林普上校是一名卡通人物,他的创造者是戴维·洛（David Low,1892—1963）,则为探索 20 世纪上半叶英国的各种态度提供了证据。这些卡通画一出版就受到极大的欢迎,说明它们引起了广泛的共鸣。正是由于这个原因,这里可以有把握地说,它们可以用来重现已消失的政治态度和心态。

第五章　透过图像看物质文化

> 我无法让你理解衣袖的重要性……也无法让你理解吊在鞋带上的重大问题。
>
> ——福尔摩斯致华生的信,引自亚瑟·柯南道尔:《身份案》

前面两章集中讨论了画像如何揭示或暗示各个不同时期的思想、态度和心态。这一章则相反,论述的重点将放在用作证据的图像上,而且,证据这个词是从更字面的意义上来对待的。也就是说,在重现过去的物质文化过程中,把图像当作证据来使用,无论这类证据是在博物馆里,还是在历史著作中。对重现普通民众的日常生活,图像有着特殊的价值。例如,他们在建筑房屋时,有时并不使用耐久的材料。为了证明这一点,约翰·怀特于16世纪80年代所画的弗吉尼亚印第安人村庄的绘画(图3),是一项不可缺少的证据。

把图像当作服装史的证据时,它的价值十分明显,毋庸赘述。许多服装遗留至今,已有千年之久,但是,要把这些服装搭配起来,找出哪件应当同哪件相配,必须参考过去的图像以及主要从 18 世纪或更晚的年代保存下来的时装玩偶。法国历史学家费尔南·布罗代尔(Fernand Braudel, 1902—1985)使用过这样的证据。他从图像提供的证据中得出结论,17 世纪和 18 世纪的时装是从西班牙和法国传播到英国、意大利和波兰的。法国的另一位历史学家,丹尼尔·罗什(Daniel Roche),在研究法国服装史时不仅使用了财产清单,也使用了图像,其中包括 1642 年的著名绘画《农民的晚餐》(Peasant Supper,图 61)。我们在第三章曾经讨论过普罗旺斯省的还愿画像。这些丰富的系列画像表现了日常生活的场景,历史学家可以用它们来研究某个地区不同社会群体的服装所保持的连续性以及发生的变化。例如,有一幅从耶尔收集的 1853 年的绘画,表现了屠夫所穿的工作服(图 16)。[1]

此外,如果历史学家在技术史研究中只能依赖文本作为证据,将会十分贫乏。例如,在基督诞生数千年以前,中国、埃及和希腊使用的战车可以通过遗留下来的模型或墓穴画将它们还原出来。丹麦天文学家第谷·布拉赫(Tycho Brahe, 1546—1601)在乌拉尼堡的天文台制作过一种观察星斗的仪器,这种仪器被记录在一幅版画中。在许多科学史著作中,

---

[1] Fernand Braudel, *The Structures of Everyday Life* (1979: English trans. London, 1981), p. 318; Daniel Roche, *The Culture of Clothes* (1989: English trans. Cambridge, 1996); Bernard Cousin, *Le Miracle et le Quotidien: Les ex-voto provençaux images d'une société* (Aix, 1983), pp.17-18.

第五章　透过图像看物质文化　117

图 33　《榨蔗机》,蚀版画

让-巴普蒂斯特·德布雷作,引自 *Voyage pittoresque et historique au Brésil* (Paris, 1836—1839)。

这幅版画被反复使用,完全是因为他们找不到更多的其他史料。在巴西用来榨取甘蔗汁的设备从原理上讲与洗涤间的轧干机一样,从法国艺术家让-巴普蒂斯特·德布雷(Jean-Baptiste Debret)的蚀版画上可以看得很清楚。在画中,两个人坐着给机器"喂"甘蔗,另两人充当动力,不断地转动着"引擎"(图33)。

很久以来,研究农业、纺织业、印刷业、战争、矿业、航海业和其他实践活动——这份清单实际上是无限的——的历史学家,大量依赖图像证据重现耕地、纺织机、印刷机、弓弩、枪炮等的使用方法,描述它们在设计上的逐步变化和飞跃性的改变。例如,保罗·乌切洛(Paolo Uccello,1397—1475)的绘画《圣罗曼诺战役》(The Battle of San Romano)就是许多证据中的一个,显示了弩手如何手持武器装上弩箭。18世纪的日本卷轴画不仅提供了中国各种舢板的准确尺寸,还让历史学家详细地看到了船上的设备,从铁锚到火炮,从灯笼到厨灶,一览无余。① 1897年英国全国摄影纪录协会成立以后,摄制了大批照片并储存于大英博物馆。该协会的创始人对记录建筑物和其他形式的传统物质文化给予了特别的重视。②

图像证据的一项特殊优势,在于它们能迅速而清楚地从细节方面交代复杂的过程,例如印刷过程。这个过程如果用文字来表述不仅需要很长的篇幅,而且比较含糊。故而,法国的著名参考书《百科全书》(Encyclopédie,1751—1765)中插有大量的版画,精心制作的图像可以表明工匠的知识与学者的知识所产生的价值同等重要。书中的一幅版画以图解的方法,描述了当时的书籍是如何分为四个步骤在印刷作坊印制而成的(图34)。

当然,如果以为这类图解性的描述毫无问题地反映了某个特定地点和时间的技术状况,而不去做进一步的史料考证,

---

① Peter Paret, *Imagined Battles: Reflections of War in European Art* (Chapel Hill, 1997), p. 24; Osamu Oba, 'Scroll Painting of Chinese Junks', *Mariner's Mirror* LX (1974), pp. 351-362.

② H. D. Gower, L. Stanley Jast and W. W. Topley, *The Camera as Historian* (London, 1916).

图 34　《印刷作坊》,雕版画

引自《百科全书》中的条目"版画集"(Receuil des planches,1762)。

不去识别制作该画的艺术家是谁(比如这幅画的作者古希埃[L.-J. Goussier]),甚至不去认真考证有关该艺术家的史料,也有可能犯错误。这里仍以《百科全书》中的版画为例。事实证明,这些插图并不是依据直接观察制作的,而是取自更早出版的尚贝尔《百科辞典》(Chambers, Cyclopedia)或法国科学院《艺术的描述》(Description des Arts)中的插图,并做了一定修改。① 史料考证在任何情况下都是必要的,把 1500 年至 1800 年的有关印刷作坊的版画收集起来加以比较,能让观众对技术变化产生生动的印象。

---

① Jacques Proust, ed., *L'Encyclopédie* (Paris, 1985), p.16.

有两类图像能说明这个论点,即市镇风光画和室内画,因此需要加以详细讨论。

市镇风光画

长期以来,研究城市史的历史学家一直在研究他们有时称作"人造物"的城市。① 视觉证据对于城市史的研究极为重要。例如,卡尔帕乔的《里亚尔托桥的奇迹》(*Miracle at the Rialto*,图 35)属于"目击类型"的绘画(见导论)。这幅绘画的背景提供了一些有价值的线索,从中可以看到 15 世纪威尼斯

图35 《里亚尔托桥的奇迹》,油画维托雷·卡尔帕乔作,约 1496 年。现藏威尼斯学院美术馆。

---

① Oscar Handlin and John Burchardt, eds., *The Historian and the City* (Cambridge, MA., 1963), pp. 165-215; Cesare de'Seta, ed., *Città d'Europa: Iconografia e veduismo dal xv al xviii secolo* (Naples, 1996).

的城市面貌。它不仅表现了原先的那座木桥（后来在16世纪改建成一座石桥），而且极其细微地表现了那种十分罕见的漏斗状烟囱样式。即使在那个时期保留下的宫殿建筑上也看不到这种样式的烟囱，但它们确实一度在威尼斯的城市风光中占据着重要地位。

到了17世纪中叶，市镇风光画跟自然风景画一样成为一种独立的绘画类型，最初出现于荷兰，表现阿姆斯特丹、德尔夫特和哈勒姆等城市的风光。到18世纪，这类城市风光画已在广泛地流传。[1] 这类画家的著名代表之一，是乔万尼·安东尼奥·卡纳莱托（Giovanni Antonio Canaletto，1697—1768）。他的作品在意大利被称作"景观画"（vedute）。他曾在威尼斯作画，然后在伦敦度过了几年的时间。他的侄子贝纳多·贝洛托（Bernardo Bellotto，1721—1780）则在威尼斯、德累斯顿、维也纳和华沙作画。城市生活画和表现某些特殊建筑物、某些类型建筑物的版画和铜版画在那个时期也十分流行，例如戴维·洛根和鲁道夫·阿克尔曼（Rudolph Ackermann）分别于1675年至1690年和1816年制作的牛津学院和剑桥学院的风光画。阿克尔曼像洛根一样，也是来自中欧的移民。这种绘画类型在这个特定时期里兴起，向我们透露了人们对待城市的态度，例如市民的自豪感。

荷兰共和国的画家们率先绘制市镇风光画和室内画，更

---

[1] Cynthia Lawrence, *Gerrit Berckheyde* (Doornspijk, 1991).

不用说静物画。这个事实也提供了有价值的线索,可以帮助我们了解那个时期荷兰文化的性质。这种文化由城市和商人占据主导地位,很值得用"显微镜"对它的细部进行观察。的确,发明显微镜的科内利斯·德雷贝尔(Cornelis Drebbel,约1572—1633)也是一名荷兰人,而另一位荷兰人简·施旺麦丹(Jan Swammerdam,1637—1680),首先用它来发现和描述昆虫的世界。正如美国艺术史学家斯韦特兰娜·阿尔珀斯(Svetlana Alpers)所指出的,17 世纪的荷兰文化是一种鼓励"描述性艺术"(art of describing)的文化。①

把城市风光画中的某些细节用作历史证据,有时具有特殊的价值。华沙老城实际上是在 1944 年填高到现在的地面的,现在的华沙城可以说是第二次世界大战以后重建的。这可以用画像来证明。贝纳多·贝洛托的绘画作品即可以证明这一点。建筑史学家经常使用画像来复原被毁坏、被扩建或被重建前的建筑物原貌,例如 1665 年伦敦大火以前的圣保罗大教堂,1648 年以前阿姆斯特丹的旧市政厅等。

至于城市史学家,他们也不时地使用绘画、版画或照片来自己想象或让读者去想象城市过去的面貌,不仅想象建筑物是什么样子,而且想象街道上的猪、狗和马,或者想象 17 世纪

---

① Svetlana Alpers, *The Art of Describing: Dutch Art in the Seventeenth Century* (Chicago, 1983).

图 36 《阿姆斯特丹的海伦格拉希特大街的一角》,水墨画
格里特·贝克海德作,现藏阿姆斯特丹社区档案馆。

位于阿姆斯特丹大运河一侧笔直的街道,就像格里特·贝克海德(Gerrit Berckheyde,1638—1698)所画的海伦格拉希特大街(图 36)。旧照片对于还原已不复存在的贫民窟有着特殊价值,揭示了在华盛顿等城市中曾经占有重要地位的小巷道里的生活;也能说明许多特殊的细节,例如厨房安排在房屋的什么位置等。[1]

正如人们所预料的,这样把图像当作证据来使用的方法可能要冒一些风险。画家和版画家在制作画像时并没有考虑到未来的历史学家会把它们当作证据来使用。他们或他们的客户所感兴趣的,也许并不是如何准确地表现城市的街道。

---

[1] De'Seta, *Città*; James Borchert, *Alley Life in Washington Family, Community, Religion and Folklife in an American City* (Urbana, 1980); idem, 'Historical Photo-analysis: A research method', *Historical Methods* XV (1982), pp. 35-44.

像卡纳莱托这样一些艺术家,所画的有时仅仅是幻想出来的建筑物,是仅存在于他们画板上的宏伟建筑,乃至让他们的想象力任意驰骋,对城市进行重新布局。有一些合成的画像就是把威尼斯的一些主要景观放在同一幅画面中。

即使像贝克海德所画的作品那样,使用了写实的方式来表现那些楼房,但艺术家仍然有可能在画中把城市"打扫"一番,如同肖像画家那样,尽量表现被画者的优点,从而把解释图像证据中遇到的那些问题延伸到了城市照片上。例如,他们画中的街道往往会表现得难以置信的空旷,因为他们不愿让匆匆而过的行人造成画面的混乱。有时,他们也会把人物画成他们习惯的那种姿势,后来的摄影家们似乎就是从过去的这类绘画中得到了灵感(见第一章)。摄影家还会依据自己的政治态度,选择最破旧的房屋来加以表现,以支持铲除贫民窟的主张。同样,他们也可能选择其中最好看的房屋来表现,以支持相反的政治主张。

为了避免错误地解释图像中的信息,必须把它们重新置于原来的背景之下,这一点非常重要。作为一个生动的事例,且让我们来看看约瑟夫·韦尔内创作的一幅拉罗什尔港口的绘画(图37)。他曾经创作过15幅法国港口的绘画,这是其中的一幅。这一系列港口画引起了人们浓厚的兴趣,被制版复印后大量销售,就是一个证明。这幅画在显著的位置上表现了河面上樯桅如林,人们正在劳作的港口景象,俨然是一幅快照。然而,艺术家所表现的只是繁盛时期的港口,因为其他

第五章　透过图像看物质文化　125

图 37　《拉罗什尔港口》,油画

约瑟夫·韦尔内作,1763 年。现藏巴黎卢浮宫博物馆。

的资料表明,当时的拉罗什尔港口正处于衰落之中。为什么会出现这样的情况呢?

要正确回答这个问题,可以将这幅画重新放回到当时的政治背景下。像韦尔内系列绘画中的任何一幅那样,这幅画也是马里尼(Marigny)侯爵以国王路易十五的名义委托他制作的。马里尼写信给韦尔内,批评了其中一幅画,即塞特港的画像,因为它为了达到审美的效果而牺牲了"逼真"(ressemblance)。他提醒这位画家,国王的意图是"要看到以写实主义的方式(au naturel)来表现的王国的港口"。然而,韦尔内不可能完全忠于事实,因为他展出这批绘画的目的是为了宣传法国是一个海上强国。① 如果这些信件以及说明当时情况的档案没有保留下来,经济史学家就有可能以这幅绘画为依据,对法国的贸易状况得出过分乐观的错误结论。

室内画和家具

在住宅室内画中,"事实效应"比城市风光画更为强烈。我在孩提时期参观过伦敦的国家美术馆。当看到彼得·德·霍赫的绘画时所有的反应,至今还记忆犹新。霍赫擅长画荷兰住宅的内室和庭院,包括家庭主妇、仆人、孩子、喝酒和抽烟斗的男人,还有各种各样的木桶、亚麻上衣等(图 38)。站在这样一幅画的面前,观众与画家之间长达三个世纪的距离似乎突然消失了。过去的光景不仅可以亲眼看到,而且几乎可以感觉和触摸到。

这类作品用门道把房屋分为公共区域和私生活区域两个部分,是 17 世纪荷兰一些绘画中最让人感兴趣的地方。有一位艺术家,即雅各布·奥克特维尔特(Jacob Ochtervelt),擅长画这种场景。在他的画像中,街头歌手在门口唱歌,还有人在兜售草莓、葡萄、鲜鱼或家禽(图 81)。看到这样的画,不由让

---

① Léon Lagrange, *Les Vernet et la peinture au 18 siècle* (second edn. Paris, 1864), pp. 69-70, 85-87, 104, 115; cf., Jutta Held, *Monument und Volk: Vorrevolutionäre Wahrnehmung in Bildern des ausgehenden Ancien Regime* (Cologne and Vienna, 1990).

图 38 《德尔夫特的一所庭院》,油画

彼得·德·霍赫作,1658 年。现藏伦敦国家美术馆。

人们再一次想起了快照,甚至就像走进了17世纪的住宅。①在风格相似、完整保存下来的房子里,例如苏里郡的乡村小屋,或斯德哥尔摩附近的露天博物馆里展出的茅屋,有许多同时代制作的家具,让参观者感到似乎可以直接触摸到过去。

我们好不容易才意识到这种直接的感受仅仅是一种幻觉。实际上我们不可能走进17世纪的房屋。当我们参观这类建筑时,无论它们是农民的茅舍还是凡尔赛宫,所看到的只能是一种重现,一批博物馆的工作人员在这里发挥了历史学家的作用。他们从财产清单、绘画和版画中寻找证据,以便发现哪类家具可能适合放在这样的房屋里,以及摆放在什么位置。当这些建筑物在以后的几个世纪里重新修葺以后,就像凡尔赛宫那样,修葺者必须决定是让17世纪为18世纪让步还是相反。总而言之,我们今天看到的房屋基本上是重建的。即使是"货真价实"的17世纪的建筑物,它的大多数木料和石料也已被木匠和石匠换过了。它与假造的17世纪建筑物,仅仅只有程度上而没有本质上的差别。②

至于室内画,在研究时应当把它们视为一种艺术种类,对于应当表现什么和不应当表现什么,它有自己的规则。在15世纪的意大利,这类室内画的出现,像城市风光画一样,也有

---

① Susan D. Kuretsky, *The Paintings of Jacob Ochtervelt* (Oxford, 1979); Simon Schama, *The Embarrassment of Riches: An Interpretation of Dutch Culture in the Golden Age* (London, 1987), especially pp. 570-596.

② Peter Thornton, *Seventeenth-Century Interior Decoration in England, France and Holland* (New Haven, 1978).

宗教的背景。例如,我们今天在伦敦国家美术馆里还能看到的由卡洛·克里韦利(Carlo Crivelli)创作的绘画《天使报喜》(*Annunciation*,1486),表现圣母玛利亚在一张木桌旁读书,她身后有放满书籍的书架,还有烛台和水瓶。在上一层楼上,我们可以看到一幅东方毛毯悬挂在墙上。①

在17世纪的荷兰,室内画成为一种独立的艺术种类,形成了自己的套式。这些室内画往往用来赞美日常生活。根据著名艺术史学家埃迪·德·容的解释,这些室内画有道德的寓意,歌颂清洁和勤劳的美德(见第二章)。② 例如,在扬·斯丁(Jan Steen,1626—1679)绘制的《杂乱的一家人》(*The Disorderly Household*)中,可以看到散落满地的纸牌,牡蛎壳和一顶帽子,清楚地带有这样的信息:秩序与美德以及混乱与罪恶之间存在着必然的联系(图39)。这幅绘画也可以用来告诫21世纪的观众,艺术家并不是一架照相机,而是要交流他或她的想法。即使在记述(description)的文化中,至少有一部分人仍然关心隐藏在表面背后的东西。无论这个表面是指画面,还是指它们所表现的那个世界的表面。③

---

① Lisa Jardine, *Worldly Goods: A New History of the Renaissance* (London, 1996), pp.6-8.

② Eddy de Jongh, 'Realism and Seeming Realism in Seventeenth-Century Dutch Painting' (1971: English trans. in Wayne Franits, ed., *Looking at Seventeenth-Century Dutch Art Realism Reconsidered* [Cambridge, 1997], pp.21-56); Schama, *Embarrassment*, pp.375-397.

③ Elizabeth A. Honig, 'The Space of Gender in Seventeenth-Century Dutch Painting', in Franits, *Looking at Seventeenth-Century Dutch Art*, pp.187-201.

图39 《杂乱的一家人》,油画

扬·斯丁作,1668年。现藏伦敦艾普斯利大楼(威灵顿博物馆)。

然而,只要记住了这些问题,通过对室内画,如房屋、酒馆、咖啡馆、教室、商店、教堂、图书馆、剧场等绘画的细节所做的仔细研究,还是可以从中领悟到许多东西。1596年,一位来到伦敦的外国观光者,在南道的天鹅剧场表演戏剧时画了一幅速写。它表现了露天舞台背后的两层楼建筑,观众围坐在表演者的周围。可以说这是研究莎士比亚时代戏剧史的一件确凿证据,因此一再被历史学家引用(图40)。他们这样做

图40 《伦敦天鹅剧场内景》,素描

约翰内斯·德·维特(Johannes De Witt)作,约1596年。现藏乌特勒支大学图书馆。

肯定是正确的,因为有关剧院设计的知识对于重现早期的表演是必要的,而这反过来对于理解文本又是必要的。图像可以让观众看到物品的摆放,看到科学家以及他们的助手在实验室里如何安排工作,从中可以得知当时科学活动如何组织等一些情况,而文本对此却一言不发。在下面这幅画中,实验室里的绅士们被描绘成头戴大礼帽的模样,从而使认为研究工作必须持"吃苦"态度的观念遭到了挑战(图41)。

我们再回过头来看看贝叶挂毯。贝叶挂毯一直被说成是"理解11世纪物质文化的极可靠的史料"。在国王虔诚者爱德华逝世的场景中,带有布幔的床所提供的证词,是当时的任

图41　I. P. 霍夫曼(I. P. Hofmann)创作的雕版画

画面表现的是位于德国吉森的尤斯图斯·冯·利比希的化学实验室。此画源自《吉森的路德维格斯大学的化学实验室》(*Das Chemiche Laboratorium der Ludwigs-Universität zu Giessen*,海德堡,1842年)。

何档案都无法提供的。[①] 即使到了档案非常丰富的19世纪,图像捕捉到的物质文化的各个侧面仍然是其他方法很难还原的。现在,在爱尔兰一些居民的茅舍里,睡觉用的草堆和草皮床早已不复存在了,但这些还可以从当时艺术家所绘制的水彩画中看到。他们大多数是来自国外的观光者,对于当地艺术家可能视为当然的大多数情景,却得出了不佳的印象。[②]

文艺复兴时期描绘学者的画像,特别是描绘学者型的圣

---

① David M. Wilson, *The Bayeux Tapestry* (London, 1985), p. 218.
② Claudia Kinmonth, 'Irish Vernacular Furniture Inventories and Illustrations in Interdisciplinary Methodology', *Regional Furniture* X (1996), pp. 1-26.

徒杰罗姆和奥古斯丁在书房里的绘画、速写和木刻画,可以当作证据,用来研究人文主义者书房里的设备、书桌、书架和词典桌。以卡尔帕乔画的圣奥古斯丁在书房的绘画为例,画面上所谓的"转椅"非常引人注目,尽管画中还有一些小雕像、一只贝壳、一个观察天文的星盘、一只铃铛(用于召唤仆人),以及书籍和写字的设备,也值得注意(图42)。还有其他一些描绘书房的画像,从安东内洛·达·梅西纳(Antonello da Messina)画的圣杰罗姆在书房里的绘画,到洛伦佐·洛托(Lorenzo Lotto)描绘的一位年轻红衣主教在书房里的速写,不仅佐证了卡尔帕乔画中各个细节的准确性,而且增添了新的细节。①

把卡尔帕乔画的《书房里的圣奥古斯丁》与其他文化中和其他时期的书房做一些比较的话,也许可以揭示出某些让人感兴趣的东西。例如,如果我们想做较远距离的比较和对照,可以看看中国学者的书房。这种书房往往在绘画和木刻画中有所表现,基本上可以代表中国文化的标准形态。在中国典型的书房绘画中可以看到花园。书房内的陈设往往有睡椅、书架和书桌。书桌上一般放置着"文房四友"(即笔、笔架、砚台和水洗),也许还有青铜古玩或字帖。与欧洲的书房相比,书房在中国更多的是身份的象征,因为国家统治者从

---

① Siegfried Giedion, *Mechanization Takes Command: A Contribution to Anonymous History* (New York, 1948), p. 288; Peter Thornton, *The Italian Renaissance Interior* (London, 1991); Dora Thornton, *The Scholar in his Study* (New Haven, 1998).

图42 《书房里的圣奥古斯丁》,油蛋彩画

维托雷·卡尔帕乔作,1502—1508年。现藏威尼斯圣乔治信众会会堂(*Scuola di S. Giorgio degli Schiavoni*)。

"学绅"(scholar-gentry)阶层当中选择政府官员。

如果想要做一近距离的比较,我们不妨将卡尔帕乔的那幅画与阿尔布雷希特·丢勒(Albrecht Dürer)的同样著名的木刻画《书房里的圣杰罗姆》(*St Jerome in his Study*, 1514)放在一起做比较,无论是用来比较这两位画家之间的差异,还是用来比较德国和意大利的书房之间更为一般性的差异(图43)。在我们现在看来,丢勒所画的书房似乎有些空荡荡,但从他那个时代来看,就显得有些奢华。杰罗姆尽管以禁欲主义而闻名,但他的椅凳上却铺有软垫。相反,正如潘诺夫斯基

图43 《书房里的圣杰罗姆》,铜版画 阿尔布雷希特·丢勒作,1514年。

所指出的,书桌上空空如也,"除了一瓶墨水,只有一柄十字架,上面放有一块斜板,是给这位圣徒写字用的"①。书房里的书籍很少,但鉴于他是一位著名的学者,书房里书很少,显然带有一定的深刻含意。有人怀疑这位生活在印刷术还是一个令人激动的新发明的时代的画家,是否想就圣杰罗姆时代手稿文化的贫乏提出历史的看法。相反,有一幅木刻画表现了伊拉斯谟及其秘书吉尔伯特·库辛(Gilbert Cousin)在书房

---

① Francesca Bray, *Technology and Gender: Fabrics of Power in Late Imperial China* (Berkeley and Los Angeles, 1997), pp. 136-139; Erwin Panofsky, *Albretcht Dürer* (Princeton, 1948), p. 155; Giedion, *Mechanization*, p. 303.

里,这位秘书身后的书架上却摆满了书。

广告画

用作广告的图像可以帮助未来的历史学家重现 20 世纪的物质文化中被丢失的成分,例如摩托车、香水瓶等。但在当前,把它们用于研究人们过去对待商品的态度,无论如何都是更有用的资料。可以肯定地说,日本在广告画方面先行一步。早在哥麿(Utamaro,1753—1806)的浮世绘中可以看到带商标的产品,就是一个证据。在欧洲,到 18 世纪末才有人开始用图像做广告。例如,德国一家专门报道消费品新发明的杂志《奢侈品和时装杂志》刊登图片,介绍了一种新式躺椅(图 44)。

广告史的第二阶段开始于 19 世纪末,随同广告牌兴起的时代而到来。广告牌是一种树立在街头的彩色平板广告。在广告牌的黄金时代,法国的朱尔斯·谢雷特(Jules Chéret,1836—1932)和阿方斯·穆夏(Alphonse Mucha,1860—1939)曾经为巴黎剧院和舞厅制做过广告,还为自行车、肥皂、香水、牙膏、啤酒、香烟、歌星、缝纫机制作过一系列广告。他们还为莫埃和尚顿公司的香槟酒和"萨克索兰"煤油公司的灯具等作过广告。他们把美女和产品放在一起,吸引观众来购买。

然而,到了 20 世纪,广告制作者转而求助于"深层"心理学,目的在于唤起消费者的潜意识,使用"下意识"的技术,靠

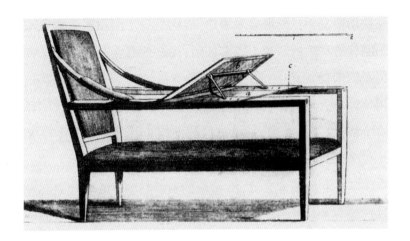

图 44 《附有读书支架的新式躺椅》,版画

G. M. 克劳斯(G. M. Kraus)作(?),引自 *Journal des Luxus und des Moden*(1799)。

联想来说动人心。例如,在 20 世纪 50 年代,美国电影院在放映电影的过程中,银幕上会定期闪现一秒钟的冰淇淋广告。观众并没有意识到自己已经看到了这个画面,但冰淇淋的消费量却扶摇上升。

某个产品的精神形象可以通过与其可视形象相似的各种客体发生联想来建立,这种方法可以用广义的"潜意识"概念来表达。从广告公司以及他们的摄影师和"市场行为分析家"的角度来说,这是一种有意识的操纵手段,而对观众而言则基本上是无意识的。例如,长期以来,这种方法一直用于跑车的广告,为了让跑车与力量、攻击性和阳刚气质发生联想,因此用最能反映这些特征的"美洲豹"作为品牌。香烟广告往往用西部牛仔的形象来表达,同样是为了利用这一形象与阳刚气质产生的联想。事实证明,用这些有生命的形象来宣传我们消费文化中一些无生命的商品,产生了很大的效果。用这种方式来设计 18 世纪和 19 世纪的自然风景画也许同样有价值(见第二章)。这里可以分别用 20 世纪 60 年代和 70 年代的两幅香水广告画为例来说明。

从现在的角度来看,20 世纪的 60 年代和 70 年代之间也许已经有了足够的距离感。我们先以卡美牌的香皂广告画为例(图 45)。这幅画表现的是时装拍卖室的内景(这一点从"Sotheby's"的字样中可以看出),画面上有一名分神的盛装美男子。他不专心看拍品,却扭头注视着一名使用了广告产品(卡美牌香皂)的女子(见第十章)。这难道不是香皂产生的神奇作用吗?① 这位卡美女郎很漂亮,但不知是谁。相反,另一幅广告画是香奈儿 5 号的香水广告,却使用了女影星凯特琳·德纳芙(Catherine Deneuve)的形象。显然,她的魅力大于这个产品,可以引起女性观众与她的认同感,并以她为榜样,使用这一香水。或许,这幅广告画还带有一种更强烈的含意:"香奈儿 5 号试图在消费品世界,表达凯特琳·德纳芙的脸庞在新闻界和电影界对我们的意义。"罗兰·巴特曾对一些广告做过分析。他对安伯托·艾柯创作的卡美香皂广告的形象

---

① Umberto Eco, *La struttura assente: Introduzione alla ricerca semiologica* (Milan, 1968), pp. 174-177.

图45 20世纪50年代意大利卡美香皂广告

和朱迪斯·威廉姆森(Judith Williamson)创作的香奈儿广告形象所做的解释,采用了结构主义和符号学的方法(见第十章),而不是图像学的方法,把重点放在画像和看画像这两个对立方的不同成分之间的关系上。①

---

① Judith Williamson, *Decoding Advertisements: Ideology and Meaning in Advertising* (London, 1978), p. 25; cf., Erving Goffman, *Gender Advertisements* (London, 1976).

存在的问题与解决的方法

上面两节所举的例子提出了读者实际上已经熟悉的问题。第一是视觉套式问题。例如,在贝叶挂毯中,表现家具的方法被称作"公式化"方法。第二,这里还有一个艺术家的动机问题:他们究竟是在忠实地反映可见的世界,还是把这个可见的世界理想化或概念化?第三是如何参考或"引用"其他的画像问题,相当于在考察视觉证据时,如何采用文本互证的做法。例如,戴维·维尔基(David Wilkie)在他的绘画《彭妮的婚礼》(Penny Wedding, 1818)中充分体现了物质文化的一些细节,在某种程度上依据的无疑是他对本民族生活的观察,但也借用或引用了17世纪荷兰的绘画和版画。那么,研究19世纪苏格兰社会史的历史学家可以在多大的程度上或者以什么样的方法使用这幅绘画?还有一个问题涉及画像中可能出现的歪曲。正如前面所提到的,艺术家在画中可能会把房间整理一番,或在画中把街道打扫干净。还有一些绘画会更严重地脱离日常生活。这里可以设想一下,到了2500年,如果有一位历史学家使用2000年的招贴广告乃至影视商业广告作为证据,对英国生活水平做一个估计,他的结论有可能大大高于实际情况。因此,为了可靠地使用这类证据,他们需要熟悉当代的电视在表现民众时使用的套式。这种套式是让民众住在质量比实际情况更高的房子里,在他们的身边放有比他们平时使用的更加昂贵的物品,而实际上他们根本买不起这样的房子和物品。

反过来,房间的混乱和肮脏状况偶尔也会被艺术家夸大,如扬·斯丁之所以这样做是为了增强画像的说服力,有的则是为了表达某种道德观念而有意识地夸张,还有一种情况是因为画家在表现某种文化时无法从它的内部去认识其规则,因而在无意之中做了夸张。19世纪瑞典茅舍内景的速写,像前面提到的爱尔兰的茅舍画一样,一般都是由外来人创作的。他们可能是外国人,但至少是中产阶级。有一幅画表现了瑞典农场的住房,时间为某一天的开端,因为时钟显示当时是凌晨五点钟(图46)。它生动地说明农场工人根本没有隐私可言,因为他们没有单独的卧室,而是住在墙上的隔间里。更准确地说,这幅画像所要表现的恰恰是包括弗里茨·冯·达德尔(Fritz von Dardel)在内的中产阶级眼中所看到的无隐私(lack of privacy)。①

接下来,还有前面已经讨论过的"幻想"(capriccio)问题。风景画家喜欢创造建筑的幻想。在卡尔帕乔的那幅有关圣厄休拉传说的著名画像中,背景中的建筑就是幻想出来的。他在创作《书房里的圣奥古斯丁》时,感情突然喷发而至,注意力被"一把带有阅读架的奇怪椅子和让人不得不感到奇怪的一张写字桌"所吸引。类似这样的东西人们从来就没有见

---

① Jonas Frykman and Orvar Löfgren, *Culture Builders: A Historical Anthropology of Middle-Class Life* (1979: English trans. New Brunswick, 1987), pp. 127-129.

图46 《奥尔萨的凌晨起床钟声响了》,水彩画

弗里茨·冯·达德尔作,1893年。现藏斯德哥尔摩北方博物馆。

过。① 在这种情况下,它究竟是一种幻想出来的家具,还是一种我们无法肯定是否曾经存在过的东西呢?

关于这个问题,这里还可以举出一个比较复杂的例子,涉及如何解读17世纪荷兰的艺术家彼得·沙恩雷丹(Pieter Saenredam,1597—1665)的一系列教堂内景画。人们本以为这些绘画不过在如实地表现这些教堂而已,但只要仔细观察一番,便发现了一个难以回答的问题。这些教堂是当时卡尔文教徒用来做礼拜的。然而,在这些绘画中却看到了

---

① Thornton, *Interior*, fig. 317.

图47 《哈勒姆的圣巴沃教堂内景》,油画
彼得·沙恩雷丹作,1648年。现藏爱丁堡苏格兰国立美术馆。

一些天主教的形象,甚至偶尔还可以看到画中的人物显然正在举行天主教的礼拜仪式,就像在哈勒姆的圣巴沃教堂南端回廊中举行的洗礼一般(图47)。再仔细看看画中的细部,它所展现的那位主祭人并不是新教牧师,而是穿着白色法衣,披着圣带的天主教教士。众所周知,沙恩雷丹与哈勒姆的天主教徒关系不错(在17世纪的荷兰有许多天主教徒)。这位艺术家在画中把这些教堂"还原"为更早时期天主教教堂的状态。沙恩雷丹的绘画提供了更为可靠的证据,说明荷兰当时的教堂虽然外观发生了变化,但天主教依然保留了下来。它们并不是简单的景观,而是"载有历史和宗教的暗示"①。

从积极的方面来看,图像往往可以表现出当时的人可能习以为常而在文本中不屑提及的细节。例如狗,如果不是一种很常见的宠物的话,就不会画进荷兰的教堂和图书馆,以及洛根所画的牛津大学和剑桥大学,因此这些画可以用来支持当时的日常生活中到处都可以看到狗这种宠物的论点。② 画像所提供的证明之所以有更宝贵的价值,是因为它们不仅展现了人类过去制造的物品(这样物品有些被保留下来了,可以直接对它们进行研究),而且展示了它们是如何安排和组织的,例如书籍放在图书馆或书店的书架上(图48),古代文物安排在博物馆里或17世纪所说的那种"珍品柜"里(图49),动物或鱼的标本悬挂在天花板上,古代花瓶放在地上,雕像放在柱型底座上,比较小的物件放在架子上,更小的物品则放在抽屉里。③

图像还揭示了物品的使用方法,就像前面提到的绘画《圣诺曼战役》表现士兵如何使用弓弩,贝叶挂毯则表现了如何使用标枪和长矛(图78)。在贝叶挂毯的一幅画中,正在表现的也许是因为刺绣妇女缺乏必要的军事技能,一个男人正

---

① Gary Schwartz and Marten J. Bok, *Pieter Saenredam, the Painter and his Time* (1989; English trans. London, 1990), especially pp. 74-76.

② Keith Thomas, *Man and the Natural World* (London, 1983).

③ Krzystof Pomian, *Collectors and Curiosities* (1987; English trans. Cambridge, 1990), pp. 49-53; Paula Findlen, *Possessing Nature: Museums, Collecting and Scientific Culture in Early Modern Italy* (Berkeley, 1994).

第五章　透过图像看物质文化　　145

图48　《波士顿华盛顿大街117号约翰·P. 朱厄特公司新开张的综合书店内景》,雕版画

引自《格利森画报》(*Gleason's Pictorial*, 2 December, 1854)。

在告诉她们如何把武器端平。类似的例子在近一千年以后的有关第一次世界大战的影片中也可以看到。这部影片播放了早期坦克的动作,观众可以清楚地看到它们在技术上存在的缺陷。①

至于把图像当作证据来证明其他物品的使用方法,作为个案研究,我们可以来关注一下书籍史或者现在所说的阅读史。古罗马的图像向我们显示读者在阅读时如何手持书卷。手抄本发明以后,这种技能便丢失了。17世纪法国的一幅雕

---

① Christopher H. Roads, 'Film as Historical Evidence', *Journal of the Society of Archivists* III (1965-1969), pp. 183-191, at p. 187.

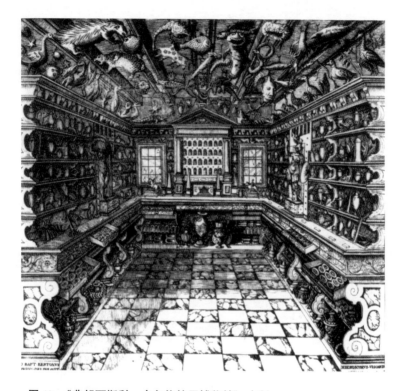

图 49 《弗朗西斯科·卡尔佐拉里博物馆》,木刻

引自 Benedetto Cerutti and Andrea Chiocco, *Musaeum Francesci Calceolari Iunioris Veronensis*(Verona, 1622)。

版画表现了一名男子在火炉边大声朗读,或为夜间聚会(veillée)的一群男人和妇女大声朗读,因而把夜间的劳动转变成了一种社交活动。18 世纪和 19 世纪的画像所表现的更多是家庭朗读会,朗读者有时还是女性。

德国文学史学家艾里希·舍恩(Erich Schön)提出过一个

观点,认为 1800 年前后,德国人的阅读习惯发生了变化,并使用了大量的绘画和版画乃至速写来支持和阐述他的论点。他提出,这一时期发生了一场"阅读革命",出现了一种"更加动情"和"移情"的阅读方式。他用这些图像证明,人们比较喜欢在露天阅读,或用一种不那么正式的姿势阅读,例如喜欢靠在椅子上或躺在草场上读书,就像 J. H. W. 蒂施拜因(J. H. W. Tischbein)为歌德画的速写那样,把书放在膝盖上,把椅脚翘起,双腿离地(图 50)。还有一幅是约瑟夫·赖特(Joseph Wright)的著名绘画。画中的人物是布鲁克·布思比爵士,拿着一本书躺在林边的草地上,书名是《卢梭》(图 51)。此画把阅读者安排成躺在草地上的姿势,开了一个先河,为后来的许多画家所仿效。① 与周围的环境相比,布思比的穿着那么正式,显得有些不相称。这说明应当从符号的意义上而不是(像后来的许多绘画那样)从画面上去解读这幅画。它显然是在用生动的可视方式诠释卢梭崇尚自然的思想。

图像提供的证明,就物质文化史而言,似乎在细节上更为可信一些,特别是把画像用作证据来证明物品如何安排以及物品有什么社会用途时,有着特殊的价值。它们不仅展现了长矛、叉子或书籍等物品,还展示了拿住这些物品的方式。换言之,图像可以帮助我们把古代的物品重新放回到它们原来

---

① Erich Schön, *Die Verlust der Sinnlichkeit oder die Verwandlungen des Lesers*, (Stuttgart, 1987), especially. pp. 63-72.

图50 《歌德第一次访问意大利时在罗马住所的窗边读书》,速写 J. H. W. 蒂施拜因作,约1787年。现藏魏玛歌德国立博物馆。

的社会背景下。这种把物品放还原地的工作,还需要历史学家去研究画像中所表现的人物,而这正是下一章要讨论的主题。

第五章 透过图像看物质文化 149

图 51 《布鲁克·布思比爵士读卢梭》,油画
(德比的)约瑟夫·赖特作,1781 年。现藏伦敦泰特英国美术馆。

第六章　社会景观

……为了保证……我们年年日日展示的社会和政治特征不至于在时间的流逝中丢失,因此要用艺术完全公正地将它们记录下来。

——乔治·宾汉:《论画家的目的》

德国摄影家奥古斯特·桑德尔(August Sander)将收集的照片编成了一本相册《德国人的镜子》(*Deutschenspiegel*),并于1929年出版。他有一个远大的目标,就是试图通过典型人物的摄影照片来描绘当时的社会。美国摄影家罗伊·斯特莱克也使用了同样的方式,为历史学家奉献了他所说的"纪实"照片,以便让历史学家能用这种这方法去"捕捉社会场景中重要的但稍纵即逝的片断"。他敦促历史学家,"任何一种社会史,包括形容和描述性的片断",都应当加以考察。他把这些文字技巧称作"努力……从能直接提供的而且极其准确的摄影照片中,提取出图解式的形象"。出于同样的理由,19世纪的美国画家乔治·加勒伯·宾汉(George Caleb Bingham)因擅长绘画日常生活的场景,而被称作他那个时代的"社会史学家"。①

　　这样的类比显然还可以扩大。许多画家都可以称作社会史学家,理由是他们制作的图像记录了形形色色的社会行为,包括日常和节日期间的打扫清洁,坐在桌边吃饭,参加宗教游行,赶集,打猎,滑冰,海滨度假,上剧院,观看赛马,听音乐会,观赏歌剧,参加舞会或观看板球比赛等。研究舞蹈、体育运动、剧院或其他专门领域的历史学家,都认真地研究过这些绘画所提供的证据,而且对细节特别注意。没有这些绘画,例如文艺复兴时期佛罗伦萨的足球比赛实况,实际上就不可能重现。②

　　17世纪的荷兰艺术家是一些擅长此道的大师。甚至到了几个世纪以后,摄影家威廉·亨利·福克斯·塔尔波特(William Henry Fox Talbot,1800—1877)仍然以他们的作品为楷模。他说:"如何把日常生活中习以为常的场景作为主题,荷兰画派为我们提供了足够权威的榜样。"③同样,托马斯·哈代(Thomas Hardy)为了描述上一代人的习俗而写作了小说《绿林荫下》(Under the Greenwood Tree,1872),并把它称作一

---

① Roy E. Stryker and Paul H. Johnstone, 'Documentary Photographs', in Caroline Ware, ed., *The Cultural Approach to History* (New York, 1940), pp. 324-330, at p. 327; John Demos, 'George Caleb Bingham: The Artist as Social Historian', *American Quarterly* XVII (1965), pp. 218-228.

② Horst Bredekamp, *Florentiner Fussball: Renaissance der Spiele* (Frankfurt, 1993).

③ W. H. Fox Talbot, *The Pencil of Nature* (London, 1844).

幅"荷兰画派笔下的乡村画"。

我们不知道为什么有些荷兰的艺术家要选择这些主题并用这种方式来作画。但是,乔治·宾汉曾经说过,制作历史档案就像"用艺术作品记录"他那个时代的社会和政治生活,在他看来,就是年复一年、日复一日地用画像的方式来"展现"它们。按照宾汉的说法,画像的力量在于它们"能永久保持事件的记录,其清晰程度仅次于亲眼所见"①。

宾汉是密苏里人。他的绘画作品描述了当地的生活,包括皮毛商人、平底船夫、小镇里的生活,特别是在政治选举期间举行的庆祝活动。就像戴维·维尔基的绘画一样(见第五章),宾汉的绘画是依据他的亲眼观察。例如,他画的选举场面让人们联想起贺加斯的一些绘画。很有可能,宾汉在印刷品中看到过贺加斯的这些作品。应当这样看,宾汉不是简单地记录或反映他那个地方和时代的生活,而是善于根据现场应用绘画的传统。奥古斯特·桑德尔也善于观察那个时代的德国社会。有人说,他的影集不仅是一部档案,而且"用形象的方式"为解决当时中产阶级的危机提供了"方案"。②

宾汉把画家视为纪实天使或记录者,为了检验他的这个观点,也许,有益的做法是更为详细而贴近地考察一些以儿童和妇女为主题的图像。

---

① Quoted in Demos, 'Bingham', p. 218.
② Elizabeth Johns, *American Genres Painting* (New Haven, 1991), p. 92; Andy Jones, 'Reading August Sander's Archive', *Oxford Art Journal* XXIII (2000), 122.

儿 童

社会史学家有时会对儿童的照片进行分析。例如,其中的一位社会史学家曾经提到,在华盛顿,街头流浪的儿童穿得很不错,显然还有属于他们自己的一些玩具。[①] 然而,历史学家在使用儿童图像作为证据时,主要是为了用这种档案来研究童年史(history of childhood),换句话说,就是成年以后对童年的看法所发生的变化。

我们在导论中已经提到过菲利普·阿里耶斯的著作。他是童年史的先驱,同时也是利用画像作为证据的先驱。[②] 这绝非偶然,因为保留在档案馆的记录中,儿童占有非常次要的地位,要写作他们的历史,就必须寻找其他的新史料,例如日记、信件、小说、绘画以及其他类型的图像。在中世纪的艺术作品中,儿童的形象很少见,即使有的话,也看上去活像是微型的成人。对于这样的事实,阿里耶斯深有感触。然而,16世纪或17世纪以后,在法国以及其他国家,儿童的图像越来越多,还可以看到儿童的坟墓。儿童在家庭画像中开始占据越来越突出的地位,人们更加注意表现能反映所谓"稚气"的象征,儿童与成人的社会世界间的距离越来越大。按照阿里

---

① James Borchert, *Alley Life in Washington: Family, Community Religion and Folklife in an American City* (Urbana, 1980), pp. 293-294.

② Philippe Ariès, *Centuries of Childhood* (1960; English trans. London, 1965).

耶斯的说法，这些变化为历史学家提供了宝贵线索，并与书面证据相吻合，说明成人对童年产生了一种更强烈的意识，将其看作一种与自己完全不同的生活方式。

阿里耶斯的这本书于 1960 年首次出版，英译本的书名为《儿童的世纪》(*Centuries of Childhood*)，其中使用了 26 幅插图，包括汉斯·荷尔拜因 (Hans Holbein) 和菲利普·德·尚帕涅 (Philippe de Champaigne) 所画的人物画像，以及扬·斯丁和勒南 (Le Nain) 兄弟画的世俗画。虽然出版社认为这本书的阐述已经很清楚了，但作者仍然在行文中讨论了更多的图像。阿里耶斯用这些可视史料来支持他的一些论点，其中一个论点认为在法国的旧制度下不存在年龄的隔阂，因为关于 17 世纪酒店的画面表明，小孩与成人杂坐在一起。有一些 17 世纪和 18 世纪的绘画，包括阿里耶斯在书中没有提到的一些绘画，明显支持了他的这一论点。正如西蒙·沙玛所指出的，现今藏于荷兰国立博物馆的荷兰画家加布里埃尔·梅特苏 (Gabriel Metsu，1629—1669) 的绘画《病孩》(*The Sick Child*) 表现了对儿童的关心，只要观众看了一定会引起共鸣。但是，有一点至少是可以肯定的，那就是这幅画不可能是为了以后用来研究家庭史而创作的。贺加斯于 1742 年创作的绘画《格雷厄姆家的孩子们》(图 52) 被誉为"描述 18 世纪童年的杰作之一"，他在试图表现孩子顽皮的同时，又展示了这四个孩子之间性格上的差异，例如那个最大的女孩，"她的庄严

图 52 《格雷厄姆家的孩子》,油画

威廉·贺加斯作,1742 年。现藏伦敦国立美术馆。

表情显示出了自我意识中的母性"。①

《儿童的世纪》一书出版以后,在 40 多年的时间里不断受到批评。例如,作者认为,儿童在过去被当作小成人对待,并用儿童穿的是小号成人服装的画像来加以证明。这个观点虽然在以前曾经有人提出过,但它是阿里耶斯这本书的中心

① David Bindman, *Hogarth* (London, 1981), pp. 143-144.

论点。批评者说,阿里耶斯没有注意到画中的背景,因而没有考虑这样一个事实:当成人和儿童被当成模特儿的时候,在一般情况下,他们穿的并不是平时的服装。

对阿里耶斯的整个著作,批评者还提出了两条特别严重的批评意见。第一,他们指责阿里耶斯忽视了绘画的表现套式随着历史而发生的变化,关于这一点,我们将在后面做更详细的讨论(见第八章)。这个论点就中世纪早期而言也许是非常清楚的。阿里耶斯得出这样的印象,在中世纪早期的艺术作品中,儿童的形象非常罕见,并且解释说,这个现象从整体上反映了对儿童的不关心,或者更准确地说,对童年不感兴趣。后来对这一主题进行的更详细的研究提出了一个论点:中世纪早期的画像表现了"对这样的童年真正的兴趣",即对童年时代的天真和脆弱的兴趣,虽然那些对中世纪早期的概念化、多少有些抽象的线型(Linear manner)的艺术风格不习惯的观众却看不出这一点。换句话说,阿里耶斯没能解读出中世纪早期视觉艺术的套式,那是一种与我们自己的艺术距离太远的艺术语汇;他也没有考虑到在那个时代被认为适合用画像来表现的主题,主要是宗教主题,而在这种主题中,除了襁褓中的基督,多不适合表现儿童。然而,在文艺复兴时期,被认为值得描绘的主题有所扩大,其中也包括儿童,当然也不仅限于儿童。无论如何,在古代希腊和罗马艺术中,儿童是以"现代"的方式来加以表现的。

阿里耶斯受到的另一个批评,是指责他忽视了图像的功能或用途。图像一般通过两种方式表现儿童:第一种方式是把它们当作家庭画像的一部分。即使像《格雷厄姆家的孩子》那样画面中只有孩子,但这幅画有可能是为了同其他家庭画像并列悬挂而创作的。既然如此,这些画像只能证明人们如何看待家庭的历史,而不能证明如何看待儿童的历史。其次,在 17 世纪和 18 世纪,儿童愈益被视为天真无邪的化身,因此有些儿童画像是有寓意的,至少是带有一定的寓意。①

阿里耶斯提供的这些事例虽然遭到了批评,但也鼓励了社会史学家以及美术馆和博物馆的工作人员对儿童画像进行大量研究,其中包括伦敦贝特内尔·格林儿童博物馆从事的研究。② 来自画像和绘画的证据并没有被否定,但重新做出了解释。例如,西蒙·沙玛在《富人的困窘》(*Embarrassment of Riches*)一书中,用了篇幅很长的一章描写儿童,使用了 17 世纪荷兰共和国保存下来的丰富的视觉证据,但他并不认为这些画像是写实的。相反,上一章讨论的德·约翰室内画,在

---

① 关于支持阿里耶斯的论点的文章,见 François Garnier, 'L'iconographie de l'enfant au Moyen Age', *Annales de Démographie Historique* (1973), pp. 135-136. 关于批评阿里耶斯的文章,见 Ilene H. Forsyth, 'Children in Early Medieval Art: Ninth through Twelfth Centuries', *Journal of Psychohistory* IV (1976), pp. 31-70. 参见 Anthony Burton, 'Looking Forward from Ariès?', *Continuity and Change* IV (1989), pp. 203-229.

② Mary Frances Durantini, *The Child in Seventeenth-Century Dutch Painting* (Ann Arbor, 1983); Simon Schama, *The Embarrassment of Riches: An Interpretation of Dutch Culture in the Golden Age* (London, 1987), pp. 481-561; Burton, 'Ariès'.

他看来,"载有各种类型的道德成见和偏见"①。

有一篇研究1670年到1810年的美国家庭画像中的儿童文章,采用了一系列方法(这些方法比阿里耶斯的更为系统),考察了334幅画像中表现的476名儿童,发现表现玩具以及其他可以反映童年特征的符号性物品的绘画越来越多。作者得出结论,童年与成年的概念越来越明显地被区分开来了,人们越来越多地用肯定的态度表现童年。② 换言之,贺加斯的不朽绘画《格雷厄姆家的孩子》是这种更加广泛的趋势的一部分。这种积极肯定的趋势在19世纪得到了进一步发展,以至于有一位著名的思想史学家专门写了一本书来讨论他所说的那个时代的"儿童崇拜"。这种崇拜可以用约翰·米莱斯爵士(Sir John Millais,1829—1896)的绘画《肥皂泡》(Bubbles,1886)来说明。这幅画变得名气越来越大,后来成了皮尔斯肥皂的广告画。③

日常生活中的妇女

像童年史一样,妇女史的写作也经常需要处理各种相互矛盾的史料,特别是由男人制作并表达他们兴趣的档案资料。

---

① Schama, *Embarrassment*, p. 483.
② Karin Calvert, 'Children in American Family Portraiture, 1670 to 1810', *William and Mary Quarterly* xxxix (1982), pp. 87-113.
③ George Boas, *The Cult of Childhood* (London, 1966); Anne Higonnet, *Pictures of Innocence: The History and Crisis of Ideal Childhood* (London, 1998).

由于官方档案在这方面一直保持沉默,研究妇女史的历史学家像研究古埃及史和中世纪史的历史学家一样,不得不转而求助于表现不同地区和不同时期的妇女所从事的各种活动的图像。

这一点可以用中国、日本和印度的一些图像为例子来说明。例如街景的绘画,可以表明在特定时期和文化中哪类人才能出现在公众场合。中国有一幅长卷表现了1100年前后开封的城市街道,在街上的人绝大多数是男性——尽管可以看到在画中显著位置有一名妇女端坐在轿内被抬着穿行而过(图53)。一位宋史专家由此得出结论:"在首都的繁华商业地区到处都可以看见男人,妇女却非常少见。"相反,一幅表现江户(今东京)街道夜景的日本版画却描绘了妇女在一大群"演员、戏剧观众、观光者和商人"当中。当然,歌川丰国(Utagawa Toyoharu)的这幅版画应当放在特定的背景下加以研究。画中的招牌显示这个街道位于剧院地区,而这些妇女,包括位于画面前部的梳有和式发髻的妇女,可能是歌妓。①

如果想要了解各类妇女在西方城市生活中的地位,可以看看德国艺术家萨洛蒙·克莱纳(Salomon Kleiner)在1724年到1737年之间创作的132幅维也纳风景版画。这些版画描绘了街道上的许多妇女,大多数赤着脚,但有些身着盛装,

---

① Patricia Ebrey, *The Inner Quarters: Marriage and the Lives of Chinese Women in the Sung Period* (Berkeley, 1993), p. 212; Richard Lane, *Masters of the Japanese Print* (London, 1962), pp. 237-240.

图53 《清明上河图》中开封街景局部,绢本设色

张择端作,12世纪初。现藏故宫博物院。

相互问候。一位城市史学家解释说:"夫人们手持扇子,正在进行礼节性的对话。与此同时,过路的行人兴致勃勃地观看着市场上的两个女贩相互撕扯着头发。"①我们不知道欧洲地中海地区当时的状况如何,但维也纳、阿姆斯特丹或伦敦等城市妇女对街头生活的参与(例如,就像贺加斯的版画所表现的那样)与传统的中国乃至日本形成了鲜明的对照。

图像提供了有特殊价值的证据,可以说明过去的妇女主要从事哪类劳动,因为她们从事的许多劳动不属于正式的经

---

① Donald J. Olsen, *The City as a Work of Art* (New Haven, 1986), pp. 246-247.

图 54 《女书贩》,手工彩绘木刻

鸟居清倍作,约 1717 年。

济活动,在官方档案中往往没有记载。例如,有一幅 10 世纪的中国卷轴画表现了一些男人正在宴会上聆听一位妇女(有可能是一名高级妓女)弹奏弦琴。一幅 13 世纪的中国长卷画表现妇女正在缫丝。一幅 18 世纪的日本版画表现一名妇女站在餐馆外,正在招徕过路的行人进来就餐。还有一幅版画表现一名妇女在兜售书籍,她背着一捆书,手上还拿着一本书(图 54)。一幅印度莫卧尔时期的绘画表现了妇女在建筑工地上劳动的情况,画中妇女有的在槌石头,有的在筛沙子,有的用头顶着重物爬上屋顶(图 55)。中东早期的一些摄影照片表现妇女正在田地里除草和打麦。相反,在城市画中,街道上和咖啡馆里却看不到妇女的踪影。①

至于欧洲,社会史学家如果愿意的话,也可以找到类似的证据,但必须像通常一样十分谨慎。为了提醒读者这种谨慎态度的必要性,我们可以拿 14 世纪英国的一幅画为例。这幅画表现了三个妇女正在收割。从这幅画中得到的印象与依据其他类型的证据所得到的印象相冲突,因为许多文字证据表明,当时的妇女在一般的情况下不从事这类活动。迈克尔·卡米尔解释说,在这幅画中之所以出现妇女,是因为这里要说明的文本是一首圣歌,其中的收获指的是精神上的收获。②

许多关于街景和风俗场面的图像需要重新加以关注,注意它们是如何表现女性的空间和角色的。这种传统可以追溯到很久以前:奥斯蒂亚镇的一座古罗马浮雕,表现了大约 1800 年以前一名妇女在货摊旁卖蔬菜的情景(图 56)。17 世纪的荷兰绘画也可以告诉我们有关日常生活中各个方面的许多东西。埃曼纽尔·德·维特(Emmanuel de Witte)擅长捕捉这类场面,例如在家禽货摊旁有两个人正想买货,而售货的人全是女性(图 57)。

对社会史学家而言,有特殊价值的资料是以图像的形式提供城市中各种职业活动状况的铜版画,例如绘画《伦敦的叫卖声》

---

① Ahsan Jan Qaisar, *Building Construction in Mughal India: The Evidence from Painting* (Delhi, 1988); Sarah Graham-Brown, *Palestinians and their Society, 1880-1946: A Photographic Essay* (London, 1980), pp. 49, 52, 132.

② Michael Camille, *Mirror in Parchment: The Luttrell Psalter and the Making of Medieval England* (London, 1998), p. 196.

图 55 《建筑胜利之城》,绘画局部
引自《阿克巴尔的传奇》(*Akbarnama*),现藏伦敦维多利亚-阿尔伯特博物馆。

112 图 56 《卖蔬菜的妇女》,大理石浮雕 2 世纪末至 3 世纪初,现藏罗马奥斯汀塞博物馆。

(Cries of London)以及加埃塔诺·宗皮尼(Gaetano Zompini)在1785年发表的60幅铜版画《威尼斯街头的小生意》(The Itinerant Street Trades of the City of Venice),其中的7幅描绘了女工,有的卖牛奶、水、油炸食品或旧衣物,有的算命,有的在大理剧场和歌剧院出租仆役或坐椅。这类风俗画在18世纪越来越流行,说明了工人阶级生活中的各个侧面在中产阶级的眼中开始被视作"可以入画"的内容。

正是由于欧洲这种类型的风俗画的出现,有关中国城市各种行业的资料才能以图像的方式记载下来。中国广东省绘制的一些向欧洲市场出口的绘画和图片表现了城市里各行各

第六章 社会景观　165

图57 《阿姆斯特丹市场上卖家禽的妇女》,油画

埃曼纽尔·德·维特作,现藏斯德哥尔摩国立博物馆。

业的活动。这些绘画包括18世纪由陈普观制作的上百幅树胶水彩画,和19世纪30年代由陈汀观制作的360幅水墨画,现在都藏于美国的皮波迪·埃塞克斯博物馆(Peabody Essex Museum)。这些绘画表现的妇女职业包括纺织、补衣、缫丝、缝鞋、描花和挑尿桶。

但问题依然存在。历史学家不应忘记,这些画像是在一个特殊的背景下制作的,是当地的艺术家为外国人生产的。这些艺术家很有可能见过《伦敦的叫卖声》这类传统的欧洲画像。即使他们不会盲目地模仿这些画像,但有可能把这些画像中的某些成分包含在内,以便投欧洲观众之所好。①

通过这些画像,我们既可以了解自古希腊以来妇女的劳动情况,也可以知道女性的识字率。一个希腊花瓶上画着两个女孩手牵着手,其中包含了一个很重要的细节。画中的一个女孩手中拿着用皮绳捆着的写字板,从中似乎可以猜测,有些女孩需要学写字(图58)。② 近代早期的一些图像描绘了学校的情况,表明当时的学校实行性别隔离的做法,男女生各坐一边,就像一幅法国乡村学校的铜版画所表现的那样(图59)。值得注意的是,男生那边有写字的桌子,而女生则把双手放在膝上,似乎只需要听课,说明她们正在学习朗读,而不需要学习写字。

相反,妇女作为读者的形象倒是经常出现在图像中。在中世纪和文艺复兴时期,天使报喜的圣像表现圣母玛利亚的方式多为读书的模样。1520年以后,圣母读书的圣像越来越少,显然是因为宗教改革以后天主教会把读书称作"着魔"而做出的早期反应。天主教会谴责说,异端之所以会在普通民

---

① Elizabeth A. Honig, 'The Space of Gender in Seventeenth-Century Dutch Painting', in Wayne Franits, ed., *Looking at Seventeenth-Century Dutch Art: Realism Reconsidered* (Cambridge, 1997), pp. 187-201; Gaetano Zompini, *Le Arti che vanno per via nella città di Venezia* (1785; reprinted Milan, 1980); Shijian Huang and William Sargent, eds., *Customs and Conditions of Chinese City Streets* (Shanghai, 1999).

② Mark Golden, *Children and Childhood in Classical Athens* (Baltimore, 1990), pp. 73-74.

图 58 《两个女孩》,希腊花瓶上的红色人物画

"博洛尼亚的画家"(Painter of Bologna,活跃于公元前 480—450 年)作,现藏纽约大都会艺术博物馆。

图59 《乡村学校》,铜版画

"孩子们,乖一点,因为对做坏事儿的人来说,死亡是可怕的!"

引自尼古拉-埃德姆·雷蒂夫:《我父亲的一生》(Nicolas-Edmé Rétif de la Bretonne, *La Vie de mon père*, Neufchâtel and Paris, 1779)。

众当中兴起是因为他们能够读到书。① 另一方面,妇女读书的其他图像却从此渐渐多了起来。在让-奥诺雷·弗拉戈纳尔(Jean-Honoré Fragonard,1732—1806)以及其他一些画家绘制的画像中,妇女的形象多作手中持书本状,可以证明妇女读

---

① Lesley Smith, 'Scriba, Femina: Medieval Depictions of Women Writing', in Lesley Smith and Jane H. M. Taylor, eds., *Women and the Book: Assessing the Visual Evidence* (London, 1996), pp. 21-44, cf. Mary Kelley, 'Reading Women/Women Reading: The Making of Learned Women in Antebellum America', *Journal of American History* LXXXIII (1996), pp. 401-424.

书在18世纪的法国是个越来越普及的现象。① 我们在前一章中提到了19世纪波士顿的朱厄特公司书店的铜版画（图48），其中表现了几名经常来逛这家书店的妇女。

风俗画

批评阿里耶斯的一些人指出,社会史学家难免会忽视特定的画类有它自己的套式,就像文学类型一样。我们在考察各个时代的社会景观时,需要特别注意画家如何反映日常生活场面的套式。② 我们完全可以把18世纪末以来的这种视觉证据称作一种"类型",即风俗画。风俗画作为一种独立的绘画类型出现于17世纪的荷兰。18世纪的法国艺术家（例如夏尔丹）,19世纪的苏格兰艺术家（例如维尔基）和美国艺术家（例如宾汉）都把荷兰风俗画当作学习的榜样。从习惯上讲,人们从不把法国印象主义画派的作品称作风俗画,但爱德华·马奈（Edouard Manet, 1832—1883）、克劳德·莫奈和奥古斯特·雷诺阿（Auguste Renoir, 1841—1919）的绘画也反映了19世纪下半叶巴黎及其附近的闲暇生活。所有这些绘画,诸如《青蛙潭》里的河上船夫

---

① Erich Schön, *Die Verlust der Sinnlichkeit oder die Verwandlungen des Lesers* (Stuttgart, 1987).

② Helen Langdon, 'Genre', *Dictionary of Art* XII (London, 1996), pp. 286-298.

和《煎饼磨坊的舞会》中的舞蹈者,都以新的样式反映了这一主题。①

尽管宾汉说过"艺术的纪实"一语,但社会史学家并不因此就肯定这些图像就是客观的记录。例如,扬·斯丁在《杂乱的一家》中采用了道德寓意的方法,这一点在前面已经提到(见第五章)。在扬·斯丁以及他那个时代的人所画的一些风俗画中,问题还要更复杂一些。据称,有些江湖医生的画像不是取自城市生活的场面,而是取自舞台场景,取自喜剧作品中性格鲜明的程式化人物。在这类画像中,即使是那些我们可以肯定亲眼见过的江湖医生的画像,也经过了双重的道德教化过滤,而不是一次过滤。我们在前面(第五章)已经讨论过了"表面上的现实主义"的问题。②

与此相类似的另一个问题,是某些婚礼的画像中带有讽刺的成分。在彼得·勃鲁盖尔(Pieter Brueghel)《农民的婚礼》(Peasant Wedding)和维尔基《彭妮的婚礼》中,都可以怀疑存在着这一问题。在贺加斯的名为《时髦的婚礼》(Marriage à la Mode)的系列绘画和铜版画中,讽刺的成分表现得特别明显,其中的第一幅画表现了即将联姻的两家人带着各自的律师会面的情景。来自两家的父亲被置于画面的中心位

---

① Timothy J. Clark, *The Painting of Modern Life: Paris in the Art of Manet and his Followers* (New Haven, 1985); Robert L. Herbert, *Impressionism: Art, Leisure and Parisian Society* (New Haven, 1988).

② S. J. Gudlaugsson, *De comedianten bij Jan Steen en zijn Tijdgenooten* (The Hague, 1945).

置上,将要结婚的一对青年却背靠背地置于画面的右边,象征地表明他们在这项事务中处于服从的地位。①

亚伯拉罕·博斯(Abraham Bosse,1602—1676)那幅名为《市镇的婚姻》(*Le mariage à la ville*)的铜版画,至少在一眼看上去的时候会令人觉得更为客观,更为写实。且让我们来认真地端详一番(图60)。事情的发生围绕着一张桌子。两对父母正在讨价还价,而一位公证员正在记录(其中一位妇女的手势和另一位妇女的严峻表情说明,她们在这个谈判中发挥的作用像男人们一样主动)。在背景中,即画面的一端,坐着一对将要结婚的新人,互相握着手,似乎对正在进行的事情没有实际发言权。他们的手势更有可能表示他们将遵守誓约,而不是表达爱情。两个孩子,一男一女,正在桌边玩耍,可能是新娘或新郎的小弟弟和小妹妹,似乎对他们在类似的社会剧中将要充当的角色一无所知(男孩手上的面具让观众产生了一种戏剧感)。这幅画精心地表现了服装和家具的细节,让我们联想到他们来自资产阶级上层的家庭,无论这两个家庭是通过贸易还是当律师而致富。

我们对博斯的生平略知一二,例如他来自在当时占人口少数的新教家庭,长期与法国皇家艺术学院对立等。这些细节增强了一种可能性,即他创作这些铜版画是为了进行道德和社会的批判。在17世纪中叶的小说中,例如安托万·弗雷

---

① Ronald Paulson, *The Art of Hogarth* (London, 1975), pp. 30-40.

图 60 《市镇的婚姻》,铜版画

亚伯拉罕·博斯作,1633 年。现藏伦敦大英博物馆。

117 蒂耶尔(Antoine Furetière)的《罗马的资产阶级》(*Roman bourgeois*,1666),充满了对买卖婚姻的讽刺语言。弗雷蒂耶尔把小说中的一幅插图起名为嫁妆"税",根据当时的行情,女孩嫁给一名公爵,嫁妆高达 10 万埃居以上,此外,还要付给律师 2—3 万锂。由此推论,把博斯的绘画作品解释为带有道德的劝诫,就更加顺理成章了。

所以,这里再一次证明,把社会画当作社会的简单反映或一张社会快照来解读将会造成误读。博斯的铜版画显然初看上去更加接近贺加斯的《时髦的婚姻》,甚至可能给了它一些启发。

真实与理想

社会史学家一方面需要知道图像中带有的讽刺性暗示,而另一方面又不应当忘记,其中也可能包含理想化的成分。例如,人们注意到,在 18 世纪末法国的艺术作品中,表现老人的方式发生了变化,越来越着重于表现年长者的尊严而不是他们丑陋的一面。我们必须考虑到,如同儿童画像的情况一样,它们有可能是在象征性地使用老人和老妇的形象。同样,表现方式的长期演变显然也很重要。老人的形象本身不可能发生很大的变化,所变化的是对待他们的态度。在这一方面,文字史料印证了我们从图像中得到的印象。①

此外,1830 年革命以后,在法国绘画中,群众形象也发生了十分显著的变化。在这以前,就像贺加斯画中反映的英国那样,群众场面中的个人一般都表现为粗人、乞丐或醉汉的模样,表情几近于丑陋。相反,那次革命以后,群众形象就像德拉克洛瓦的《自由引导人民》所表现的(见第四章),越来越干净整洁、衣着得体,变成了理想化的形象。社会态度会发生如

---

① David G. Troyansky, *Old Age in the Old Regime: Image and Experience in Eighteenth-Century France* (Ithaca, 1989), pp. 27-49.

此之快的变化吗？这很难让人相信。更大的可能是当时流行的我们现在称作"政治正确性"（political correctness）的观念发生了变化。1830年革命的成功需要把发动了这场革命的"人民"理想化。①

同样，乡村学校及其规定的男女生隔离的形象（图59）也可能是一种理想化的图景，而没有表现男女同校的事实。在18世纪和19世纪的图像中经常出现父亲给全家朗读的景象，也可能是理想化了的画面，表达了一种怀旧心理，追忆过去的那些日子里，全家集体阅读，而不是个人阅读，阅读的书由家长来选择。1900年前后，英国拍摄了一些反映乡村生活的照片，表达了对传统农村那种"有机社区"的渴望。为了达到这个目的，不仅要求被拍摄者露出笑容，而且故意突出了画面上的旧式农具，不让新式机器出现在照片中。这种怀旧心理也有自己的长久历史，也许可以追溯到工业革命的时代。例如，现藏于大英图书馆的14世纪英国的《勒特雷尔圣诗集》（*Luttrell Psalter*）插图表现了乡村的形象，最近有人说，它提供了"怀旧心理的幻象"，反映了封建制度危机以前的农村。②

这里有一幅画，如果仔细研究一番，就可以明显看出其中

---

① Edgar Newman, 'L'image de la foule dans la révolution de 1830', *Annales Historiques de la Révolution Française* LII (1980), pp. 499-509; Raymond Grew, 'Picturing the People', in Robert I. Rotberg and Theodore K. Rabb, eds., *Art and History: Images and Their Meanings* (Cambridge, 1988), pp. 203-231, especially pp. 226-231.

② Camille, *Mirror*, p. 192.

图 61 《农民的晚餐》,油画

路易·勒南作,1642 年。现藏巴黎卢浮宫博物馆。

使用了理想化的手法。这就是现藏于卢浮宫的路易·勒南著名绘画《农民的晚餐》,表现了餐桌旁的农民(图 61)。历史学家彼埃尔·古贝尔(Pierre Goubert)花费了一生的精力专门研究 17 世纪的法国农民。他特别注意到了这幅画中"白色的桌布,一小块金黄色的面包,淡红色的葡萄酒,淳朴的服装和家具",并指出"这样的服装和葡萄酒都放错了位置,面包也太白"。古贝尔认为,作者在这幅画中的目的是提供一幅普及版的《最后的晚餐》。也有一些批评家认为,这幅画其实是想说明《路加福音》(第24节)中叙述的一个故事。一群信徒在以马忤斯村进晚餐,后来他们发现其中的一个人是基督。于是,《农民的晚餐》变成了一幅有待解密的绘画。

讨论到这里,已经非常明显,图像需要放在特定的背景下进行研究。勒南兄弟往往是合作作画。他们来自佛兰德斯边境的拉昂弗莱芒,家中有自己的土地和葡萄园,也就是说他们非常熟悉农民的生活。问题是需要找出,他们创作的绘画属于哪种类型。遗憾的是,我们不知道这幅画是为什么人创作的。有一种假设认为,它是为当时的一家慈善机构创作的,而在17世纪的法国,有组织的慈善活动才刚刚出现。

还有一种富有启发性的意见认为,这幅画用可视的形式表达了几年以后由法国宗教作家让-雅克·奥列尔(Jean-Jacques Olier)阐述的一种宗教观。奥列尔在《基督教徒的日常生活》(*La journée chrétienne*, 1657)中提到了日常生活的神圣化,劝诫读者每晚坐下来进餐时应想到《最后的晚餐》。如果勒南兄弟的这幅画确实是想要表达奥列尔的思想,那么它所提供的就不仅仅是一幅单纯描绘日常生活的风俗画,而是带有宗教或道德的象征,就像前面所讨论的荷兰绘画一样。然而,与勒南兄弟同时代的一位批评家,安德烈·费利比昂(André Félibien),却谴责这幅画"缺乏高贵的气质"。费利比昂出生于比勒南更高的社会阶层,在他看来,这幅画似乎并没有什么象征的意义,只不过是与荷兰画派相类似的风俗画而已。①

在后来的绘画中,尤其是出生于诺曼底一个农民家庭的让-弗朗索瓦·米勒(Jean-François Millet)的绘画中,例如《播种者》(The Sower,1850)、《拾穗者》(The Gleaners,1857),特别是在著名的绘画《晚钟》(The Angelus,1857—1859)中,也可以看到勒南兄弟的绘画中那种高贵的农民形象。在后一幅画中,米勒描绘了一个男人和一个女人站在野外祈祷,以卓然不群的风格表现了农村的劳动者。在意大利,与17世纪相比,农民的正面形象这时已经逐渐被广泛接受。亚历山德罗·曼佐尼(Alessandro Manzoni)的小说《约婚夫妇》(I promessi Sposi,1825—1827)把一对青年农民塑造为男女主人公,尽管他在当时因此而受到了批评。中产阶级知识分子开始把农民看作传统的监护人。当工业化和城市化威胁到传统农村的秩序时,过去曾经被上层阶级视为丑陋的农民(见第七章),逐渐获得了常人的本来面貌并越来越被理想化了。关于这一点,人们只要稍微回想一下前面讨论的风景画的历史,因为在城市观众的眼睛里,农民是风景中的一部分。

另一种风格的农民形象着重强调社会制度的和谐,例如

---

① Pierre Goubert, *The French Peasantry in the Seventeenth Century* (1982: English trans., Cambridge, 1986), p.82; Neil MacGregor, 'The Le Nain Brothers and Changes in French Rural Life', *Art History* II (1979), pp. 401-412, cf. Pierre Rosenberg, *Le Nain* (Paris, 1993), and Pierre Deyon, 'Peinture et charité chrétienne', *Annales E. S C.* XXII (1967), pp. 137-153.

彼特尔·扎波洛茨基(Petr Zabolotsky)的绘画《丰收之后》(*After Harvesting*),表现了俄国农奴在一所大房子的庭院中舞蹈,而地主和他的一家人在观看的场面。他们被安排在台阶的顶端,象征他们拥有最高的社会地位。怀旧心理在马里亚姆娜·达维多娃(Mariamna Davydova)的水彩画中也表现得很明显。她从地主的角度来表现俄国的庄园,画面上有马车、到访的教士以及树林旁的野餐等(图62)。农庄被描绘为闲暇生活的中心,而不是经营单位。这些在1917年以后创作的绘画让人们联想起了达维多娃和她那个阶级刚刚失去的世界。① 苏联画家谢尔盖·格拉希莫夫(Sergei Gerasimov, 1885—1964)创作的集体农庄的生活画像,虽然像扎波洛茨基的绘画一样有田园牧歌式的情调,但背景完全不同,让人们联想起所谓的"社会主义的现实主义"风格,或者更准确地说,是"社会主义的理想主义"。这类风格在过去历史时期的绘画中也可以看到。

如果把以上讨论的绘画与美国大萧条时期农村穷人的照片放在一起比较,就可以看到惊人的差别。玛格丽特·伯克-怀特和多罗西娅·兰格拍摄的照片把镜头从群体移向个人,用一位母亲与孩子的特写来强调个人的悲剧(图63)。② 相

---

① Richard R. Brettell and Caroline B. Brettell, *Painters and Peasants in the Nineteenth Century* (Geneva, 1983).

② Priscilla Roosevelt, *Life on the Russian Country Estate: A Social and Cultural History* (New Haven, 1995), pp.121, 287.

图 62　《卡蒙卡附近的林间野餐》，水彩画

马里亚姆娜·达维多娃作，20 世纪 20 年代。已佚。

反，回顾过去，哪怕是最富有同情心的农民绘画也显得缺乏人情味。要对这个差别做出解释，并不是一件容易的事情。也许，是不是因为这两名摄影家都是妇女？是不是因为她们都来自强调个人主义的国度？是不是因为她们的作品是政府的项目，为农场安全管理局提供服务？

　　本章一开始就提出了一个典型的问题，也是一个棘手问题。像小说家一样，画家为了表现社会生活，一定要借助于选

图 63 《加利福尼亚贫穷的摘豆工人》,七个孩子的母亲,32 岁
多罗西娅·兰格摄于加利福尼亚的尼波莫,1936 年 2 月。

择某个人或某个小群体,而且他们相信这些个人或群体可以代表更大的整体。在这里,最关键的字眼是"相信"二字。换句话说,在表现个人的绘画中,表现社会的方法是向我们揭示表现者和被表现者之间的关系。这个关系可以是平等的,但在过去又往往是有等级的。这个观点将在下一章展开进一步的讨论。

被表现者可能是从一定的距离上,用尊重的、讽刺的、挚爱的、调侃的或轻视的等各种不同的态度被观察的。因此,我们看到的画像是一种被画出来的观念,是带有某种意识形态和视觉意义的"社会景观"。摄影时代也不能违背这一规则,正如美国批评家阿兰·特拉亨伯格(Alan Trachtenberg)所指出的,"摄影家没有必要说服观众去采纳他或她的观点,因为他们别无选择。我们在照片中所看到的是从照相机的角度拍摄下来的世界,是从掀动快门的那一刹那的位置上拍摄下来的世界"[1]。也就是说,从字面意义上来理解,如果说观察角度不能决定图像的象征意义的话,至少也发挥了明显的影响。

如果艺术家或摄影家来自他们所描绘的那一文化的外部,在这种情况下,社会的距离或文化的距离所具有的重要性就变得十分明显。在这个问题上,且让我回顾一下达德尔的绘画。前面曾经用他的绘画作为证据,表现了瑞典茅舍的内

---

[1] Alan Trachtenberg, *Reading American Photographs: Images as History*, *Mathew Brady to Walker Evans* (New York, 1989), pp. 251-252.

景(图46)。如果可以肯定这幅素描不带讽刺的成分,但至少还存在调侃或丑化的成分,表现出中产阶级艺术家与他所描绘的物质文化和日常生活中的那些人之间存在着的一定的距离。这类绘画,即关于"他者"(Other)的绘画,将是下一章讨论的重点。

第七章　他者的套式

基督徒永远正确,异教徒永远错误。

——《罗兰之歌》

你朝东、我朝西,两列火车永不相撞。

——鲁德雅德·吉普林

文化史学家开始对"他者"这个概念发生兴趣,只是较近时期的事情。"他者"(Other)首写字母为"O",或者是"A",因为法国理论家在"他者"(l'Autre)的讨论中领先了一步。用多元方式思考与自己不同的人,而不把他们当作无差别的"他者"来对待,也许更有益处,但是把他者同质化的过程处处可见。因此,文化史学家需要对此进行研究。他们这种新兴趣的产生伴随着开始对文化认同和文化碰撞给予关注,是他们当前关注的许多问题中的一个。这些新的关注,包括对多元文化主义的争论,推动了学者们就过去(past)提出一些新的问题。

当一群人与其他文化相遇时,一般会产生两种截然不同的反应。一种是否认或无视文化之间的距离,无论自觉地还是不自觉地,会用类比的方法将他者来与我们自己或我们的邻人相比较。于是,他者被看作对自我的反映。例如,穆斯林武士萨拉丁被欧洲某些十字军的勇士看作骑士。当探险家瓦斯科·达·伽马(Vasco da Gama)第一次进入印度人的庙宇时,他对大梵天、毗湿奴和湿婆神的雕像所做的解释就像圣父、圣子和圣灵的三位一体(同样,一个多世纪以后,中国人把圣母玛利亚的画像解释为女菩萨观音的画像)。耶稣会的传教士圣弗朗西斯·克扎维埃(St Francis Xavier)在16世纪中叶第一次与日本文化相遇时,把(地位高但无实权的)天皇称作东方的"教皇"。正是通过这种类比的方法,异国的文化才变得可以理解,才变得本土化。

第二种普遍的反应与前者相反,就是有意识或无意识地把其他的文化建构为与自己的文化相对立的一种文化。以这样的方式,人类自己的同胞"变成了他者"。例如,《罗兰之歌》(Song of Roland)把伊斯兰教称作被恶魔颠倒了的基督教,把穆斯林的形象表现为对恶魔三位一体的崇拜,即由阿波罗、穆罕默德和某个"泼妇"(Termagant)构成的三位一体。在古希腊历史学家希罗多德(Herodotus)的描述中,古埃及文化的形象与希腊文化互为颠倒。他指出,埃及人写字不是从左到右,而是从右到左,男人用头而不用肩膀运重物,男人小便是蹲着而不是站立着,等等。在他的叙述中,波斯人和斯基泰人在某些方面也同希腊人恰恰相反。

在上一段中使用的"形象"(image)一词是指存在于人们

心目中和文本证据中的形象。要复原或重现这些心目中的形象，显然不可缺少可视形象的证据，尽管画像提出了各种需要解释的问题。正是在这一方面，作家们可以把自己的态度隐藏在客观的叙述中，而艺术家却因表现手法所迫，必须采取鲜明的立场，必须把其他文化中的个人表现得与他们自己相像或不相像。

  关于前面提到的第一种过程，即与他者的同化，这里可以举两个生动的例子，它们都取自 17 世纪荷兰的铜版画。在其中的一幅画中，一个巴西的印第安人正在为古式的弓装上箭。正是通过这种方法，艺术家和观众把印第安人与古代的蛮族人等同起来了，因为他们更为熟悉的是蛮族人而不是美洲人。另一幅铜版画表现了荷兰东印度公司的一名使节对中国的描述。他把西藏的喇嘛画成了天主教的教士，把他手中的念珠画成天主教的念珠（图 64）。与版画相配的文本进一步反映了这种同化的倾向。该文本译作英文时读作，"喇嘛的帽子像红衣主教的帽子，也有宽宽的帽檐"，而在译成法文时把喇嘛的宽袖比作方济各会修士的袖子，把他的"念珠"比作多明我会和方济各会的修士的念珠。显然，这是因为法文版的读者大多是天主教徒。事实上，铜版画中所画的帽子与传统的尖角喇嘛帽根本不一样。18 世纪初的另一位意大利旅游者也试图将未知同化为已知，于是将喇嘛帽比作主教的法冕。这幅铜版画与这里所说的距离较远的文化中的一些形象（例如图 3）不一样，它所依据的显然是文字资料而不是来自对生活的素描。

图64 《手持"念珠"的西藏使节》,铜版画

引自 Jan Nieuhof, *L'Ambassade de la Compagnie Orientale des Provinces Unies vers l'Empereur de la Chine…*（Leiden：J. de Meurs, 1665）。

换言之,当不同的文化相遇时,每种文化对其他文化形成的形象有可能成为套式。套式(stereotype)源于印刷铅版(plate)一词,它可以用来复制图像,与法文中的"cliché"一词同义(亦指印刷铅版,词源与英文相同)。这个词的使用可以让我们对可视形象与心目中的形象之间的那种关系产生逼真的联想。套式本身可能并没有错误,但它往往会夸大事实中的某些特征,同时又抹杀其他一些特征。套式多多少少会有些粗糙和歪曲。然而,可以肯定地说,它缺乏细微的差别,因为它是将同一模式运用于相互之间差异很大的文化状况。例如，欧洲人所画的美洲印第安人往往是一种合成的形象，把不同地区的印第安人的特征结合在一起，创造出一种简单的总体形象。

在分析这类图像时难免要涉及"凝视"（gaze）这一概念。这借自法国心理分析学家雅克·拉康（Jacques Lacan, 1901—1981）创造的一个新概念，而它所指的其实就是过去所说的"观察角度"（point of view）。无论我们思考艺术家的意图，还是思考不同社会群体的观众以何种方式看待他们的作品，从西方凝视的角度来思考都是有益的，例如科学的凝视、殖民者的凝视、旅游者的凝视或男性的凝视（见后文第 136 页起）。① 凝视往往表达了观众自己并没有意识到的态度，无论是投射在他者身上的仇恨、恐惧还是欲望。以心理分析学的方式解释图像的方法从外国人的图像中得到了有力的支持，无论这些外国人是在国内还是在国外。关于这种方法，我们将在第十章做更详细的讨论。

这种套式有些是正面的，例如"高贵的野蛮人"的套式。这个词是英国诗人兼剧作家约翰·德莱顿（John Dryden）在 1672 年发明的。它指的是一种古典的图像，在 16 世纪重新兴起，并朝着相反的方向发展，演变为吃人生番的形象。包括

---

① Norman Bryson, *Vision and Painting: The Logic of the Gaze* (London, 1983); Peter Mason, 'Portrayal and Betrayal: The Colonial Gaze in Seventeenth-Century Brazil', *Culture and History* VI (1989), pp. 37-62; Stephen Kern, *Eyes of Love: The Gaze in English and French Paintings and Novels, 1804-1900* (London, 1996); Timon Screech, *The Western Scientific Gaze and Popular Imagery in Later Edo Japan* (Cambridge, 1996).

法国新教传教士让·德·列里（Jean de Léry）的木刻画《巴西航行的历史》（*History of a Voyage to Brazil*, 1578）在内的一批绘画可以用来说明这个概念。"高贵的野蛮人"这一观念到18世纪发展到了顶点。例如，就是在那个时候，塔西提文化被视为黄金时代的复兴。特别是在欧洲旅行者的眼中，通过古典传统的观念，把巴塔哥尼亚和玻利尼西亚的土著居民视为"严肃的生活美德的现代典范，就像古代斯巴达人和斯基泰人所过的那种生活"①。

不幸的是，他者的大多数套式，例如非犹太人眼中的犹太人形象，基督徒眼中的穆斯林形象，白人眼中的黑人形象，城里人眼中的农民形象，平民眼中的军人形象，男人眼中的女人形象等，无论过去还是现在，都持敌对的、蔑视的，或至少是居高临下的态度。心理分析学也许会去探究造成仇恨的那种恐惧，以及下意识地把己所不欲的方面投射到他者身上的行为。

正是出于这一原因，套式采取的形式往往是观众自我形象的颠倒。更拙劣的套式则基于这样一种简单的假设："我们"是人类或文明的人类，而"他们"与猪和狗等动物几乎没有差别，在欧洲语言以及阿拉伯和中国的语言中无不如此。于是，"他们"（others）便以这样的方式转变成了"他者"（the

---

① Bernard Smith, *European Vision and the South Pacific* (1960; second edn New Haven, 1985), pp. 24-25, 37-38.

Other)。"他们"被变得异乎寻常,非我族类。如果再进一步,"他们"便变成了怪物。

怪物族类

表明这个进程的经典以及古典的事例是被称之为"怪物族类"的例子。在古希腊人的想象中,怪物族类生存在印度、埃塞俄比亚和中国等遥远的地方。① 这类怪物包括狗头族(Cynocephali)、无头族(Blemmyae)、单腿族(Sciopods)、食人族(Anthropophagi)、侏儒族(Pygmies)、作战族(the martial)、单乳女人族(Amazons)、等等。通过古罗马的作家普林尼(Pliny)的《自然史》(The Natural History),这种想象传承到了中世纪和以后的时代。例如,《奥赛罗》(Othello)里提到了这样一种人,"头长在肩膀下面",指的显然是无头族。

怪物族类形象的发明可能是为了证明气候对人类有影响的理论。这种理论认为,生活在太冷或太热地区的人不可能成为真正的人类。② 尽管如此,把这些形象当作人们对远方社会的一种被扭曲的、套式的理解,而不是把它们看作纯粹的

---

① Rudolf Wittkower, 'Marvels of the East: A Study in the History of Monsters', *Journal of the Warburg and Courtauld Institutesv* (1942), pp. 159-197; John B. Friedman, *The Monstrous Races in Medieval Art and Thought* (Cambridge, MA., 1981); Debra Hassig, 'The Iconography of Rejection: Jews and Other Monstrous Races', in Colum Hourihane, ed., *Image and Belief*, (Princeton, 1999), pp. 25-37.

② Hassig, 'Rejection'.

捏造,也许是很能说明问题的。毕竟身材矮小的俾格米人(Pygmies)现在依然存在,在某些情况下,还有吃人肉的民族。在15世纪和16世纪,随着欧洲人对印度和埃塞俄比亚的了解越来越多,却找不到所谓的侏儒族、单乳妇女族和单腿族,于是就把这些套式用于新大陆。例如,亚马孙河名称的来源,就是因为他们认为那里是单乳女人族(Amazons)生活的地方。无论是在长相和道德上,远方的民族被视为怪物,就像人们相信食人族住在巴西、中非和其他地区一样。[①]

1500年,葡萄牙人第一次到达巴西。六年后,德国流传一幅著名的木刻画,生动地表现了食人族的行为(图65)。我们可以从中看到这种套式是如何表达和传播的。在画面的中央,我们看到被切成大块的人肉挂在树干上,左端的一个野人正在啃人的手臂。这个例子说明了套式的形成过程。它所表达的并不完全错误。根据16世纪末一些欧洲旅游者的描述,巴西有些印第安人,例如图皮南巴族(Tupinambá)的成年男人,有在某些仪式上吃人肉的习俗,特别是吃敌人的肉。但是,这幅木刻画造成了一种错误印象,似乎所有的印第安人都吃人肉,这是日常生活中的惯常行为,结果把整个新大陆上的居民都界定为"食人族"。从这个意义上说,它造成了所谓的"吃人神话",也逐渐形成了这样一种做法,某个文化(不仅指

---

① William Arens, *The Man-Eating Myth: Anthropology and Anthropophagy* (New York, 1979).

第七章 他者的套式　191

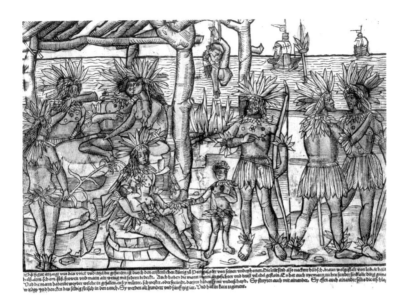

图 65 《葡萄牙的基督教国王和他的臣民所发现的岛屿和岛屿上的民族》,木版画

描绘巴西的食人族,约作于 1505 年。现藏慕尼黑巴伐利亚州立图书馆。

西方文化)只要声称另一个文化的成员吃人,就可以证明他们不属于人类。

今天的读者很难相信这种怪物族类的思想,也很难认识到我们的先辈真的相信有这样的族类,至少相信他们有可能生活在某个地方。这种怀疑本身是自相矛盾的,因为现在已经出现了许多种外星人的形象,它们或许可以被看作是普林尼的套式的最终替代品。至此,我们继续用套式的方法去看待在文化上与我们相距甚远的人群。一个最明显的例子是

"恐怖主义者"。这个名称近年来让人们联想了一个极端和盲目暴力的形象。如果这些"恐怖主义者",例如爱尔兰人、巴勒斯坦人、库尔德人等,只要换上另一个名称"游击队",便恢复了人类的面貌,并带有可以理解的动机,更不用说带有他们自己的理想。在影片中已经普遍出现穆斯林恐怖主义者的形象,尤其是在 20 世纪 90 年代柏林墙的拆除和苏联解体,以及共产主义"他者"衰落以后。"恐怖主义"与同样定义不明的贬义名称,诸如"狂热主义""极端主义",以及近来使用得更多的"原教旨主义"联系在一起。这些敌对的穆斯林形象与往往被人们称作"东方主义者"的心态联系在一起。

东方主义

在 20 世纪最后的 20 年里,曾经用于描述研究近东、中东和远东的西方学者的"东方主义",这个一度中性的名词变成了贬义词。[1] 它的词义变化由文学批评家爱德华·萨义德(Edward Said)造成,他的著作《东方主义》(*Orientalism*)第一版出版于 1978 年。根据萨义德的描述,他所说的那种"东方主义"是指 18 世纪末以来在西方发展起来的对待东方的集体

---

[1] Raymond Schwab, *The Oriental Renaissance* (1950; English trans. New York 1984); Edward Said, *Orientalism* (1978; second edn., London, 1995).

制度(corporate institution)。换一种说法,他所说的"东方主义"是一种"话语"(discourse),或者引用英国历史学家维克多·基尔南(Victor Kiernan)的话来说,是"欧洲有关东方的集体白日梦想",或"统治东方的西方风格",而西方(Occident)则根据与此相反的方式来定义自己。①

萨义德研究的是文本,并不打算讨论文化套式。他把这种套式称作"东方类型的图式"。但是,他的思想可以而且一直被用来分析让-奥古斯特-多米尼克·安格尔(Jean-Auguste-Dominique Ingres, 1780—1867)、泰奥多尔·热里科(Théodore Géricault, 1791—1824)、让-莱昂·热罗姆(Jean-Léon Gérôme, 1824—1904)、德拉克洛瓦,以及英国、德国、意大利和西班牙艺术家们的画像中对中东的描绘。② 要把西方吻合这一套式并集中描绘性、残暴、闲散、"东方奢侈的"内宫、洗浴、众妾、奴隶等主题的中东绘画汇编成一个大画册,看来并不是什么难事。安格尔的绘画《妾与奴隶》(Odalisque with Slave)堪称这类画像的典型(图66),表现了西方人进入内宫时看到的情景,因此也表现了异国文化当中最深的隐私。

这些视觉形象说明,它们与孟德斯鸠(Montesquieu)《波斯人信札》(Persian Letters, 1721)等西方文学中描写东方文化

---

① Said, *Orientalism*, pp. 3, 52.
② Said, *Orientalism*, p. 26; Donald A. Rosenthal, *Orientalism: The Near East in French Painting, 1800-1880* (Rochester, NY, 1982); John M. MacKenzie, *Orientalism: History, Theory and the Arts* (Manchester, 1995).

图 66 《妾与奴隶》,油画

让-奥古斯特-多米尼克·安格尔作,1839—1840 年。现藏马萨诸塞州坎布里奇福格艺术博物馆。

的套式是相一致的。我们的确知道有些艺术家转向文学作品以帮助他们寻找"地方色彩",例如安格尔曾经参考过 18 世纪的玛丽·沃特利·蒙塔古(Mary Wortley Montagu)夫人从伊斯坦布尔寄回来的信件。安格尔在画《浴女》(*Bain Turc*,1862—1863)前的准备过程中,曾经转述过玛丽夫人的一些信件,其中包括她访问土耳其浴池的片断描述。[①]

[①] 比较 Alain Grosrichard, *Structure du serial: La fiction du despotisme asiatique dans l'occident classique* (Paris, 1979)与 Ruth B. Yeazell, *Harems of the Mind: Passages of Western Art and Literature* (New Haven, 2000)。

19 世纪和 20 世纪由欧洲人拍摄,并主要是给欧洲人观赏的照片反映了中东人的生活场景,也使一些这样的套式"发扬光大"。① 电影影片也起到了同样的作用,特别是《阿拉伯酋长》(The Sheikh,1921)。意大利-美国演员鲁道夫·瓦伦蒂诺(Rudolph Valentino)在其中扮演男主角艾哈迈德·本·哈桑(Ahmed Ben Hassan)。在美国的清教徒后裔的眼中,所有橄榄色皮肤的男人似乎都是可互换的。套式的永久性及其增加可以说明,反映集体幻想或"形象"的这些具体例子产生于观众好奇的愿望。

以上几段试图说明,用萨义德的方法对西方人创作的中东人的形象进行分析确实有启发意义。然而,这种方法的使用既能说明问题也会掩盖问题。西方人对"东方人"的态度并不比东方人自己的更加千篇一律,而是随着艺术家和艺术作品的类型而改变。例如,德拉克洛瓦和热里科都热衷于北非文化,但他们之间也存在着差别。使问题更为复杂的是,人们发现一种可以称作"东方的东方主义"的东西。安格尔的绘画《浴女》为奥斯曼帝国外交官哈利尔·贝伊(Khalil Bey)所收藏;而曾经在巴黎与热罗姆一道读过书的土耳其艺术家哈姆迪·贝伊(Hamdi Bey,1842—1910)却用西方的风格来表现他自己的文化中的各种场景。奥斯曼帝国的现代化似乎需

---

① Sarah Graham-Brown, *Images of Women: Photography of the Middle East*, 1860-1950 (London, 1988).

要通过西方人的眼睛来观察,至少需要通过西方化了的眼睛来观察。

另一个重要区别是"浪漫"的异国风格与所谓的"纪实"报道或"人种学"的风格之间的差别。后一种风格表现在19世纪的一些以中东为主题的画家身上,就像更早一些的约翰·怀特所画的弗吉尼亚印第安人的小村庄(图3)和约翰·韦伯(John Webber,1752—1798)所画的大西洋。韦伯被库克船长选中,陪伴他进行第三次航行,以便"将最值得纪念的场面保留下来并带回国"。这种"人种学"风格的典型包括德拉克洛瓦的绘画《两个坐着的妇女》(图1)、法国艺术家兼记者康士坦丁·居伊所画的《苏丹前往清真寺》(图2)和阿尔伯托·帕西尼(Alberto Pasini,1826—1899)所画的《大马士革的街景》(*Street Scene, Damascus*),相当于前面(见导论)已经讨论过的"目击风格"。《大马士革的街景》描绘了骑马的人,街头小贩,戴面纱和包头巾的人物,带格子的窗户。隔着这种窗户,女人们可以从屋里向外张望,而外面的人却看不见她们。①

即使这样的一些场景有很强的"写实效应",就像后来出现的照片,但在使用它们作为证据来说明穆斯林世界的社会生活时,仍需小心谨慎。艺术家经常找犹太女人作模特儿,因为穆斯林妇女难以找到。他们有时承认这种做法,例如德拉

---

① Smith, *European Vision*, pp. 108-114; Rosenthal, *Orientalism*.

图 67 《大马士革的街景》,油画
阿尔伯托·帕西尼作,现藏费城艺术博物馆。

克洛瓦在创作另一幅绘画《摩洛哥犹太人的婚礼》(A Jewish Wedding in Morocco)时就是这样做的,但他们有时并不承认。以《两个坐着的妇女》这幅画像为例,如何识别这两个女人的身份曾经引起过讨论。她们很可能是犹太人,但她们穿的服装从细节上看又说明她们是真正的阿拉伯穆斯林,从而证明了一个传说的真实性:这位法国艺术家有一位熟人,是阿尔及尔港口的工程师,他说服了一名下属同意让这位艺术家为他的妻子画像。① 纪实性的画像还存在一个问题,那就是因为把注意力过多地集中在典型上,而牺牲了个性。在特定的文化中,把什么看作典型,可以说是多年观察的结果,但也可能

---

① Yeazell, Harems, pp. 25–28.

是匆匆的阅读或纯粹的偏见产生的结果。

萨义德所说的基督教化或再基督教化的"东方主义"是比较广泛的现象中的一种特例,这种现象是指由一种文化来形成如何看待另一种文化的套式,或者由一种文化的个人来形成如何看待另一种文化中的个人的套式。北欧人所画的南欧,尤其是以安达路西亚和西西里为背景画西班牙和意大利的时候,与他们所画的东方没有什么区别。这种现象可以称作"南欧主义"(Meridionalism)。欧洲人画的欧洲最北端的画像,包括拉普兰和芬兰的画像,则可以称作"北欧主义"(Borealism)。欧洲人画的非洲画像是与他们所画的东方画像平行发展起来的。在北美和南美,艺术家在表现黑奴时所采用的方式大致上也形成了套式。

美国画家伊斯特曼·约翰逊(Eastman Johnson, 1824—1906)画了一系列非裔美洲人的画像,带有更强烈的同情心。他是北方人,出生于缅因州,支持废奴运动。他所持的废奴主义的态度最充分地表现在 1859 年画的《南方的黑人生活》(*Negro Life at the South*)中。当时正处在美国内战的前夕。画面表现了下工以后的奴隶。一位男子正在弹奏班卓琴,母亲正在与孩子玩耍,一个青年正在用甜言蜜语讨好一位姑娘。这幅画在当时被称作小说《汤姆叔叔的小屋》(*Uncle Tom's Cabin*)的写照。哈里埃特·比切尔·斯托(Harriet Beecher Stowe)的这部小说出版于 1852 年,比这幅画早 7 年。这幅画得到了好评,称赞它真实地表现了"情感、幽默、耐心和平静,使文明化但已经屈服的非洲人从野蛮和暴力中解脱"。此后,约翰逊画的非裔美国人的形象据称是"非套式的"。然而,《南方的黑人生活》是由固定的姿势和特征组成的,例如班卓琴可以用来识别奴隶的身份。不过,我倒倾向于认为,这些画像属于比较文雅和表达同情心的套式。①

非欧洲人画的作为"他者"的欧洲人形象可以充分证明文化套式的存在。欧洲人和中国人都有自己的怪物族类的形象,令人惊讶的是,17 世纪的一幅中国木刻画中有一个形象与西方古典的无头族非常相似(图 68)。这个例子究竟是文

图 68 《怪物》,木刻画
引自吴任臣:《山海经广注》。

---

① Teresa Carbone and Patricia Hills, eds., *Eastman Johnson: Painting America* (New York, 1999), 121-127.

化传播的结果呢,还是独立的发明?16世纪的一个日本火药瓶上,像后来制作的一些彩绘屏风一样,表现了一位穿长裤的葡萄牙人,裤管像气球一样鼓大,说明欧洲人的服装像他们的大鼻子一样被看作一种外国人的特征(图69)。非洲人画的葡萄牙人也有同样的特点(图70)。从这个意义上说,我们也可以把这称作"西方主义"(Occidentalism),即使它并不是萨义德所说的服务于政治和经济统治的"集体制度"。①

在西方,仇外心理往往用图像来表达。有些图像把其他民族的人表现成怪物或近似于怪物的形象。例如,贺加斯所绘的《加莱门》(*Calais Gate*,约1748)显然是从英国人表现法

图69 日本人画的葡萄牙人像,火药瓶画
16世纪,现藏里斯本的安提加国立艺术博物馆。

---

① James Carrier, ed., *Occidentalism* (Oxford, 1995).

图70 尼日利亚(贝宁)青铜饰版上的两个葡萄牙人 16世纪,私人收藏。

国的传统套式中获得了灵感。画像中法国人的形象很瘦弱,这提醒观众,在英国人的头脑里,贫穷与君主专制密切相关。画中还有一个兴致勃勃的肥胖修士正盯着肉食品,一只胖乎乎的手放在胸前,让人联想起天主教会的反面形象,或18世纪的新教知识分子常说的"教士权术"。

此外,在19世纪的英国和美国,爱尔兰人往往被画成猩猩的模样,或者依据那个时代的科幻小说画成一个新"弗兰肯斯坦"(Frankenstein)的模样。弗兰肯斯坦是英国人塑造出来的形象,是一个正在对他们造成威胁的人形怪物。从某些方面来看,这些形象让人回想起叛乱者或造反者的个人传统形象。漫画家约翰·坦尼尔(John Tenniel)所画的猿形爱尔兰人戴着一顶帽子,上面写着"无政府主义"(图71),明白无误地表现了他们的仇外心理。①

国内的他者

在任何一个特定的文化中都存在着把内外区别开来并拉开距离的过程。男人往往通过与女人形象的对立来界定自己,例如他们声称"男儿有泪不轻弹"。青年人通过与老年人的对立来界定自己,中产阶级通过与工人阶级的对立来界定自己,北方人(包括英国人、法国人和意大利人)通过与南方人的对立来界定自己。这种内外区别的做法也体现在图像中。所以,产生了一个有效的概念,例如所谓"男性的凝视"或"城里人的凝视"。有些艺术家擅长绘画"他者"的形象,例如大卫·特尼尔斯(David Teniers)擅长画女巫、农民和炼丹者。这些都是当时艺术家喜爱描绘的对象。②

这种内外区别的做法最明显地体现在用来参与宗教和政治争论的画像中。但是,带有观点的漫画和无意中的歪曲之间并没有明显的界线,因为漫画家不仅求助于而且强化了已经存在的偏见。这一点可以从中世纪以来德国和其他国家的绘画或版画中表现犹太人的方式中得到说明(由于犹太人的

---

[1] L. Perry Curtis Jr., *Apes and Angels: The Irishman in Victorian Caricature* (Newton Abbot, 1971).

[2] Jane P. Davidson, *David Teniers the Younger* (London, 1980).

图71 《两种力量》,漫画

约翰·坦尼尔作,引自《笨拙》(Punch, 29 October 1881)。

文化是反偶像的,因此在一般情况下无法与犹太人的自画像或犹太人画的非犹太人画像进行比较)。最近出版的美国历史学家鲁思·梅林科夫(Ruth Mellinkoff)的一本书,指出了犹太人如何在中世纪的艺术作品中成为"他者"。例如,他们被画成黄颜色,头戴尖顶帽或尖角帽,摆出粗俗的姿态,如伸舌头等。他们的形象无论在体形上还是在道德上都与恶魔非常接近。在经常出现的"犹太猪"(Judensau)的形象中,他们被描绘成次人一等,让观众把他们与猪联想在一起。①

在其他背景下也会出现这样的联想。例如,法国革命期间绘制的漫画,有时把国王路易十六画成猪的模样。又例如在乔治·格罗斯(Georg Grosz, 1893—1959)或迭戈·里维拉的绘画中,肥胖而邪恶的资本家也被画成猪的模样。在许多妇女画像中也可以看到丑化,只是不那么粗鲁,或许不完全是有意识的。这些当然都是男性凝视的结果,把妇女表现为异类,无论她们的形象是诱人的还是令人作呕的。在拉开距离的套式中,最为明显的例子是妓女画像。就诱人方面而言,人们立即会想到马奈的著名绘画《奥林匹亚》(Olympia),这幅画显然会让人联想到东方后宫女奴的画像。如果从相反的角度考虑,人们立即会想到埃德加·德加斯(Edgar Degas,

---

① Joshua Trachtenberg, *The Devil and the Jews: The Medieval Conception of the Jew and its Relation to Modern Antisemitism* (New York, 1943), p. 67; Sander L. Gilman, *The Jew's Body* (New York, 1991); Ruth Mellinkoff, *Outcasts: Signs of Otherness in Northern European Art of the Later Middle Ages* (Berkeley, 1993); Hassig, 'Rejection'.

1834—1917)。他的画像突出了女人最缺乏吸引力的特征,被称作"粗暴和粗暴化"的画像。人们还会联想到格罗斯,因为他把城镇里的妇女丑化成贪婪的鹰身女妖。①

男性把女性"他者化"还有一种更极端的例子,那就是女巫的画像。女巫的形象永远是十分丑陋的,让人联想起羊或猫那样的动物,而且与恶魔为伍。例如,德国艺术家汉斯·巴尔东·格里恩(Hans Baldung Grien)的木刻画把女巫画成骑着山羊在空中飞行的裸体女人。文学形象和视觉形象有时是相互独立或半独立发展的。到了18世纪和19世纪,女巫的最后形象变成了骑着扫帚戴尖角帽的干瘪丑老太婆(图72),身旁围着一群小妖怪。这种形象一直延续到今天,仍是女巫的公认形象。②

正如指控犹太人和女巫都吃婴儿一样,这幅木刻画中的尖角帽,像女人的鹰钩鼻一样,说明套式发生了变异。在过去,这样的帽子会让人们联想起犹太人,但后来失去了这种联系。这个论点是有据可凭的,1421年在布达颁布了一项法

---

① Annie Duprat, 'La dégradation de l'image royale dans la caricature révolutionnaire', in Michel Vovelle, ed., *Images de la Révolution Française* (Paris, 1988), pp. 167-175; C. M. Armstrong, 'Edgar Degas and the Representation of the Female Body', in S. R. Suleiman, ed., *The Female Body in Western Culture* (New York, 1980); Hollis Clayson, *Painted Love: Prostitution in French Art of the Impressionist Era* (New Haven, 1991).

② Jane P. Davidson, *The Witch in Northern European Art* (London, 1987), cf. Linda C. Hults, 'Baldung and the Witches of Freiburg: The Evidence of Images', *Journal of Inter-Disciplinary History* XVIII (1987-1988) pp. 249-276, and Charles Zika, 'Cannibalism and Witchcraft in Early Modern Europe: Reading the Visual Evidence', *History Workshop Journal*, XLIV (1997), pp. 77-106.

图72 《女巫》,木刻画
19世纪初。

律,规定凡第一次因行巫术的罪名被逮捕的任何人必须当众戴上所谓的"犹太帽"。在近代早期的西班牙,宗教裁判所逮捕的异教徒必须戴上同样的帽子。把女巫和犹太人混同起来有一定的启发意义,能够说明对他者的普遍观念和一种可以称作"表达准人类(Sub-human)的通用视觉密码"[1]。可以肯定,非人化的关键是把别的社会群体与画像中的猿、猪、山羊或猫等动物联系起来,在口头侮辱中也是如此。

---

[1] Hassig, 'Rejection', p. 33.

奇异的农民

如果要对本国的他者形象进行个案研究,我们可以把注意力转向城里人是如何表现农村的居民的。12世纪以后,西方人往往用一种怪异的方式表现牧民和农民的形象,让他们明显地区别于社会地位更高的人,而后者往往又是这些画像的观众。在《勒特雷尔圣诗集》(*Luttrell Psalter*)的一些篇章中,可以看到14世纪英国的生动事例。到了15世纪和16世纪,这种从反面表现农民形象的方法传播开来,让他们长着矮小而肥胖的身体,做出粗俗的姿势,反映了市镇和农村的文化距离。这一趋势随着城市化而不断地增强。[1]

在这类形象中,最让人难忘的一种出现在老彼得·勃鲁盖尔的绘画中。勃鲁盖尔本人是个城市居民,与人文主义者交友甚笃,据说正是他们推动了城市讽刺画传统的形成。[2] 他的著名绘画《农民的婚宴》(*Peasant Wedding Banquet*)乍看上去有些像"描述艺术"的典型(见第五章),但其中的一些细节表明他有调侃和讽刺的本意(图73)。例如在画面的前部

---

[1] Michael Camille, *Mirror in Parchment: The Luttrel Psalter and the Making of Medieval England* (London, 1988), p.210; Mellinkoff, *Outcasts*, p.231.

[2] Svetlana Alpers, 'Realism as a comic mode: Low-life paintings seen through Bredero's eyes', *Simiolus* VIII (1975-1976), pp.115-139; Hessel Miedema, 'Realism and Comic Mode', *Simiolus* IX (1977), pp.205-219; Margaret Sullivan, *Brueghell's Peasants* (Cambridge, 1994).

有一名儿童,戴着一顶对他来说显然太大的帽子;在桌子的另一端,坐着一个男人,把整张脸埋进了罐子;也许还有,那个端菜的男人把汤匙插在帽子里,在16世纪,这意味着粗俗,就像上一代英国人把铅笔夹在耳背上意味着粗俗一样。这种调侃的传统一直延伸到了17世纪那些表现农民集市或农民在酒店里跳舞、饮酒、呕吐或斗殴的绘画中。如果把这种传统看作是千篇一律的,那显然是个错误,因为它留下了足够的余地,可以因画家而异。正如一位批评家指出的:"安德里恩·布鲁威(Adriaen Brouwer)的作品以及安德里恩·凡·奥斯塔德(Adriaen van Ostade)的晚期作品,表现了各色各样的农民形

图73 《农民的婚宴》,油画
老彼得·勃鲁盖尔作,1566年。现藏维也纳艺术博物馆。

象,一端是粗野和不文明的形象,另一端是富裕而又相当愚蠢的自我满足的形象。"①尽管有这样的批评,但一如既往,负面的视觉传统仍然得到广泛传播,并显示出了它的力量。

到了 18 世纪,这一传统逐渐被另一种传统所取代。像"野蛮人"一样,农民也被贵族化和理想化了。要么,如同在"东方主义"画家的一些作品中那样,艺术家的凝视既不是理想化也不是丑化,而是带有"人种学"的风格,强调忠实地描绘服装和风俗。西班牙语中有一个词可以用来描述这类绘画和文学,即 costumbrista(地方风情画或文学)。在 19 世纪和 20 世纪的以工人、罪犯、疯子为主题的许多摄影照片中,也可以识别出它们使用了人类学的凝视,尽管总的来说它们的客观性和科学性并不像它们的实践者原先以为的那么强烈。摄影家们一般会把注意力集中在他们认为具有典型性的特点上,例如中产阶级拍摄工人的照片时,警察拍摄罪犯的照片时,以及正常人给精神病患者拍照时,都会把个人简化为表达某种类型的标本展示在相册中,就像蝴蝶标本那样。经过他们的简化而得出的结果就是桑德尔·吉尔曼(Sander Gilman)所说的"差异形象"(images of difference)。② 西方人制作的"典型的"贝都因人或锡克人的图像何其相似乃尔。探险家大卫·利文斯顿(David Livingstone)

---

① Peter C. Sutton, *Pieter de Hooch* (Oxford, 1980), p.42.
② Sander L. Gilman, *Health and Illness: Images of Difference* (London, 1995).

曾经要求他的兄弟查尔斯在拍摄照片时,"确保获得不同部落的典型标本"。科学的凝视与看待怪物族类的方式相反,从某些方面来说试图达到客观性,但这几乎可以等同于非人化。

他者的图像中充满了偏见和套式,从而使得图像提供的证据值得认真对待的观念受到了致命的打击。但是,像往常一样,我们需要停下来问问自己,它们究竟证明了什么?本章所讨论的许多图像如果仅仅是为了证明其他的文化或亚文化是个什么样子,并没有太大的价值。但是,它们能完整地记录不同文化之间的相遇,特别是其中某个文化的成员对这种相遇做出的反应。

从更深的层次来讲,这些图像本应告诉我们更多有关西方的东西。本章所考察的许多图像把他者表现为自我的对立面。如果说这里的图像对他者所做的观察是以套式和先入之见为中介,那么,通过这些画像对自我进行观察就更为间接。但是,只要我们学会如何去解读它,它就能提供更准确的证据。鲁思·梅林科夫曾经就中世纪晚期北欧做过这样的论述:"如果要深入了解社会的核心及其心态,唯一途径是问一问,把内部的人和外部的人区别开来的那条界线在哪里以及是如何建立起来的。"这句话显然适用于更广泛的领域。在特定的地方和特定时候,哪些人被当作"准人类"对待,这可以告诉我们许多东西,特别是告诉我们,他们用什么方式去看待人类的生存条件。[1]

---

[1] Mellinkoff, *Outcasts*, p. li.

第八章　可视的叙事史

每张画像叙述了一个故事。

到目前为止,本书还没有涉及历史事件。图像可以提供有关大大小小事件的组织和背景的证据,诸如战争、围城、投降、和约、罢工、革命、宗教大会、暗杀、加冕,统治者或外国使节的进城仪式、处死罪犯或其他的示众惩罚等。提到这类图像,人们立即会联想到提香创作的在大教堂里举行特伦特宗教大会的绘画,也会联想起委拉斯贵支所画的布雷达投降,大卫所画的拿破仑加冕仪式,戈雅和马奈画的行刑队,以及画家弗朗西斯科·里齐(Francisco Rizi)1680年在马德里亲眼看到的惩罚异端的仪式。

在银版照相法的时代,人们制作了一些令人难忘的图像,例如1848年在肯宁顿区举行的宪章派大会的照片(图74),记录了一个很有秩序的场面。然而,在中产阶级的眼中,这却是一次颠覆性的事件。在摄影时代,对特殊事件的记忆越来越依赖于可视图像。1901年,巴西的著名记者奥拉沃·比拉克(Olavo Bilac)预言,他从事的行业前途无量,因为照片很快将取代书面的叙述,被人们用来描绘最新发生的事件。进入

图 74 《肯宁顿区的宪章派大会》,银版照相

威廉·爱德华·基尔本(William Edward Kilburn)摄,1848 年 4 月 10 日。现藏贝尔克斯的温莎堡。

电视时代以后,人们对当前事件的认识已经无法脱离屏幕上的图像。这些图像的数量以及它们的传送速度令人叹为观止。不过,我们不应因日常生活中的电视革命而忘记过去各个历史时期有关事件的图像所具有的重要性。

在电影时代,观众甚至可以想象他们正在亲眼观看希特勒的上台。然而,在照相机发明以前,木刻画和铜版画已经发挥了类似的功能。

时事图像

本书在前面(见导论)已经指出,图像印制带来的一个最重要的结果,就是使制作时事的画像成为可能,而且在这些事件尚未从人们的记忆中消失之时就可以将它们出售(见导论)。时事图像起到的作用相当于报纸,而报纸是17世纪初的一项重大发明。当然,我们还可以在更早的历史时期看到这类图像,例如路德在沃姆斯宗教大会上的图像,查理五世在博洛尼亚加冕的图像等。然而,这类图像的数量是在三十年战争期间(1618—1648)才有了急剧的增加。在各个层次上卷入这场战争的欧洲人数量众多。报纸用文字及时报道了这次战争期间发生的重大事件并配上插图,也有人将文字报道和插图分开来销售,例如1621年奥本海姆城大火的画像,以及阿尔布雷希特·冯·沃勒斯坦将军被暗杀的画像。这两幅铜版画都是著名的插图艺术家马萨乌斯·梅里安(Matthäus Merian,1593—1650)的作品。[①]

有些绘画是受命创作的,目的是纪念当时发生的事件。例如,渔民马萨尼埃洛(Masaniello)领导的1647年那不勒斯起义被记录在米开朗基罗·塞尔夸齐(Michelangelo Cerquozzi,

---

① William A. Coupe, *The German Illustrated Broadsheet in the Seventeenth Century* (2 vols., Baden-Baden, 1966).

1602—1660)的绘画中。这位画家是那场起义的同情者,为了反对西班牙的红衣主教斯帕达(Spada)而创作了这幅图画。荷兰有一位赞助者委托画家绘制了纪念威斯特伐利亚会议和闵斯特和约的一组绘画,因为这些事件最终结束了三十年战争。这组画像包括巴托罗缪·凡·德赫尔斯特(Bartholomeus van der Helst)的《欢庆闵斯特和约的军官们》(*Officers Celebrating the Peace of Münster*)、科内利斯·比尔特(Cornelis Beelt)的《在哈勒姆宣布闵斯特和约生效》(*The Proclamation of the Peace of Münster in Haarlem*)、杰拉德·特·伯赫(Gerard Ter Borch)的《闵斯特和约批准仪式上的宣誓》(*The Swearing of the Oath of the Ratification of the Peace of Münster*,图 75)。从画中可以看出,特·伯赫试图尽量平等地表现与会者。但是,17 世纪和 18 世纪初的和会让人伤透了脑筋,因为来自各国的代表往往为了争夺席位次序而发生冲突。只要考虑到了这一层,就可以意识到平等地表现与会者是一个既重要又困难的工作。此外,这幅画把和约文件本身放在重要地位上,也值得注意。

美国画家约翰·特朗布尔(John Trumbull,1756—1843)也是在托马斯·杰斐逊的鼓励下,用一生的精力去表现关于美国独立的重大事件。例如,他的绘画《独立宣言》(*The Declaration of Independence*)就使用了亲自参与起草《独立宣言》的杰斐逊所提供的信息。

至于特朗布尔画的另一些历史画像,一直有人认为它们

图 75 《闵斯特和约批准仪式上的宣誓》,油画

杰拉德·特·伯赫作,1648 年 5 月 15 日。现藏伦敦国立美术馆。

143 "根本不是,也不能看作目击者的描述",因为这位画家接受了"大叙事风格"(grand style of narrative painting)的套式,也就是说,任何有可能损害画面庄严气氛的东西都被他删除了,在这个例子里,就是把战争省略了。① 大叙事风格的套式还存在另外一个问题,因为这种套式要遵循保证"历史尊严"的原则,而许多个世纪以来的叙事史根据这一原则根本不涉及

---

① Irma B. Jaffé, *John Trumbull: Patriot-Artist of the American Revolution* (Boston, 1975), p. 89.

普通民众。

相反,特·伯赫无疑是使用"纪实风格"(eyewitness style)作画的。在那次和会期间,这位艺术家在闵斯特城住了三年时间,先后与出席会议的荷兰和西班牙使节过从甚密。他的绘画《闵斯特和约批准仪式上的宣誓》提供了对这一场景的冷静描绘。这幅画在当时制成雕版时加上了一句题词:"最准确的画像。"(*icon exactissima*)①但是,正如我们所看到的(见导论),纪实风格本身也有矫饰之处。很有可能,特·伯赫想把画面安排得至少看上去更有秩序一些,就像今天的摄影师所做的那样,当然,他给予自己的自由度不像特朗布尔那么大。无论怎么说,与战争的场景相比较,和会的场景给画家提供的违反经典规范的机会更少一些。

解读叙事

叙事式的图像分别向画家和读者提出了各自的问题。在这里,"解读"图像一词可以说使用得特别恰当。例如,这里存在着如何用静态的画面来表现运动中的某个时间断面的问题,换句话说,如何使用空间去取代或表现时间。艺术家必须把连续的行动定格在一张画面上,一般来说是定格在最高潮

---

① Alison Kettering, 'Gerard ter Borch's "Beschwörung der Ratifikation des Friedens von Münster" als Historiebild', in Klaus Bussmann and Heinz Schilling, eds., *1648: Krieg und Frieden in Europa* (Munich, 1998), pp. 605-614.

的那一刻,而观众也必须意识到这个画面是经过定格的。画家面临的问题是,如何在表现一个过程的同时又避免留下同时性的印象。①

把连续的动作定格为一个画面,又使观众面临着如何解读的问题,例如如何识别画面上表现的究竟是一个动作的开始还是它的结束。华托(Watteau)的那幅著名的绘画,描绘了一家艺术商店,画面上的动作究竟是把路易十四的画像收起来放进盒子呢,还是将它拿出来?有的时候,观众可以用背景来做出解答。这里仍以华托的那幅画为例。因为那幅画是在国王路易十四死后的摄政时期画的,在这样的政治背景下,把路易十四的画像包装起来放进地窖才有意义,而将它拿出来就没有意义了。

在许多情况下,也许是因为画家预见到了这样的难题,于是用题词、说明或加小标题(一般称作 *tituli*,即"题铭")的方式,把画像变成了艺术史学家彼得·瓦格纳所说的"图像文本"(见第二章)。我们在前面一章讨论过贺加斯的系列绘画《时髦的婚姻》。在其中一幅画上,女孩的父亲手中握有一份文件,上面写着"尊贵的斯昆德菲尔德子爵阁下的婚姻协议"(Marriage Settlement of the Rt. Honaurable Lord Viscount Squan-

---

① Erwin Panofsky, ' Style and Medium in the Moving Pictures ', *Transition* (1937), pp. 121-133; Arnold Hauser, *The Social History of Art* (2 vols., London, 1951),参见该书的最后一章"电影时代"; Otto Pacht, *The Rise of Pictorial Narrative in Twelfth-Century England* (Oxford, 1962).

derfield),观众不仅可以凭此识别出画面的内容,而且"斯昆德"(squander,意为浪费——译注)一词向他们暗示了画中带有讽刺的含义。

图像的解读者处在与制作图像完全不同的文化和时代,因此,与画像同时代的人相比,他们面临着一些更加难以回答的问题。其中一个问题是他们需要识别图像的叙事习惯或"话语",例如画像的主要人物是否会在同一场景中多次出现(见第153页);或者,是"从左向右"地叙述故事还是相反,甚至像公元6世纪被称作维也纳版圣经的希腊古籍那样,交替出现从左向右和从右向左的叙述。叙事的习惯也含有套式的元素。根据阿尔伯特·洛德(Albert Lord)的《故事的歌手》(*The Singer of Tales*,1960),对口头叙事的经典分析提供的榜样,这种元素可以称作"公式"和"主题"。

这里所说的"公式"和"主题"是有区别的。"公式"是指小型的图式,例如摆出某种特别姿势的人物是画家"备用的"画面人物,是艺术家储备的一部分,需要的时候,就可以随时拿出来满足不同的要求。关于这一点,最突出的例子是从十字架取下的基督形象。18世纪的艺术家把这个形象移到了沃尔夫和马拉的身上(见第四章)。相反,"主题"则是指大型的图式,是"备用的"场景,诸如战争、宗教大会、举行会议、出发、宴会、游行队伍和做梦等,以及在贝叶挂毯之类的长篇叙事画中反复出现的一些元素。关于这个问题后面还要做更详细的讨论。好莱坞制作的影片往往被人们批评为公式化的影片,有时,这一特征被解释为因影片的大量制作而造成的。然而,即使不是全部的话,至少有一大部分叙事要依赖于某类公式,即使是那些想让观众出乎意外的故事影片。这是完全可以理解的。这一点不仅与叙事的顺序有关,也是为了要把动作定格,让观众从一个单独的画面中捕捉到整个故事。

单个图像

在古罗马,硬币的铸面往往反映当时发生的一些事件。有的时候,正是完全依靠这些硬币,才把事件的证据保留下来(尤其是在公元3世纪中叶,保留下来的文字史料非常稀少)。① 无论是硬币选择纪念那些事件,还是表现这些事件的方式,都可以证明铸造这些硬币时的制度属于何种性质,如果把一个较长时段中的一系列古代硬币放在一起加以分析,便可以揭示人们对历史事件的看法所发生的无意识的变化,或至少是半意识的变化。

在16世纪和17世纪的欧洲,可以看到一些反映公众生活的图像开始出现。这是一种新类型的艺术品,即模仿古代硬币的式样而制作的政治奖章,特制是为了纪念重大的公众事件而设计的奖章。最初,奖章由政府颁发给大使或其他重

---

① A. H. M. Jones, 'Numismatics and History', *Essays in Roman Coinage Presented to Harold Mattingly* (Oxford, 1956), pp. 13-33.

要人物,上面的题词明确地告诉当时的观众如何解读上面的画像,也告诉现在的历史学家制作这些奖章的政府如何看待自己。为纪念神圣罗马帝国皇帝查理五世和法国国王路易十四等统治者而制作的奖章数量不断增加,这些奖章提供了当时的官方对某些事件的解释,同时也按照此前已经形成的习惯对统治者加以比较笼统地赞扬,因此完全有理由认为这是为了进行"宣传",尽管"宣传"一词在当时还未出现。① 纪念查理五世在穆尔堡战役(1547年)中对新教诸侯的胜利,以及纪念路易十四在莱茵河战役(1672年)中取得胜利的奖章,明白无误地表达出了必胜的信念。同样,荷兰和英国制作的纪念摧毁西班牙无敌舰队的奖章,对这一胜利表示庆贺,并解释说:"上帝吹来一口气,便将它们驱散。"(*Flavit et dissipati sunt.*)

这类图像从一定意义上起到了推动历史的作用,因为它们不仅记录了历史事件,同时也影响了当时看待这些事件的方式。图像在革命中所起到的推波助澜的作用更为明显。人们往往通过图像的方式来赞美革命,特别是那些获得成功的革命,例如1688年、1776年、1789年、1830年和1848年发生的诸次革命。② 但是,也有人提出,在革命正在进行的过程

---

① Peter Burke, *The Fabrication of Louis XIV* (New Haven, 1992) pp. 4-5.
② David Kunzle, *The Early Comic Strip* (Berkeley, 1973); James A. Leith, *The Idea of Art as Propaganda in France, 1750-1799* (Toronto, 1965); idem, 'Ephemera: Civic Education through Images', in Robert Darnton and Daniel Roche, eds., *Revolution in Print* (Berkeley and Los Angeles, 1989), pp. 270-289; Timothy J. Clark, *Image of the People: Gustave Courbet and the 1848 Revolution* (London, 1973).

中,图像所起的推动作用更为重要。它们往往有助于唤起普通民众的政治意识,特别是在文盲较多的社会中,当然并不仅限于这类社会。

有一个突出的事例可以说明图像发挥的重要作用。法国革命期间,攻占巴士底狱的行动几乎刚刚发生,立即通过表现这一行动的印刷画像广泛传播开来。印刷的画像相当便宜,即使有的人买不起,也可以在书店的橱窗里看到。1789年7月28日,也就是在攻占巴士底狱的事件发生仅两周之后,已经有一幅画像开始出售。这幅画像配有说明文字,试图证明攻占巴士底狱是一种正当的行为。在以后出现的一幅木刻画中,所配的说明文字更加强调自由和人民这两个主题,从而推动了攻占巴士底狱这一"神话"的创造。到了这时,巴士底狱被表现为压迫人的旧体制的象征。恰当地说,这幅木刻画可以称作"政治式的供奉画像",写实性减弱了,示意性却增强了。用克洛德·列维-斯特劳斯(Claude Lévi-Strauss)的话来说,它使用了"分离式的表现方法",分列左右的两幅画面表现为镜像对称(图76)。它与法国习惯上称作"埃彼纳尔的画像"的圣徒木刻画所使用的风格完全一致。这种圣徒木刻画当时仍在大量地制作,直至19世纪。这幅木刻画与前一幅相比,在描绘事件的真实性上不那么准确,但像讲述神话故事的图片那样更为生动,无疑能使

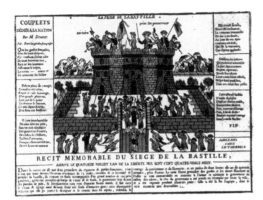

图76 《攻占巴士底狱纪念》,彩色木刻画现藏巴黎法国国立图书馆。

人产生更深刻的印象。①

战争画

  战争画在描绘事件的图像中占有突出地位。原因之一是战争画有着悠久的传统,至少可以追溯到公元前7世纪叙利亚的一幅表现蒂尔图巴战役(the battle of Til-Tuba)的浮雕;另一个原因是近几个世纪以来,尤其是从1494年到1914年,欧洲的许多艺术家创作了战争的绘画作品,绝大多数描绘地面上的战争,但有些也描绘了海战,例如从勒潘托海战(Lepanto)到特拉法加海战等。这些绘画是根据统治者或政府的要求创作的,后来也有一些杂志要求刊登这类画像。如果说

---

① Rolf Reichardt, 'Prints Images of the Bastille', in Darnton and Roche, *Revolution*, pp. 223-251, cf., Hans-Jürgen Lüsebrink and Rolf Reichardt, *Die 'Bastille': Zur Symbolik von Herrschaft und Freiheit* (Frankfurt, 1990).

表现战争场面的油画最初只能供少数人观赏,那么到了19世纪举行艺术作品公开展览的时代,许多这样的绘画可以通过印版复制的形式广泛流传。

表现战争场面的画像面临着许多棘手的问题,并充分体现在英国历史学家约翰·哈尔(John Hale)说的一句十分精辟的话当中:"战争枝蔓,艺术浓缩。"解决枝蔓问题的可能方法之一,是把注意力集中在某些个人的动作上,并把宏大叙事分解成一些小片断。画家贺拉斯·韦尔内(Horace Vernet)所画的战争,就受到过诗人波德莱尔(Baudelaire)的批评,指责他的战争场面"只不过是一大堆能引起人们兴趣的小佚事"①。

就贺拉斯·韦尔内的那幅画而言,这个评论有失公正,但它确实揭示了这类绘画普遍存在的问题。由于画家很难有机会亲眼观察战斗的情景,何况画家怀有创作英雄形象的强烈愿望,因此倾向于使用现成的形象,例如古典雕像(如图拉真纪念柱和君士坦丁凯旋门上所表现的战争场面)和约翰·哈尔所说的"葡萄干糕点画派"(genre plums)的早期绘画中现有的表现方式。正如哈尔所说的,艺术家"几乎会自动地从视觉套式的糕点中找出他们需要的套式"②。

---

① John R. Hale, *Artists and Warfare in the Renaissance* (New Haven, 1990), p. 137; Peter Paret, *Imagined Battles: Reflections of War in European Art* (Chapel Hill, 1997), pp. 5, 22, 波德莱尔的批评引自第81页。

② Arnold von Salis, *Antike und Renaissance* (Zürich, 1947), pp. 75-88; Hale, *Artists*, p. 191.

如果要找一个例子来说明这种兼具文字和视觉表达的套式,且让我们来看看乔尔乔·瓦萨里(Giorgio Vasari,1511—1574)于1550年首次出版的著作《艺苑名人传》(*Lives of the Artists*)中的一段注解。他描述了列奥纳多·达·芬奇(Leonardo da Vinci)的一幅表现安吉利亚战役的已经佚失的壁画,对其中的一个细部作了评论:"两匹战马的前腿绞在一起,相互用牙齿撕咬,其激烈程度不下于骑在马背上为争夺军旗而战斗的两位勇士。"在这本书出版的前几年,佛罗伦萨的历史学家弗朗西斯科·奎恰迪尼(Francesco Guicciardini,1483—1540)的书中描写了另一次战役,即福尔诺沃战役,其中有一个生动的小片断:"战马互相踢咬,喘着气厮打,不让于战士。"在那个世纪末,诗人托尔夸托·塔索(Torquato Tasso)在他的史诗《被解放的耶路撒冷》(*Jerusalem Delivered*)中也描述了战斗即将开始的场面,用了"每匹战马也做好了搏斗的准备"这样一段话。画家、诗人和历史学家都使用这种套式,说明他们当时的目的是为了尽可能感人地呈现战斗的场面,而不是为了探究各自战役的特征。

战争画也是为了用感人的方式进行宣传,因为它提供了可以把统帅描绘成英雄形象的机会。文艺复兴时期的战争画多半把统帅描绘成身先士卒的形象。之后,随着战争组织发生的变化,战争画开始倾向于把统帅描绘成在取得战斗的胜利后巡视战场的形象,就像安托万-让·格罗斯(Antoine-Jean Gros,1771—1835)的绘画《埃劳战役》(*The Battle of Eylau*)中所表现的拿破仑的那种形象。①

另一类形象,就像描绘路易十四战争的绘画中所表现的一些战斗场面一样,由于是国王下令制作的绘画,表现统帅的形式往往是他们正站在山顶上观察战斗的进展,这时收到了战斗情报,正在下达命令。无论从画面还是从其隐义来说,统帅的地位都高于战斗。对战争的描述已经被描绘军事背景下或全景下的权力者的肖像所取代。②

全景画,即展示在环形建筑物里的绘画,作为绘画的一种类型,出现于18世纪末。战争场面很快成为最流行的全景画,例如罗伯特·巴克尔(Robert Barker,1739—1806)的《阿布基尔战役》(*Battle of Aboukir*,1799),以及他的儿子亨利·阿斯顿·巴克尔(Henry Aston Barker,1774—1856)所画的《滑铁卢战役》(*Battle of Waterloo*)都属于此类全景画。于是,图像终于找到了一种方法,可以使观众体会到战争的复杂性(complexity)——如果还不能使他们体会到战争的混乱(confusion)的话。③

在讨论战争画作为历史证据的价值时必须将它们区别开来对待。有些艺术家表现的是一般性的战争,但也有一些艺术家,比如贺拉斯·韦尔内,即(前一章讨论过的)约瑟夫·

---

① Christopher Prendergast, *Napoleon and History Painting* (Oxford, 1997).
② Matthew P. Lalumia, *Realism and Politics in Victorian Art of the Crimean War* (Epping, 1984), pp. 22, 35; Paret, *Battles*, p. 41.
③ Bernard Comment, *The Panorama* (1993; English trans. London, 1999).

韦尔内的儿子,在着手画瓦尔密战役的场面之前,历尽艰辛寻找那次战役的参加者,与他们交谈,了解他们对那次战役的印象。同样,亨利·巴克尔在动手描绘滑铁卢战役之前也对那场战争进行了详细的研究。

此外,有些艺术家从未有过亲身参加战斗的经历,而有些艺术家,比如瑞士画家尼克劳斯·曼纽埃尔(Niklaus Manuel,约1484—1530)曾经从军。但是,有些艺术家被送往前线,纯粹是为了见证和记录前线发生的事情。佛兰德斯画家扬·韦尔迈因(Jan Vermeyen,约1500—1559)接到命令,命他随同神圣罗马帝国皇帝查理五世远征北非,就是要完成这样的任务,而佛兰德斯的另一位画家亚当·凡·德·缪伦(Adam van der Meulen,1632—1690)则陪同路易十四上过前线。到了19世纪和20世纪,艺术家上前线像战地摄影家一样成为一种常规。

例如在1800年,路易-弗朗索瓦·勒热纳(Louis-François Le Jeune)在意大利北部亲眼目睹了拿破仑击败奥地利人的马伦哥战役,当场用素描记录了他的印象。① 摄影家马修·布拉迪(Mathew Brady)见证了美国内战,以一组照片描述了他所说的"我们民族斗争的图片全史"。布拉迪因此在当时得到了高度评价,甚至有人预言他的摄影照片"将会超过最

---

① Michael Marrinan, *Painting Politics for Louis Philippe* (New Haven and London, 1988), p.187.

详细的文字描述,使那场短暂的战争场面永存人世"。当时还有一个人对布拉迪做了这样的评价:"他之于美利坚合众国的这场战争,相当于凡·德·缪伦之于路易十四战争。"①

此外,法国画家康士坦丁·居伊用可视的方式"报道"了克里米亚战争(1853—1856)。同样,爱德华·阿米塔杰(Edward Armitage)、约瑟夫·克罗(Joseph Crowe)、爱德华·古道尔(Edward Goodall)和威廉·辛普森(William Simpson)等英国艺术家虽然属于漫画家,也被报社、艺术经理人和出版社派往前线,用可视的方式进行报道。② 摄影家罗杰·芬顿(Roger Fenton)也加入了他们的行列。从那以后,每当发生重大的战争都可以看到一支摄影家大军在前线的身影,而近年来的战争中更出现了电视制作组的身影。

只要回顾一下从16世纪到20世纪西方的战争图像,可以看出两个重大的变化。第一个重大变化开始于16世纪,但到17世纪趋于更加明显,那就是从表现"某一场"战役,任意一场战役,转向对某个独特事件的关注,例如白山战役或滑铁卢战役,尤其是关注其中具体的战略和战术。这一转变从某个方面来说是对可视记录的兴趣大为增长的结果。这种兴趣的增长表现为各种类型图像的出现,从描绘庄稼到其他文化

---

① Alan Trachtenberg, *Reading American Photographs: Images as History*, *Mathew Brady to Walker Evans* (New York, 1989), p.72.
② Lalumia, *Realism*, pp.54-55, 69, 107. 该书过分强调了克里米亚战争在这一发展趋势中的作用。

的日常生活的素描等。

这一变化与战争艺术的变化,即所谓的"军事革命"也有一定的关系。自从发明了方阵之后,战斗不再是一场单打独斗,而是集体的行动,一组又一组的士兵像一个人一样前进、冲锋和开火。与军事艺术的发展同步,绘画的新趋势着重表现的场面使得人们可以把它当作图解来解读,而它们也确实受到了战术书籍上所刊印的图解的影响。① 这一"风格"的变化还可以从另一个角度来加以描述,那就是用"冷"画像取代或补充"热"画像。后者指带有观察者的情感,而前者以提供信息为目的。

新风格的战争画带来的好处是增强了易读性,但绝不能将它写实主义的优点等同起来。的确,为了增强易读性可能要牺牲写实主义的风格,因为它有意地避免描述战争的混乱和"枝蔓"的实际场面。可视叙事史的套式变化使某类信息更容易传达,但必须以牺牲其他类型的信息为代价,而这类信息的可视性比过去更弱。画面上出现的是被认为发生过的事情,而不是实际上发生的事情。因此,这里再一次提醒历史学家,需要提高警惕,绝不能将图像等同于他们试图描述的事实。

西方战争画的第二个重大变化是从英雄主义的表达方式

---

① Charles C. Oman, 'Early Military Pictures', *Archaeological Journal* XCV (1938), pp. 337-354, at p. 347; Olle Cederlöf, 'The Battle Painting as a Historical Source', *Revue Internationale d'Histoire Militaire* XXVI (1967), pp. 119-144.

转变为"唯实主义"或反英雄主义的表达方式。准确地说,这一变化并不是从克里米亚战争才真正开始,因为这两种表达方式在此前的若干个世纪里已经共存于不同的环境之下。例如,早在 17 世纪中叶的那不勒斯就已经出现了"没有英雄的战争画面"。对于这一变化,我们至多只能说是对斯蒂芬·克雷恩(Stephen Crane,1871—1900)所说的"一代又一代战争画所做的浪漫式的歪曲"渐生的反感。克雷恩是美国作家兼摄影家,因在《红色的勇敢奖章》一书中以反英雄主义的方式描述战争而著名。①

艺术家有时也用一种可视的生动细节描绘即将失败的一方在对方的进攻面前进行殊死抵抗,以表现战争的恐怖。在雅克·卡洛(Jacques Callot,约 1592—1635)和弗朗西斯科·德·戈雅等人的铜版画中,我们都可以看到这样的场面。1633 年,卡洛发表了系列铜版画《战争的灾难和不幸》(*Les misères et les malheurs de la guerre*)。这位艺术家表现了女修道院被毁,农舍遭抢劫,村庄被焚烧,胡作非为的士兵被行刑队处以绞刑、火刑和车刑的场面。

1800 年以后,这样的恐怖融入了战争画的场面,最著名的例子是《埃劳战役》中普鲁士掷弹兵临死的特写画面,表现美国内战中葛底斯堡战役的名为《死神丰收:1863 年 7 月的

---

① Fritz Saxl, 'A Battle Scene without a Hero', *Journal of the Warburg and Courtauld Institutes* III (1939-1940), pp. 70-87; 斯蒂芬·克雷恩的话引自 C. Walcutt, *American Naturalism* (London, 1956) p.89.

葛底斯堡》的著名照片(图4),还有英国艺术家亲眼目睹了克里米亚战争真实场面而做的描绘。有些艺术家依然保留着英雄主义的表现风格,但也有一些艺术家以反英雄主义的态度着重表现普通士兵、伤残者和被俘的将军。①

英雄主义的风格一直延续下来,并反映在第二次世界大战的一些场景中,例如在英国军官团或苏联政府委托完成的一些绘画中。不过,进入20世纪以后,大多数表现战争的艺术家和摄影家开始选择另一种风格来表达平民文化以及民主或大众文化的价值观,越来越多地用自下而上的角度观察战争。约翰·萨金特(John Sargent)的《中毒气者》(Gassed, 1919)展现了普通士兵的悲剧,与罗伯特·卡帕表现西班牙共和军士兵的著名摄影非常相似(见第一章,图5)。黄崇武(Hung Cong Ut)的一幅同样著名的摄影《汽油弹袭击》(Napalm Attack)表现了一群越南儿童,其中一个儿童一丝不挂,正在公路上一边奔跑一边大哭的景象,体现了战争给平民带来的恶果(图77)。②

使用这些画像作为证据的历史学家将面临通常遇到的那些问题。例如本书在前面已经讨论过的制作军事或其他方面照片的问题(见第一章)。在英雄主义风格的战争绘画中,资助人往往是亲王或将军,他们施加的压力固然需要牢记,但在

---

① Lalumia, *Realism*, pp. 67, 71.
② Caroline Brothers, *War and Photography: Cultural History* (London, 1997), pp. 175-185.

图77 《汽油弹袭击》,摄影黄崇武摄,1972年。

反英雄主义的摄影中,历史学家也不应忘记关心"与人类的利益休戚相关"的故事的报纸编辑和电视台施加的压力。尽管如此,图像往往揭示了口头报道所遗漏的重要细节。它们让处于不同时空的观众对不同时代的战争场面产生亲历之感,它们以生动的方式证明了人们对待战争的态度所发生的变化。

连环画像

把故事转变为场景而产生的问题可以通过展示表现同一事件的两张以上的图像来加以解决。克拉纳奇和贺加斯使用的是对比法,例如前者对啤酒街和金酒巷的对比(见第三章),后者对勤劳和懒惰的学徒的对比。这种方法可以用来描绘"过去"和"后来"。这种后来在广告中常用的方法和技术早在1789年已经被用来说明法国革命产生的后果。在一幅无名氏创作的对比画像中,第一幅表现农民在教士和贵族的重压下举步维艰地前行,而第二幅表现农民骑在他们的背上,并宣告他早就知道有出头的一天。(同样值得注意的是,在前面讨论过的纪念章中,使用题词文字来指导如何解读政治性的印刷品。)这种对比画需要用两极对立的方式来进行结构分析,尽管它同样有力地说明,这些印刷品的存在意味着结构主义早已有之,并不是什么新鲜东西(见第十章)。

在尼德兰革命期间和法国宗教战争期间,描绘事件的政治图片变得稍微复杂一些。例如,为了说明法国国王路易三世下令暗杀强大的吉斯(Guises)家族的"残暴和野蛮",画家把故事分解成八张画面,其中有两张是特写,吉斯兄弟的尸体上插着匕首和短戟。这类画让作为历史学家的观众意识到需要考虑当时普通民众的情感,当时的宣传小册子的语言也使用了"表达仇恨的用语",从而揭示了那场冲突中的一些重要内容。①

如果要举出例子来说明更复杂的以画叙事的方法,我们可以看看描绘某次战争或某个王朝不同阶段的连环画像。例如,卡洛在 1628 年发表了六张铜版画,叙述西班牙围攻尼德兰布雷达的整个过程,1631 年他又发表了六张铜版画,叙述法国国王路易十三的军队围攻新教城市拉罗什尔。

为宣传的目的而制作的画像往往采用连环画的形式。例如,扬·韦尔迈因用挂毯连环画的设计来表现神圣罗马帝国皇帝查理五世在北非发动的战争,用一组画面描述了这位皇帝在巴塞罗那召集军队,攻陷拉戈列塔城堡,进攻突尼斯和解救 2 万名基督教俘虏等事件。还有一组挂毯连环画像用同样的方式庆祝路易十四取得的一系列胜利。这组挂毯连环画在当时被称作"国王本事"(*L'Histoire du roi*)(路易十四的敌人英国人和荷兰人也委托画家制作了内容相反的挂毯连环画,描述马尔波罗公爵取得的胜利)。为了赞美路易十四的统治业绩,法国颁发了 300 多枚带有浮雕的纪念章,收集在一本以王朝"金属史"(metallic history)为书名的书中,因为法国政府希望人们用这样的方式认识和牢记这些事件。②

---

① Kunzle, *Comic Strip*; Sydney Anglo, 'A Rhetoric of Hate', in Keith Cameron, ed., *Montaigne and his Age* (Exeter, 1981), pp. 1-13.

② Hendrik J. Horn, *Jan Cornelisz Vermeyen: Painter of Charles V and his Conquest of Tunis* (2 vols., Doornspijk 1989); Burke, *Fabrication*, p. 97.

叙事条幅画

从连环画到连环条幅画只有一步之遥,就像尼尼微的叙利亚浮雕,帕特农神庙的中楣和环绕在罗马图拉真纪念柱上的游行队伍的浮雕,这些浮雕叙述了罗马人与大夏人进行的战争(101—106)。文艺复兴以后,图拉真纪念柱上的雕塑不仅被用作战争史的史料,而且在 16 世纪被人们用来研究罗马军队的服装和装备,游行在政治和宗教生活中的重要作用,雕刻艺术的发展史,从而推动了印刷条幅画的大批量生产,用来叙述查理五世为加冕而来到博洛尼亚(1530 年),以及在重大节日期间威尼斯总督参加街头游行等事件。以皇帝查理五世进入博洛尼亚城的条幅画为例,当观众看到画面上的解说词时,就像听到了过路的行人发出"万岁"的呐喊声。

这样的条幅画有的是印刷品,有的是雕刻,例如 1511 年的大比武画卷,对于重现所发生的事情极为有用,虽然不能肯定它们是对当时发生的事情所做的完整记录还是摘要的记录。它们还有一个更重要的用途,那就是可以重现本应发生但实际上并没有发生的事情,因为礼仪的实际过程不可能完全符合原定的计划。在这里,如同其他类型的绘画一样,不应当忘记图像记录中带有理想化的因素。例如,查理五世加冕的浮雕就是其伯母奥地利的玛格丽特委托制作的。博洛尼亚是教皇国的城市,皇帝和教皇的随从人员在画中占有相当重要的地位,说明当时正在进行谈判。这些浮雕给人的印象是皇帝主宰着游行的仪式,但是,如果对这样一些描绘有争议事件的图像"偏看偏信",至少可以说有些轻率。①

贝叶挂毯

特别重要的一幅条幅叙事画是 70 米长的贝叶挂毯。它提供的证据往往被历史学家用来讨论发生在英国的诺曼征服以及导致它的一些事件。例如,现代人对黑斯廷斯战役的叙述一般描述为英国国王哈罗德因眼睛中箭而阵亡。这一细节首先来自贝叶挂毯的画面而不是来自文字史料的描述(图78)。我们在画中可以看到一名勇士正从眼中拔箭,上面写着一行字:HIC HAROLD REX INTERFECTUS EST(国王哈罗德阵亡于此地)。这个故事最早的文字表述出现在 1100 年出版的一本书中,但书中的描写可能因解读这幅画而得到了启发。这是一幅用于纪念的画像,正如不久以前的一位评论者所指出的,甚至连题词都"渗透着诺曼人的咄咄逼人的矛和箭的攻击"。这个场面虽然有题词,但意思仍不完全清楚。有些学者指出,画中表现的那个人根本不是哈罗德,将死的哈罗德是勇士右边躺在地上的那个人。或者,这两个人物都有

---

① Sydne Anglo, ed., *The Great Tournament Roll of Westminster* (Oxford, 1968), especially. pp. 75-79; Jean Jacquot, ed., *Fêtes et Cérémonies au temps de Charle Quint* (Paris, 1960).

图 78　《国王哈罗德在黑斯廷斯战役中阵亡》
贝叶挂毯,约 1100 年,现藏贝叶挂毯博物馆。

可能是哈罗德,因为他的兄弟列奥芬(Leofwine)和吉尔思(Gyrth)的死也重复地表现在同一张画面上。这类双重画(double images)是当时常用的叙事手法,用来表示时间的流逝,两个"情节"所表现的是同一个故事中的两个不同的时刻。

　　贝叶挂毯所提供的证据当然不能从表面价值上加以接受。例如,正如我们所看到的,用画像讲故事不得不使用套式。套式的功能是帮叙事者和观众省事,让某些动作更容易辨认,但为此付出的代价是丢失了某些特征。此外,解读这类画像也必须将叙事放在具体的背景下。换言之,像通常的情况一样,历史学家必须问,是谁用这种方式给谁讲故事,这样做的意图是什么。

贝叶挂毯在英格兰织成,但制作这个挂毯的命令可能来自诺曼底。按照传统的说法,贝叶挂毯是根据征服者威廉的兄弟——贝叶主教奥多(Odo of Bayeux)的委托织成的。在贝叶挂毯的叙事中奥多占有突出的地位,因而支持了这一说法。在表现哈罗德向威廉派遣使节的画面中,"高峰"是他在圣址宣誓效忠的著名故事。这种手法被称作"精心的设计",用以表现威廉至高无上的权力以及哈罗德对他的附从。我们从中看到的是一篇"哈罗德因作伪誓而遭到报应的伦理故事"。换句话说,虽然挂毯是用英国的针线绣成的,但作为一个重大事例,证明了历史是胜利者所写的。[1]

作为证据的影片

更为流畅的叙事方法能产生更大的"事实效应"或"对事实的想象",对此,我们可以转而讨论影片,例如当时摄制的有关布尔战争和第一次世界大战的影片以及20世纪前十年到50年代兴盛起来的新闻影片。到了20世纪50年代,电视开始取代电影的功能,成为日常之需。影片作为史料,它的潜力像摄影照片一样,很早以前就被认识到了。例如,荷兰科学

---

[1] C. H. Gibbs-Smith, 'The Death of Harold', *History Today* (1960), pp. 188-191, cf. Suzanne Lewis, *The Rhetoric of Power in the Bayeux Tapestry* (Cambridge, 1999), pp. 127-128; Frank Stenton 'The Historical Background', in F. Stenton ed., *The Bayeux Tapestry: A Comprehensive Survey* (London, 1957), pp. 9-24; Pacht, *Narrative*, p. 9.

院在 1920 年曾询问约翰·赫伊津哈,请他就建立纪录影片档案馆计划的价值提供意见。赫伊津哈虽然也用视觉手段进行过历史研究(见导论),却反对这项计划,理由是影片不可能对增进历史知识起到真正的推动作用,因为影片所展示的画像要么并不重要,要么早已为人所知。①

要推翻赫伊津哈的否定意见,最好的方法是举出具体的事例来反驳。英国帝国战争博物馆的一名档案学家对关于 1916 年 4 月,都柏林复活节起义的一部影片进行评论,他说:"人们可以亲眼看到损害达到了何等程度,看到军队的行为和装备,甚至可以看到都柏林平民的态度。"英国的新闻纪录片一直被用作研究西班牙内战的史料。1945 年 4 月英国军队于贝尔森制作的影片在纽伦堡审判中被当作证据使用。当有人否认纳粹德国屠杀犹太人的事实时,影片所提供的证词唤起了人们对那场灾难的回忆。

此外,既然录音磁带记录的口述史都应认真地当作史料来对待,那么,如果不认真对待录像带,就显得有些奇怪了。就像 20 世纪 60 年代马塞尔·奥菲尔斯(Marcel Ophuls)收集的第二次世界大战期间在克莱蒙-费朗发生的合作和抵抗的证词,其中有一部分用进了他导演的影片《悲哀与怜悯》(*Le chagrin et la pitié*,1971)。至于社会史,人类学影片的例子表

---

① Christoph Strupp, *Johan Huizinga: Geschichtswissenschaft als Kulturgeschichte* (Göttingen, 1999), p.249.

明了20世纪初以来这种新的传媒工具如何被用来记录社会习俗。例如,弗朗茨·博阿斯(Franz Boas)在20世纪30年代用影片记录了夸扣特尔人(the Kwakiutl)的舞蹈。几年以后,格雷戈里·贝特森(Gregory Bateson)和玛格利特·米德(Margaret Mead)把巴厘人(the Balinese)的生活拍成影片。人种学影片的著名制作人罗伯特·加德纳(Robert Gardner)声称,他们提供了"直接的和不容置疑的一类证据,是瞬间捕捉到的事实,不会因为看法、记忆或语义解释上的错误而导致歪曲"[1]。

  这里又一次遇到了如何评估这种类型的证据的价值问题,如何形成一种史料考证的方法,应既考虑到这种媒体的特征,又考虑到电影的语言。在考证其他类型的史料时,历史学家必须面对史料作者的问题。某部影片或影片中的某个画面是直接从生活中拍摄的,还是在摄影棚里用演员或模型(例如焚烧的大楼)制作的? 即使是在现场拍摄的电影,用作证据时也不可能完全可信。例如,出于技术的原因,弗朗茨·博阿斯不得不在白天拍摄夸扣特尔人在晚上跳的舞蹈。因此,我们在纪录片中所看到的并不是典型的舞蹈,而是一种特殊的"指令表演"。

---

[1] Christopher H. Roads, 'Film as Historical Evidence', *Journal of the Society of Archivists* III (1965-1969), pp. 183-191, at p. 187; Anthony Aldgate, *Cinema and History: British Newsreels and the Spanish Civil War* (London, 1979), especially pp. 1-16; Jay Ruby, *Picturing Culture: Explorations of Film and Anthropology* (Chicago, 2000), p. 97.

把影片当作证据使用的时候,还要弄清它们在哪些地方做过剪辑。这是一个特别重要的问题。由于有了蒙太奇手法,导演可以轻而易举地把不同地点和不同事件中的画面串联在一起。有时,这样做可能是为了有意误导观众,造成一种印象,例如让观众以为克虏伯军工厂的老板是德国皇帝的朋友。相反,电影的剪辑也有可能出自善意。罗伯特所拍摄的新几内亚的德尼人(the Dani)在仪式上表演的战争给人造成的印象,是他记录的一次真实的战斗。但是,尽管他自豪地声称这是"瞬时捕捉的事实",实际上却把不同的战斗镜头编辑在一起,合成一场复合的战役。即使影片是真实的,也就是说它是用现场拍摄的镜头合成的,但问题依然存在。例如,在20世纪初,快速的运动无法被拍摄下来,因此,英国陆军部拍摄的有关索姆河战役的电影使用了"以前"和"以后"拍摄的画面来代替这些动作。[①]

在战争影片中,准确地表现地点是个非常关键的问题。影片向观众展示的画面究竟是前线还是后方发生的事情?摄影组的行动是否受到限制?至于影片的画面本身,聚焦、光线和画面结构的使用,往往会为了强调拍摄对象的某些特征而割舍其他特征。

[①] Ruby, *Picturing Culture*, pp.97-100; William Hughes, 'The Evaluation of Film as Evidence', in Paul Smith, ed., *The Historian and Film* (London, 1976), pp.49-79; Nicholas Pronay, 'The Newsreels: The Illusion of Actuality', in Smith, *Historian and Film*, pp.95-119; Paret, *Battles* p.84.

对影片还有另一种后期加工，就是在暗室里进行取舍和制作。电影导演像记者和历史学家一样，也要编辑和修改他们的"文本"，选取某些画面，舍弃另一些画面。以贝叶挂毯为例，符合套式的元素往往被选中，因为这样做可以让观众更容易弄懂故事的内容。电影导演也有可能屈服于来自外部的压力，无论这些压力的表现形式是新闻检察官的政治压力，还是票房的经济压力。

从某个方面来看，电影这种媒体本身带有偏向，也就是说，它很适于表现事件的表面，而无法表现事件的决策过程。不管怎么说，电影制作人对事件都会有自己的观点。这里以莱妮·里芬斯塔尔导演的电影《意志的胜利》(*Triumph of the Will*, 1935)为例。这部影片表现了 1934 年在纽伦堡举行的群众集会。里芬斯塔尔声称她只做记录，但影片的解说词却带有十分明显的倾向。这位导演是希特勒的拥护者，使用了各种视觉手段(见第四章)来表现这位领袖的英雄形象。在下面一章里，我们将进一步探讨画像的制作者在解释过去时所持有的观念。

第九章 从见证人到历史学家

> 我想要完成的任务首先是让你们看得见。
>
> ——D. W. 格里菲斯

> 电影应当成为写作历史的手段之一,或许,它比其他的手段更有价值。
>
> ——罗伯托·罗塞利尼

在前面一章,我们思考了如何将可视叙事用作历史证据,让它成为历史学家写作时使用的史料或资源的问题。不过,(正如前面引用的电影导演罗伯托·罗塞利尼[Rober to Rossellini]在提到的那次采访中说的),还有一些可视叙事本身就可以当作历史来对待,因为它们通过图像以及用不同的方式解释图像,从而重现了过去。在下面的讨论中,本书将从这个角度出发,对两类图像进行思考,一类是历史绘画,一类是历史影片。

作为历史学家的画家

虽然用图像来表现历史事件有着悠久的传统,但正如我们所看到的,在法国革命到第一次世界大战之间,西方的画家们才开始对用画面准确地重现过去产生出特别强烈的兴趣。① 这种相对严格意义上的历史绘画兴起的时间与历史小说兴起的时间恰好吻合。这里所说的是指用瓦尔特·司各特爵士(Sir Walter Scott,1771—1832)和亚历山德罗·曼佐尼的方式写的那类历史小说。它们构成了一种文学种类,小说的作者不仅叙述了以过去为背景的故事,而且试图唤起人们对生活在那个时代的人的精神状态的回忆,并加以描述。

正如一些艺术家所承认的,对这类历史绘画有必要进行全面的研究。例如,拉斐尔前派画家威廉·霍尔曼·亨特(William Holman Hunt,1827—1910)为了赋予他所创作的圣经画的场景以恰如其分的"地方色彩",在19世纪50年代曾经专程前往巴勒斯坦。有些画家选择了军事题材,这在19世纪尤为普遍。他们有时对所画的军人制服和装备进行仔细的研究,其中包括擅长画拿破仑时代军事题材的法国画家恩斯特·梅索尼埃(Ernest Meissonier,1815—1891),他毕其一生

---

① Peter Paret, *Imagined Battle: Reflections of War in European Art* (Chapel Hill 1997), p.65.

的精力去反映腓特烈大帝时代的德国画家阿道夫·门采尔（Adolph Menzel,1815—1905），以及创作了塞瓦斯托波尔战役和波诺弟诺战役全景画的德国画家弗伦茨·鲁博（Franz Roubaud,1856—1928）。①

将这些画家视为历史学家，一点也不过分。他们认真地研读过职业历史学家的著作。进入19世纪以后，在各所大学里，职业历史学家的人数越来越多，但这些画家也用自己的方式为解释过去做出了贡献。这些画家所表现的历史通常为国别史，并受到民族主义的驱动，例如梅索尼埃的绘画表现了法国取得的一个又一个胜利（但偶尔也表现他们光荣的失败），门采尔则表现德国取得的胜利。瑞士画家古斯塔夫·塞德斯特伦（Gustaf Cederström, 1845—1933）和卡尔·赫尔奎斯特（Carl Hellqvist,1851—1890）表现了两位著名的瑞士君主查理十二世和古斯塔夫·阿道夫的生活和死亡的场面。波兰画家扬·马泰伊科（Jan Matejko,1838—1893）表现了波兰历史上一些最著名的场面，其中包括对16世纪的著名宫廷小丑斯坦奇克（Stanczyk）的描绘，这幅画不仅仅是在展现过去的场景，而且也是在对历史进行解释。当宫廷里的其他人都为与莫斯科公国开战——这是一场波兰可能注定会失败的战争——而欣喜若狂时，带有马泰伊科本人特征的斯坦奇克

---

① Paret, *Battles*, p. 85; Bernard Comment, *The Panorama* (1993: English trans. London, 1999), pp. 232-240.

忧郁地坐在角落里,因为只有他准确地预见了那场战争的结果。

　　这些对过去提供解释的绘画有两个共同特点,需要在这里强调说明。第一个特点是,它暗中含有过去和现在的对比。例如,1831年,法国画家保罗·德拉罗什(Paul Delaroche,1707—1856)在法国沙龙上展出了一幅画,把克伦威尔与查理一世的尸体并列在一起。这是影射法国的历史,显然是把路易十六比作查理一世。但是,考虑到英国和法国历史的差异,画中的克伦威尔究竟影射什么人,却成了一个谜:是当时一些人所想的把他比作拿破仑吗?还是像弗朗西斯·哈斯克尔所指出的,是把他比作革命以后的法国国王路易·菲利普?①19世纪历史绘画的第二个特点是逐渐转向社会史,或转向政治史中的社会方面。戴维·维尔基的最著名的一幅绘画,没有选择直接表现滑铁卢战役,而是表现切尔西的一名退休老人在得到那场战役胜利的消息时欣喜若狂的神态。据称,这幅画体现了"历史绘画与通俗画的结合",从而更容易被大众接受。②

---

　　① Francis Haskell, 'The Manufacture of the Past in Nineteenth-Century Painting', *Past and Present* LIII (1971), pp.109-120, at pp.111-112.
　　② Edward D. H. Johnson, *Paintings of the British Social Scene from Hogarth to Sickert* (London, 1986), p.152.

作为历史解释的影片

早在 1916 年,在英国就出版了《作为历史学家的摄影机》(*The Camera as Historian*)一书。[①] 既然握摄影机的手以及指挥手的眼睛和大脑很重要,那么将电影制作人称作历史学家有何不可?这里的"电影制作人"应当用复数名词来表达,因为影片是演员和摄影师在导演的指导下合作的结果,更不用说还有电影剧本的作者和小说作者,因为电影剧本往往是根据小说改编的。通过文学和摄影机的双重过滤,观众才能看到这些历史事件。此外,电影是图像文本(iconotexts),通过展现文字来帮助或影响观众对画面的解释。在这些图像文本中,最重要的是影片名,它可以影响观众观看电影画面之前的预想和期望。最突出的例子是《一个国家的诞生》(*Birth of a Nation*,1915)。这是一部关于美国内战的著名影片。在放映过程中,银幕上出现了一句话,"南方经历了磨难以后,一个国家才得以诞生",从而增强了观众对影片名的理解。

电影的魅力在于它会让观众产生亲眼目击事件的感受。但这也正是电影这种媒体的危险之处,因为这种目击者的感受实际上只是一种错觉,就像前面提到的快照一样。导演给

[①] H. D. Gower, L. Stanley Jast and W. W. Topley, *The Camera as Historian* (London, 1916).

了观众这样的经历,自己却隐在幕后,观众见不到他。导演不仅关心实际发生的事情,还要考虑如何用艺术家特有的方式讲述故事才能赢得众多的观众。"文献纪录片"(docudrama)是个比较复杂的术语,表明了戏剧的观念与文献的观念之间存在的一种紧张关系,也表明了没有高潮和永无结论的过去与导演的需要之间存在着的紧张关系,因为电影导演像作家和画家一样,都需要表现形式。①

关键在于,用影片呈现的历史如绘画中的历史和文字写就的历史一样,也属于解释的行为。例如,把 D. W. 格里菲斯(D. W. Griffith,1875—1948)导演的影片《一个国家的诞生》同《飘》(*Gone with the Wind*,1939)放在一起比较,就可以看到,尽管这两部影片都是用南方白人的观点来表现美国内战和接踵而至的南方重建的时代,但它们使用了不同的方法看待这些事件。格里菲斯来自肯塔基,他的影片是根据一位名叫托马斯·迪克逊(Thomas Dixon)的南方人写的小说《族人》改编的;迪克逊是一名新教的教士,自称为反对"黑色危险"的圣战者。②

罗伯特·安利可(Robert Enrico)和理查德·海弗朗

---

① David Herlihy, 'Am I a Camera?', *American Historical Review* XCIII (1988), pp. 1186-1192; Robert A. Rosenstone, 'History in Images/History in Words' (1988: reprinted in Rosenstone, *Visions of the Past*, Cambridge, MA., 1995), pp. 19-44; Hayden V. White, 'Historiography and Historiophoty', *American Historical Review* XCIII (1988), pp. 1193-1199.

② Cf. Michael Rogin, '"The Sword Became a Flashing Vision": D. W. Griffith's *The Birth of a Nation*', *Representations* IX (1985), pp. 150-195.

（Richard Heffron）导演的影片《法国革命》(*La Révolution française*,1989)与安杰伊·瓦伊达(Andrzej Wajda)导演的《丹东》(*Danton*,1982)在对待法国革命的观点上截然相反。前者用光辉的画面歌颂法国革命,是法国革命二百周年庆祝活动的一个组成部分;而后者从悲观主义的角度重新思考卡莱尔(Carlyle)所说的名言:革命"吞食了自己的孩子",为争夺权力而牺牲了理想。他决定这部影片从大恐怖而不是从具有积极意义的革命早期阶段开始,十分清楚地说明了他的解释来自何种动力。

如果把E.H.卡尔的话变一种说法(见导论),可以这样说,在研究一部影片之前你应当先研究它的导演。瓦伊达是波兰人,从他1945年开拍的《灰烬和钻石》(*Ashes and Diamond*,1958)到表现战后波兰的斯达汉诺夫工作者的《大理石人》(*Man of Marble*,1977)等影片,他长期以来一直在用影片评论时事。他导演的历史影片像前面讨论过的德拉罗什和其他艺术家的历史绘画一样,可以解释为对当代的间接评论。在他导演的电影《丹东》里面,秘密警察的角色,大清洗以及装模作样的审判都把他的讽刺意图清楚地表现出来了。影片里面甚至还提到有人为了政治的原因而改写历史,其中有一个镜头显示画家大卫把后来变得无关紧要的革命者法布尔(Fabre),从他纪念大革命的壁画作品中抹去。

历史影片都是对历史的解释,无论是通常情况下由职业导演执导的影片,还是由安东尼·阿尔杰特(Anthony Aldgate)等职业历史学家制作的影片,概莫能外。阿尔杰特为爱丁堡大学导演过一部关于西班牙内战的影片,由约翰·格伦维尔(John Grenville)和尼古拉斯·普罗奈(Nicholas Pronay)等人组成的里兹大学摄影组也制作了一部名为《慕尼黑危机》(*The Munich Crisis*,1968)的影片。① 历史影片理想的制作者需要同时胜任两种实际上互不相容的角色,就像柏拉图所说的哲学家加君主一样。然而,尽管存在着这样一些问题,用影片表达的历史提供了一种吸引人的解决办法,可以妥善地处理我们在前面已经遇到过的把画像转化为文字的问题(见第 34 页)。美国批评家海登·怀特(Hayden White)所主张的"影视史学"(historiophoty),即"用视觉形象和影视化的话语表达的历史以及我们对它的思考"是对"史学"(historiography)的补充。②

当然,正如我们所看到的,许多历史学家一直把图像看作文本的辅助手段,而且,他们从来都没有忽视过图像的作用。现在能否更认真地对待图像所提供的证词,以便让历史学家有机会把图像本身作为证据呢？一些迹象表明,这样的可能确实存在,其中包括在历史学杂志上刊登影评。1988 年,《美国历史评论》(*American Historical Review*)组织了一次关于历

---

① Anthony Aldgate, *Camera and History: British Newsreels and the Spanish Civil War* (London, 1979); John Grenville, 'The Historian as Film-Maker', in Paul Smith, ed., *The Historian and Film* (London, 1976), pp.132-141.

② White, 'Historiography'.

史学与电影的讨论,其中刊登的一些文章本书已经提到。1998年,《美国历史学杂志》(Journal of American History)在常设栏目"电影评论"刊登了对斯蒂芬·斯皮尔伯格(Stephen Spielberg)的两部影片,即《勇者无惧》(Amistad)和《拯救大兵瑞恩》(Saving Private Ryan)的影评。有两位评论者对斯皮尔伯格的画面所产生的力量表示惊叹,但也指出了他在表达上的两个失误,一个是历史人物身上的失误,另一个是表现美国军队时的失误,把他们表现为"无视纪律"和"畏缩不前"的士兵。①

影片可以用画面来表现过去,也可以通过表面和空间来概括过去的时代精神,这种潜力十分明显。但是,像历史小说一样,问题在于这种潜力是否被加以利用,取得了多大的成功。要说明这个关系,我们可以把以较早的历史时期——比如相当于瓦尔特·司各特的历史小说《艾凡赫》(Ivanhoe)的写作时期为背景的影片,与较近的历史时期——比如相当于他的历史小说《威弗利》(Waverley)的写作时期为背景的影片做一番比较。把以较近的时期为背景的影片当作历史来看待时,特别是涉及时代的风格时一般说来比较准确一些。例如,在卢基诺·维斯康蒂(Luchino Visconti)执导的影片《豹》

---

① Herlihy, 'Camera'; Rosenstone, 'History'; White, 'Historiography'; Bertram Wyatt-Brown and Lawrence H. Suid, *Journal of American History* LXXXV (1998), pp. 1174-1176 (*Amistad*) and 1185-1186 (*Ryan*). 关于影片《勇者无惧》,参阅 Natalie Z. Davis, *Slaves on Screen: Film and Historical Vision* (Toronto, 2000), pp. 69-93。

(*The Leopard*,1963)中,五光十色的镜头重现了巴勒摩人追求时髦服装的场面,勾起了观众对19世纪上层阶级物质文化的回忆。在马丁·斯科塞斯(Martin Scorsese)的影片《纯真年代》(*The Age of Innocence*,1993)中,一些镜头反映了时髦的纽约;BBC电影公司摄制的《傲慢与偏见》(*Pride and Prejudice*,1995),逼真地表现了地方绅士;费德里科·费里尼(Federico Fellini)的《罗马》(*Roma*,1972),则比较如实地表现了20世纪30年代的工人阶级。

相反,在反映18世纪以前的历史时期的影片中,能够认真再现过去的比较少见,那些反映外国过去的物质文化、社会组织和集体心态的影片尤其少——它们都与我们现在的物质文化、社会组织和集体心态有很大的差距。历史学家在观看以1700年以前的时代为背景的影片时,几乎都会发现其中出现了背景、姿态、语言和思想上的时代错置,并对此感到不满。

有些时代错置可能是必要的,因为这是让现代人得以直接理解过去的一种手段,也有一些时代错置可能是故意的,类似于前面讨论过的历史绘画的方式将较远的事件与较近的事件进行对比的方法。谢尔盖·埃森斯坦(Sergei Eisenstein)执导的影片《伊凡雷帝》(*Ivan the Terrible*)第二集(1946年拍摄,但到1958年非斯大林化的时代才公映)就属此例。同样,即使是在最优秀的历史影片中也可以发现,由于粗枝大叶或者由于没有认识到态度和价值观会随着时代的推移而发生变化所造成的时代错置。

有些影片虽然以前几个世纪为背景,却幸免了以上这类批评。例如,凯文·布朗洛(Kevin Brownlow)导演的影片《温斯坦莱》(*Winstanley*,1975)再现了英国内战时期的掘地派。布朗洛的这部影片的情节以历史学家戴维·考特(David Caute)写的小说《雅各布同志》为脚本,正像他说的那样,要拍出一部"以事实为依据"的影片,因此认真地阅读过当时的一些传单,并向著名历史学家克里斯托弗·希尔(Christopher Hill)咨询各种不同的历史观点,甚至从伦敦塔里借来了当时用过的盔甲。①

日本电影导演黑泽明执导的一些影片主要以19世纪末现代化以前的日本为背景,但同样提供了对过去的严谨的解释。黑泽明带有一位批评家所说的"前现代日本的强烈感情"以及对"武士世界的特殊情结",年轻时曾研习过传统的剑术。日本的武士影片大多数以德川时期(1600—1868)为背景。在那个和平时代,武士主要发挥行政管理而不是军事的功能,但黑泽明所表现的更多的是他们的战斗。他说:"我认为,拍摄有关16世纪内战影片的,只有我一家而已。"

例如,在《七武士》(*Seven Samurai*,1954)和《战国英豪》(*Hidden Fortress*,1958)两部影片中,黑泽明逼真地传达了德

---

① John C. Tibbetts, 'Kevin Brownlow's Historical Films', *Historical Journal of Film Radio and TV* XX(2000), pp. 227-251.

川幕府统一日本以前,人们对不安全和混乱的感受。他用生动而系统的画面表现了理想武士的技能和素质,他们的内功(calm concentration)主要源于佛教的禅宗。不过,黑泽明也表现了新的火药技术如何造成了传统武士阶层的没落并推动了从封建制度向现代性的转变。他在这两部影片中,正如他的所有作品一样,向观众提供了他对日本历史的解释。①

罗塞利尼的影片《路易十四》

罗伯托·罗塞利尼执导的影片《路易十四的登基》(*La prise de pouvoir de Louis XIV*, 1966)也是一次试图再现古代感情的尝试。罗塞利尼这部影片以法国历史学家菲利普·埃尔朗热(Philippe Erlanger)1965 年出版的路易十四的传记为脚本,他还聘请埃尔朗热担任历史顾问。他阅读过那个时代的一些著作,其中包括在影片的镜头中所展示的路易十四曾经读过的拉·罗什福柯(La Rochefoucauld)的箴言录,圣西门公爵(Duke of Saint-Simon)的回忆录。这部回忆录描述的宫廷礼仪生动地表现在影片中。《路易十四》的制作可以说遵循了"目击风格",例如拒绝使用蒙太奇的手法,选用非专业演员担任主角。影片还有效地利用了 17 世纪的画像所提供的

---

① David Desser, *The Samurai Films of Akira Kurosawa* (Ann Arbor, 1983); Stephen Prince, *The Warrior's Camera: The Cinema of Akira Kurosawa* (Princeton, 1991), pp. 200-249, especially pp. 202-205.

证据,特别是当时的人物画像,虽然这位导演表现红衣主教马扎然(Mazarin)死于病榻的场景显然是依据保罗·德拉罗什的绘画,而德拉罗什却是19世纪的画家。①

这部影片是罗塞利尼一生事业的转折点。他从此决定把历史影片用作平民教育的手段,帮助民众通过过去来理解现在。继拍摄《铁器时代》(*The Age of Iron*)以后,他陆续拍摄了有关笛卡尔、帕斯卡、苏格拉底、耶稣的十二使徒和奥古斯丁的影片,还有《科西莫·德·美第奇时代》(*The Age of Cosimo de' Medici*)。这里仍以《路易十四》为例,导演使用了传统的方法,表现一位陌生人走进法国的宫廷以后,对他所看到的和听到的事情究竟是什么意思不断地提出询问,例如,王后在国王的卧室里拍掌是表示国王已经行了房事。他的这种做法显然带有解说的意图。

《路易十四》作为一部历史影片之所以引人注目,主要有两个原因。第一,在20世纪60年代,当职业历史学家还没有非常认真地对待"日常生活史"的时候,这部影片就对日常生活给予了关注。它给西格弗里德·克拉考尔的观点"日常生活的整个领域中充满了无数的运动,而其中绝大多数是短暂的运动,这些只能在银幕上表达出来……电影揭开了烦琐小事的领域",加了一个绝妙的注释。②

---

① Stephen Bann, 'Historical Narrative and the Cinematic Image', *History & Theory Beiheft* XXVI (1987), pp. 47-67, at p. 67.
② Siegfried Kracauer, *History: The Last Thing before the Last* (New York, 1969).

例如,这部影片一开始就呈现出一种前所未见的画面,一群普普通通的人聚集在河岸边,讨论着政治事件。它还不断地展现正在进行的工程和已经完成的工程,例如正在建筑中的凡尔赛宫。我们不仅在影片上看到了王宫里的盛宴,而且目睹了在厨房里准备宴会的过程。船夫、厨师、石匠和仆役在影片中充当的角色就像国王和廷臣们在历史书中充当的角色一样。在室内和室外的画面中,我们还可以看到各种动物,尤其是狗(请与第一章引用的话比较:在17世纪的牛津学院和剑桥学院到处都可以看到狗)。一些用品,例如尿壶和加盖的盘碟也不时引起观众的注意。

第二,导演把注意力集中在路易十四取得权力和保持权力的方式上,把焦点放在凡尔赛宫的背景下,表现国王如何利用它来驯服贵族。在埃尔朗热写的传记中曾经提到,威尼斯大使说过一句简短的话,描写这位国王为廷臣设计了一种斗篷。根据这句话,这位导演设计了路易十四与他的裁缝组成的一个画面,国王下令廷臣从今以后要穿上用昂贵和绚丽的布料缝制的衣服。影片的最后一个镜头表现路易十四在书房里脱下华丽的衣服和假发,这个动作使他变成了一个终将会死亡的普通人。这个镜头也许是受到了小说家威廉·萨克雷(William Thackeray)所画的路易十四的著名素描的启发。换句话说,罗塞利尼以展示图像为手段,分析图像及其在政治上的使用以及所产生的效果。①

达尼埃·维涅(Daniel Vigne)执导的影片《马丁·盖尔》(*Martin Guerre*, 1982)也是一部严肃的历史影片。它叙述了16世纪发生在法国南方的一个真实故事。一位名叫马丁的农民从军后,留下了妻子和农场。几年以后,有一个自称是马丁的人回到这里。起初,他被马丁的妻子贝特朗当作丈夫接纳下来,但并不是每个家人都相信他的故事。不久以后,又有一个自称为马丁的人来到这里,先前来到的那个人只得承认自己的真实名字叫阿尔诺·迪蒂尔并被处死。在影片拍摄过程中,美国历史学家娜塔莉·戴维斯(Natalie Davis)担任导演的历史顾问。演员读过一些有关那个时代的书籍后,围绕着他们扮演的角色向她提出了一些问题。"我无法想象,贝特朗会等待那么长的时间才在法庭上作证,证明他是冒充的,"其中有一位演员说,"一个农妇为什么会利用这样的机会?"对于这个问题,这位历史学家回答道:"真实的贝特朗并没有等待那么长的时间。"

影片的情节应当依据"历史记录",这给戴维斯带来了一些麻烦。尽管如此,她在记载中说,"眼看着杰拉尔·德帕迪约(Gérard Depardieu)带着他自己的感受进入假马丁·盖尔的角色,却给了我一种新的思路去思考真正在冒名顶替的阿

---

① Cf. Peter Brunette, *Roberto Rossellini* (New York, 1987), pp. 281-289; Peter Bondanella, *The Films of Roberto Rossellini* (Cambridge, 1993), pp. 125-137.

尔诺·迪·蒂尔",从而推动了她自己的历史研究,使她写出了一本新书《马丁·盖尔归来》(*The Return of Martin Guerre*, 1983)。① 作为一个纯粹的观众,我同样应当感谢德帕迪约。当我看到他在前面讨论过的由安杰伊·瓦伊达执导的影片《丹东》中扮演的丹东,我也进入了那位伟大革命者的角色,包括他的慷慨大方,他的热情充沛,他的贪得无厌以及他的自我尊大,从而让我对他扮演的这位法国历史上的角色有了更深刻的理解。

当代史

优秀的历史影片绝大多数以较近的过去为背景。因此,我接下来将集中讨论20世纪的历史,以及电影导演在帮助他们的同时代人解释历史事件上发挥的作用。例如,1917年、1933年、1945年和1956年的那些重大历史事件都发生在他们活着的时代。这里的讨论将集中在吉洛·庞特科沃(Gillo Pontecorvo)和米克洛斯·扬索(Miklós Jancsó)执导的两部影片上。

吉洛·庞特科沃执导的《阿尔及尔之战》(*The Battle of Algiers*)于1966年献映时,那场战争刚刚结束。这部影片并

---

① Natalie Z. Davis, 'Who Owns History?' in Anne Ollila, ed., *Historical Perspectives on Memory* (Helsinki, 1999), pp.19-34, at p.29; Natalie Z. Davis, *The Return of Martin Guerre* (Cambridge, MA. 1983), p. viii.

没有使用新闻纪录片的任何片断,却给了观众一种观看新闻纪录片的感受,也就是说由于影片使用的摄影风格和使用了许多非职业演员,让它看上去就像目击者的叙述(图79)。法国人拷打和枪杀嫌疑恐怖分子的场面是依据对警方档案的研究。在这一方面,他有可能得到了阿尔及利亚政府的合作。这位导演还执导过另一部影片《烽火怪客》(*Queimada*,1969),以19世纪初的加勒比海国家为背景。这两部影片都用带有感染力的画面提供了马克思主义的历史解释,认为历史是压迫者和被压迫者之间的阶级斗争的过程,而且后者注定要取得最终的胜利。与此同时,庞特科沃抵制住了把所有的造反者表现为好人而把殖民主义制度的所有支持者表现为坏人的诱惑。影片清楚地展现了双方在斗争中犯下的暴行。

图79 《阿尔及尔之战》镜头之一
吉洛·庞特科沃执导,1966年。

庞特科沃把一个重要角色马修上校安排在"错误"的一方,成了受同情的人物,从而把剧情设计得相当复杂。马修是一个勇敢的人,也是一位优秀的军人,这一角色部分地以真实的历史人物马素将军(General Massu)为原型。这位导演使用的另一种手法是选择了含糊的而不是胜利的结局。在影片结束时,观众发现当赢得了对法国人的胜利时,反抗者正在分裂成敌对的集团,相互争夺权力。①

匈牙利导演米克洛斯·扬索的影片《红军与白军》(The Red and the White, 1967)原名为《群星与战士》(Csillagosok katonák),像影片《阿尔及尔之战》一样努力避免简单地从单方面的角度去表现苏俄的内战,尽管这部影片事实上是苏联政府为纪念俄国革命 50 周年而委托他摄制的。影片选择一个小地方作为观察角度,把背景放在红军(包括匈牙利自愿军)和敌对的白军反复争夺的一个小村庄里。在一次又一次的争夺中,这个地方,包括村庄以及周围的林地、当地的一个修道院和战场医院,成了仅有的固定观察点。从这个中心来观察,双方的暴行显得同样恐怖,尽管在表现重大的细节时使用的方法有很大的差别。例如,白军一般是职业军人,他们的暴行与红军方面相比似乎自发性较低,也更有纪律。

扬索在过去拍摄的一部影片《围捕》(The Round-Up,

---

① John J. Michalczyk, *The Italian Political Film-Makers* (London, 1986), pp. 190-199; Davis, *Slaves*, pp. 43-44.

1965)(原名《可怜的年轻人》[*Szegénylegények*])中,表现了一伙参加1848年革命的人落草为寇后遭到的镇压(影射人们记忆犹新的1956年的匈牙利事件),使用了宽银幕和长镜头。这两种手法也运用在《红军和白军》中,从而使得各个人物在影片中变得不那么重要,因而可以把观众的注意力引向历史事件的过程。然而,由于这部影片把背景放在一个村庄及其附近,因而也可以看作是对"微观历史学"(microhistory)做出的贡献。微观历史学是在20世纪70年代以后才被历史学家使用的一个术语,但事实上早在60年代已经被电影史学家和批评家西格弗里德·克拉考尔使用过了。

波·威德尔堡(Bo Widerberg)的影片《阿达伦31》(*Adalen 31*, 1969)也提供了一部微观的历史,讲述的是1931年在瑞典一个小镇的造纸厂里发生的罢工事件。这次罢工坚持了25个星期。最后,政府军队开进了这个小镇,借口保护工厂,向赤手空拳的游行队伍开枪。五名罢工者在这个事件中被杀,罢工以悲剧的方式结束。威德尔堡试图用个别来揭示一般,把镜头聚集在工人克耶尔与他的女友、工厂经理的女儿安妮之间的关系上,来表现对立双方的联系和冲突。埃德加·雷兹(Edgar Reitz)的影片《赫迈特》(*Heimat*, 1984)也把观察点放在一个小地方。这是一部长影片(为德国电视台制作),以莱茵地区的一个村庄为背景。赫迈特在希特勒时代生活了很多年,曾经从一个小地方的层次上观察过纳粹制度和第二次世界大战。这部影片的时间跨度很长,从1919

年到 1982 年,既展示了社会变化、现代化的来临以及随之而发生的社区失落的状况,又提供了对这些变化的解释。①

无论在文字的历史中还是在用影片表达的历史中,聚焦于一个小地方,对于理解历史来说,可谓有得有失。有人可能会指出,在这两类历史中,在宏观层次和微观层次之间架起一座桥梁是大家的共同愿望。贝尔纳多·贝托鲁奇(Bernardo Bertolucci)导演的影片《1900 年》(Novecento, 1976)就提供了这样一座桥梁。这部影片的名称本身就透出了这位导演抱有解释历史的意图。贝托鲁奇和罗塞利尼一样签署了 1965 年的《意大利导演的宣言》。他们在宣言中宣告,他们制作电影的远大抱负是为了彰显人道,而人道是历史的根本趋势。影片《1900 年》一方面探讨了贝托鲁奇家乡一个农场里的地主与农场工人之间的关系,集中表现了两家人之间的冲突;另一方面又讨论了 20 世纪上半叶意大利历史上取得的重大进步,并把两者结合在一起。

所有这些影片都以各自的方式说明,在可视的叙事史中采用什么观察角度至关重要。它们通过在特写镜头和长镜头之间、仰视镜头与俯视镜头之间,与某个人物正在思考的东西有关和无关的画面之间不断地切换,取得了许多非常逼真而且难忘的效果。如果说这些影片能为我们提供什么教益的话,那

---

① Timothy Garton Ash, 'The Life of Death' (1985: reprinted in Timothy Garton Ash, *The Uses of Adversity*, second edn. Harmondsworth, 1999), pp.109-120.

就是不同的个人和社会群体对同一个事件的看法存在着差异。在一部名为《斧战》(*The Ax Fight*,1971)的有关雅诺马莫人(the Yanomamo)的非虚构影片中,导演提莫西·阿什(Timothy Asch)通过讨论不同的角色对这部影片内发生的事件所做的不同解释,从而提出了这一论点。这一教益有时也被描述为"罗生门效应",指的是黑泽明的影片《罗生门》(*Rashomon*,1950)的基本特征。这部影片把芥川龙之介(Ryunosuke Akutagawa)的两个短篇故事转变为一个令人难忘的影视术语。影片叙述了不同的参与者从不同的观察角度复述的一名日本武士的死亡以及他的妻子被强奸的故事。[①]

路易斯·普恩佐(Luis Puenzo)导演的以阿根廷现代史为背景的影片《烽火人间》(*La historia Oficial*,1984)也表达了同样的观点:对于过去,存在着各种不同的可能看法。影片的主角艾莉希亚是布宜诺斯艾利斯的一名中学历史教师,属于中产阶级。她向学生讲授歌颂祖国的官方版本的本国历史,但有些学生表示怀疑。普恩佐叙述的故事是,艾莉希亚通过阅读非官方版本的历史书逐渐知道了阿根廷政府所犯下的使用酷刑和杀戮的罪行。影片通过这种方法鼓励观众去了解不同说法的历史,并在这一过程中表现出电影去魅和提高觉悟的力量。

[①] I. C. Jarvie, 'Rashomon: Is Truth Relative?', in I. C. Jarvie, *Philosophy of the Film* (London, 1987), pp. 295-307; K. G. Heider, 'The Rashomon Effect', *American Anthropologist* XC (1988), pp. 75-81; Jay Ruby, *Picturing Culture: Explorations of Film and Anthropology* (Chicago, 2000), pp. 125-129.

但这里仍然存在着一个给电影去魅的问题,即抵制"事实效应",电影所产生的这类效应超过了快照和写实主义的绘画。剧作家布里安·弗里尔(Brian Friel)曾经指出,建构现在和未来的东西不是过去本身,而是"用语言表达出来的有关过去的形象",而用影片表达的形象能产生更大的力量。

168 要从这种力量中摆脱出来,也许有一种办法,那就是鼓励历史学界去控制并自行制作影片,把这作为理解过去的一种手段。例如,在20世纪70年代,朴茨茅斯工学院有些学生在历史教师鲍勃·斯克里布纳的鼓励下,制作了一部有关德国宗教改革的影片。在历史学杂志上发表影评的做法越来越普遍,也是走向这一方向的一个步骤。导演和历史学家在平等的基础上进行合作就如同导演与人类学家在制作人种学影片上进行合作那样,也是一种手段,可以利用影片来推动对过去的思考。

潘诺夫斯基写过一篇题为"电影的风格和中介作用"(1937年)的文章,证明他对电影产生了兴趣,尽管如此,如何解释电影的问题似乎还需要我们经过长期的努力才能摆脱他所提出的图像学方法。关于他的这种方法,我们在第二章已经做了讨论。历史学家在使用图像作为证据时必须在多大程度上超越图像学,并朝着什么方向前进,将是本书最后两章讨论的主题。

第十章　超越图像学？

我解读文本、画像、城市、面孔、姿势、场景等等。
　　　　　　　　　　　　——罗兰·巴特

在依次考察了圣像、掌权人物的图像、社会图像、事件图像等各种类型的图像以后,现在应当回过头来讨论前面在有关图像学的那一章里提出的方法问题。当欧文·潘诺夫斯基发表《赫克勒斯在十字路口》这篇著名文章时,他正面临着决定他后半生学术生涯的一次抉择。最近举行的一次研讨会采用了他这篇文章的题目,讨论的主题是"处于十字路口的图像学",中心问题是历史学家是否应当沿着潘诺夫斯基的老路继续走下去。①

对潘诺夫斯基的方法提出的一些批评,本书已经提到(见第二章)。本章以及第十一章讨论的问题是,是否还有另外的方法可以取代图像志或图像学？这里存在着三种明显的可能性,即借鉴心理分析学的研究方法,借鉴结构主义和符号语言学的研究方法,以及借鉴艺术社会史的研究方法(准确

---

① Brendan Cassidy, ed., *Iconography at the Cross-Roads* (Princeton, 1993).

地说,是研究艺术社会史的多种方法)。所有这些研究方法,我们在前面几章已经不止一次地讨论过,而且都可以在文学批评的历史中找到对应的研究方法。本书在这里把它们称作"研究方法"(approaches),而不是简单地称作"方法"(methods),理由是它们所表示的更多地是指新的研究程序,而不是新的兴趣点和新的观点。

心理分析学的研究方法

研究图像的心理分析学方法并不把注意力集中在图像有意识表达的意义上,而潘诺夫斯基则把它放在首要地位。这种方法注重于研究无意识的符号以及弗洛伊德在《梦的解析》(*Interpretation of Dreams*, 1899)中识别出来的那种无意识的联想。这种研究方法确实是尝试性的,无意识在图像和文本的创作中占有一定的地位,这是难以否认的。除了那一篇解释达·芬奇的著名而有争议的文章外,弗洛伊德很少提供对某个具体画像的解释。但是,正如卡洛·金兹伯格所指出的,弗洛伊德与乔万尼·莫雷利非常相似(见第一章),一向关注于微小的细节,特别是在他的著作《日常生活的精神病理学》(*Psychopathology of Everyday Life*)中。[①] 弗洛伊德关于梦的一

---

① Carlo Ginzburg, 'Clues: Roots of an Evidential Paradigm' (1978: reprinted in C. Ginzburg, *Myths*, *Emblems*, *Clues* [London, 1990]), pp. 96-125.

些说法可以为解释绘画提供一些线索。例如,弗洛伊德在分析"梦的工作"的过程中提出的"替代"和"浓缩"的概念就与可视的叙事有关。① 有关生殖器崇拜符号的思想显然也与某些图像有关。例如,埃迪·德·容曾经指出,在16世纪和17世纪荷兰风俗画中经常出现鸟、防风草和胡萝卜,其原因都应当用这种方法来解释。②

心理分析学家如果遇到了第七章中讨论的那些具体例子,他肯定会提出这样的建议:某些符合套式的画像,例如闺房画,是把性幻想可视化;而另外一些图像,例如野蛮人或女巫的图像,则是自我被压抑的欲望投射在"他者"身上的结果。用这种方法来研究图像,未必就会变成一个死心塌地的弗洛伊德式的心理分析学家。正如我们所看到的(见第二章),态度和价值观有时会被投射在风景上(包括真实的风景和图像中的风景),就像它们被投射在罗夏测试法的墨点上一样。前面有关宗教圣像的讨论也提出了下意识的幻想和下意识的倾向等问题。同样,在物质文化那一章关于广告的讨论中提到了"潜意识"的研究方法,也就是试图在产品和观众对性和权力的无意识的梦想之间建立起联系。

尽管如此,即使我们不理会有关心理分析学的科学地位的争论,也不理会从卡尔·古斯塔夫·荣格(Carl Gustav

---

① Louis Marin, *Etudes sémiologiques* (Paris, 1971), pp.36-37.
② Eddy de Jongh, 'Erotica in vogelperspectief', *Simiolus* III (1968), pp.22-72.

Jung）到雅克·拉康等心理分析学的各种学派之间的冲突，但当用其方法去研究图像时，历史学家仍然会遇到严重的障碍。人们依据什么标准来判断某个物品是不是生殖器崇拜的符号呢？阴茎难道不可以用来当作其他某种东西的符号吗？19世纪瑞士的语言学家约翰·雅各布·巴霍芬（Johann Jacob Bachofen）就把它视为圣像，至少在古典艺术作品中是如此。

这类历史心理分析学遇到了两个特别值得注意的障碍，它们并不限于图像研究，却证明了实践所谓的"心理历史学"时普遍遇到的困难。第一个障碍是，心理分析学家的研究对象是活着的个人，而历史学家无法让死去的艺术家复活并倾听他们曾经做过的自由联想。我们可以像西班牙的电影导演路易斯·布纽埃尔（Luis Buñuel）那样把贝尼尼的雕像《圣特雷萨的沉迷》看作是从性的角度对宗教入迷所做的解释（见第三章），但是，我们所掌握的全部证据都隐藏在大理石里面。荣格写过一篇著名的文章，论述荷兰艺术中的性符号，使用的资料主要来自谚语和诗歌，也就是说主要来自有意识表达的态度。不管他得出的结论有多大的不同，他的方法实际上与潘诺夫斯基的并没有什么不同。

其次，历史学家的研究对象主要是文化和社会，所关注的是集体的而不是个人的愿望。相反，弗洛伊德以后，心理分析学家和其他心理学家在这一领域中并没有取得多大的成功，至少可以说带有较大的推测性。例如，弗洛伊德写过一篇文章,专门讨论达·芬奇,把这位艺术家的"恋母情结"与他画中女人的微笑联系起来,却没有考虑到 15 世纪文化的性质。例如,他是依据达·芬奇所表现的圣母玛利亚的母亲圣安妮在年龄上大致与她的女儿相仿,来得出有关达·芬奇人格特征的结论,而没有认识到这样的手法是那个时代的文化套式。1950 年,人类学家霍滕塞·鲍登马克(Hortense Powdermaker)把好莱坞描绘为一座"梦工厂",但这些梦想的制作和接受的过程仍有待于分析。关于把图像看作表达集体愿望和恐惧的历史,这方面的论著还不多,虽然正如我们已经看到的,从这个角度来考察天堂和地狱的图像随着时代的推移所经历的变化,也许可以说明一些问题(见第三章)。①

迄今为止,就历史学家使用图像而言,似乎可以得出这样的结论:心理分析学的研究方法既是必要的,又是无法成立的。它之所以是必要的,是因为人们确实把他们无意识的幻想投射在图像中了。但是,根据正常的学术标准,又无法证明研究过去的这种方法有多大的合理性,因为关键的证据已经不复存在了。因此,从这个角度来解释图像不可避免会带有推测的成分。当然,与图像志的分析方法一样,图像学分析的所有尝试其实都带有推测的成分,尤其是对图像中的无意识的意义进行讨论时,推测的成分更大一些。最好的办法也许

---

① Walter Abell, *The Collective Dream in Art* (Cambridge, MA, 1957).

是继续推测下去,但也必须牢记,所有这一切都是我们正在进行的尝试。

结构主义和后结构主义的研究方法

有一种研究方法最值得被称为严格意义上的"方法"(method),那就是结构主义,或者称作"符号学"(semiology or semiotics)。后一个术语是指一般的"符号科学"(science of signs),是20世纪初一些语言学家的梦想。结构主义运动能够在20世纪50年代和60年代被人们广泛地得知,尤其应当归功于人类学家列维-斯特劳斯和批评家罗兰·巴特。他们两人都对图像抱有极浓厚的兴趣。例如,列维-斯特劳斯写过一些论著,讨论美洲印第安人的艺术,其中包括加拿大的钦西安人(the Tsimshian)的艺术,并专门论述了"双重化现象",即画像的一边画上一种动物,而在另一边画上另一种动物,互为镜相。

至于巴特,他主编的《神话学》(*Mythologies*,1957)收录了一批文章,讨论了各种类型的图像,包括以古罗马为内容的影片、肥皂粉的广告、惊人事件的照片以及当代杂志上的插图,尤其是提到了《巴黎竞赛画报》(*Paris-Match*)1955年6月25日至7月2日那一期的封面,画面上的一位黑人士兵正在向法国的三色旗敬礼。他把这幅画称作"视觉神话"。他告诉我们:"有一天我正在理发厅里,有人递给我一本《巴黎竞赛画报》。"(也许,在那个时代,自负的法国知识分子不愿意让别人看到他居然会买这样的通俗报刊。)"在封面上,一位身穿法国军服的黑人正在敬礼,眼光仰视,也许正在向一幅三色旗行注目礼。"巴特没有把这幅画复制下来,但把它解读为一种符号,它所表达的意义是:"法国是个伟大的帝国,根本不存在肤色歧视,她的全体儿女都忠诚地在她的国旗下服役。"①

从本章的角度来看,结构主义的两个主张或论点非常重要。第一,用他们喜欢使用的字眼来说,每一个文本或每一幅图像都可以看作一个"符号系统",强调了美国艺术史学家迈耶·夏皮罗(Meyer Schapiro)所说的"非拟态元素"(non-mimetic elements)。② 这种关注会把注意力从有关的作品引向它可能想要表达的外部现实,从而偏离了它的社会背景或图像学家所声称需要加以解码或解释的元素。从积极的方面来看,用这种方式看待图像或文本就意味着要把注意力集中于作品的内部组织上,尤其是集中于它的各个部分或各种方式之间的两极对立,其中的元素正是通过这样的对立以各种方

---

① Cllaude Lévi-Strauss, 'Split Representation in the Art of Asia and America', *Structural Anthropology* (1958: English trans. New York, 1963), pp. 245-268; Roland Barthes, *Mythologies* (1957: English trans. London, 1972), pp. 116, 119; 关于这幅画,参见 Steve Baker, 'The Hell of Connotation', *World and Image* I (1985), pp. 164-175.

② Meyer Schapiro, 'On Some Problems in the Semiotics of Visual Art', *Semiolica* I (1969), pp. 223-242.

式相互呼应或相互颠倒。

第二,应当把这个符号系统视为更大的整体中的一个亚系统。语言学家将这种整体称作"语言"(langue, or language)。它是一个储备系统,每个话语者都可以在里面进行选择。俄国民俗学家弗拉基米尔·普罗普(Vladimir Propp, 1895—1970)正是从这个角度对俄国的民间故事进行了分析,并认为它们是把31种基本元素进行排列组合以后构成的,例如其中有一种元素是"主人公获得了使用魔力的中介物"。按照普罗普的观点,无论是公主给了主人公一枚戒指,还是国王给了他一匹马,在结构上有相同的功能(第14号功能)。

把画像当作"图解式的文本"或"符号系统"来加以研究,这种方法带来了什么结果呢?其中的结果之一是结构主义的研究方法推动了对对立和颠倒的敏感性。例如,"他者"的图像往往可以解读为观察者或画家自我形象的颠倒。如果人们理解了结构主义的这一观点,一对图像之间的两极对立,例如克拉纳赫的基督与教皇之间的"反题"(图18),或者单幅画像中的两极对立,例如前面所提到的贺加斯的《加莱门》(见第134页)以及彼得·勃鲁盖尔的《狂欢节与大斋节》(Carnival and Lent),就有了新的重要意义。

用结构主义的方法来分析可视的叙事,无论是贝叶挂毯、版画还是影片,都有特殊的启发意义。让我们回过头来再看看贝托鲁奇的影片《1900年》(见第九章,图80)。它讲述了两个家庭,一个是地主家庭,另一个是农业劳工的家庭,是类

图80　贝尔纳多·贝托鲁奇的影片《1900年》的广告，1976年

似和对立的复杂组合。影片的主人公阿尔弗雷多和奥尔莫出生于同一天，一块长大，难舍难分，但他们注定要发生冲突。从某个方面来说，他们的关系重演了他们的祖父老阿尔弗雷多和列昂纳之间的关系，但从另一方面来说又恰恰相反。

　　结构主义的研究方法还经常关注某个符号与另一个符号之间的联系，例如汽车与美女。通过两种元素不断并列地出现在观众的头脑里，这种联系就可以产生出来。正如我们所看到的，由于结构主义者强调符号系统，他们分析广告画——如前面提到的那幅（见第五章）——来说明，每个新的事例如何与先前的事例发生联系，反过来又为共同的积累增添了新的东西。对于另一类图像群也可以得出同样的论点。例如，17世纪为歌颂路易十四而制作的绘画、浮雕、版画、奖章和其他类型的图像构成了一个自我参照系统。一枚奖章的铸造是为了纪念这位国王的某座雕像的落成,而我们可以发现奖章上的那个图像曾经刊登在已出版的某本版画书上。①

如果要举出一个具体的例子来详加说明,我们不妨来看看安伯托·艾柯,用结构主义方法对第五章已经讨论过的那幅卡美香皂广告做的分析(图45)。艾柯把画中的女士称作美人("根据当时的编码")、北欧人(根据她的身份的符号,因为这是一幅意大利的广告),是个富有而有教养的人(因为她去的是苏富比画廊)。"如果她不是英国人的话,那就一定是个出身高贵的旅行者。"那位男士虽有阳刚气,充满了自信,但"没有英国人的外表",因此,他是一名富有的国际旅行者,也是个有教养和有品位的男人。他发现了她的迷人之处,而广告词恰好说明,她的迷人之处来源于广告画中的这种品牌的香皂。②

米歇尔·福柯虽然与列维-斯特劳斯不属于同一个学派,但也是一类结构主义者。他不仅对思想系统发生兴趣,对"表象"系统同样抱有兴趣。福柯所说的"表象"(representation)就是指按照某些套式制作的某个物品的文字形象或图画形象。表象比是否逼真更能引起他的兴趣。所谓逼真是指用来描述或叙述客体的方法。他对委拉斯贵支的绘画《宫娥》(*Las Meninas*)所做的著名分析就是按照这样的思路,把

---

① Barthes, *Mythologies*; Judith Williamson, *Decoding Advertisements: Ideology and Meaning in Advertising* (London, 1978); Peter Burke, *The Fabrication of Louis XIV* (New Haven, 1992), p.15.

② Umberto Eco, *La struttura assente: Introduzione alla ricerca semiologica* (Milan, 1968), pp.174-177.

它称作当符号与它所指称的客体之间的传统联系中断时的"古典表象的……表象"。在福柯20世纪60年代和70年代发表的论著启发下,"表象"的观念开始被艺术史学家、文学批评家、哲学家、社会学家、人类学家和历史学家所接受。这一术语的广泛流行无疑推动了(1983年创刊的)跨学科杂志《表象》(*Representations*)取得明显的成功,反过来亦然。①

结构主义的研究方法还有一个侧面值得在这里加以说明。它关注于从现有的套式总体中进行选择的行动,不仅证实了视觉公式和主题的重要作用(见第八章),而且把注意力引向了未被选择的对象。什么东西被排斥了,这是福柯特别重视的一个主题。在本书的研究过程中,我们偶尔也注意到这类盲点的重要性,它相当于口述话语中的沉默。例如,在中世纪图像中很少出现儿童的形象(见第六章);在麦克卡洪的风景画中很少出现新西兰当地居民的形象(见第二章);在路易·菲利普的画像中,王冠和权杖失去了君主的传统特征(见第一章)。这些都可称作盲点,但应当将它区别于"空白"。"空白"是图像制作者故意留给观众去填补的,就像巴特所分析的那幅《巴黎竞赛画报》的封面那样,画面上并没有出现三色旗,但观众通过士兵的注目礼可推测那里应当有一

---

① Michel Foucault, *The Order of Things* (1966; English trans. London, 1970), pp. 3-16, cf. Svetlana Alpers, 'Interpretation without Representation', *Representations* I (1983), pp. 30-42.

幅国旗。因此,对图像中的各种盲点,解释者需要始终保持敏感。①

正如结构主义研究方法的大多数实践者所承认的,问题依然存在。把图像"语言"或绘画"语言"视为"文本"的观念能超越生动的比喻吗？在艺术和语言之间,除了相似之外,是否还存在"不相似"？对图像而言,其中只有一种语言或"密码",还是有若干不同的语言或"密码"？在(比如)英语、阿拉伯语和汉语之间有互通性吗？密码是有意识的还是无意识的？如果是无意识的,那么它究竟是指弗洛伊德学派严格意义上的所谓被压抑的东西呢,还是指一般语言意义上视为当然的东西？在某些批评家看来,结构主义的研究方法似乎是一种极不宽容的简化论,不给含糊性留下任何空间,也不给人类的作用留下任何空间。在这些批评当中,美国人类学家克利福德·格尔茨(Clifford Geertz)所做的批评最出名,也最有力。他认为:"如果要在艺术研究中有效地运用符号语言学,它必须超越仅仅把符号当作交流的手段和有待解密的密码来对待,而应将它们当作思想方式来加以考虑,当作有待解释的习惯语言。"②

对于这个有争议的问题,本书的观点是,对图像进行结构分析的种种实践似乎是取代图像学的另一种研究方法,受到

---

① Wolfgang Kemp, 'Death at Work: A Case Study on Constitutive Blanks in Nineteenth-Century-Painting', *Representations* X (1985), pp.102-123.

② Clifford Geertz, *Local Knowledge* (New York, 1983), p.120.

以上归纳的各种批评,一点也不冤枉。但是,结构主义者由于强调了形式的相似和对立,从而为图像解释的共同宝库做出了贡献。这种方法适应了对创新的需求。对文字叙事进行的结构分析显然比对图像的结构分析更有创新,也更加明显。正如德国文学批评家戈特弗里德·埃弗雷姆·莱辛(Gottfried Ephraim Lessing)在《拉奥孔》(*Laokoön*, 1766)一书中解释的,文学是时间的艺术,但结构主义者有意地忽视这一论点,用完全相反的方法去解读叙事,最典型的例子就是列维-斯特劳斯对俄狄浦斯神话的分析,把它简化为一点,并不断地加以重复。

相反,绘画却是空间的艺术,关注的是内在的联系,是艺术家和批评家所说的"组成",是与传统相吻合而不是相反的解读。如果说结构存在于我们逐字阅读或聆听的文学著作的下面,那么,对图像而言,结构存在于它们的表面,至少从一定的距离来看是如此。关注内部联系确实是在1900年前后变成时尚的"形式"分析或"形式主义"的分析。对这种研究方法,潘诺夫斯基表示反对,并强调意义(他给自己的一本论文集起的书名是《视觉艺术中的意义》[*Meaning in the Visual Arts*])。像形式主义者一样,结构主义者与潘诺夫斯基的不同之处,就在于他们表现出来的兴趣在于画像中具体元素之间的关系而不是给元素本身解码。他们所强调的是批评家海登·怀特所说的"形式的内容"。

无论如何,从迄今为止列维-斯特劳斯、巴特和艾柯对画像中元素的分析来看,可以说他们所做的工作仍然是图像学的,并没有与它决裂。贝尔纳代特·布赫(Bernardette Bucher)对新大陆的一系列版画进行的结构分析受到了列维-斯特劳斯和潘诺夫斯基的启发。在他看来,列维-斯特劳斯曾经把潘诺夫斯基称作"伟大的结构主义者"。我们还可以再一次想象潘诺夫斯基可能会对卡美牌的香皂广告说些什么。他的图像志或图像学与艾柯的符号学有些什么不同?巴特在《神话学》中精彩地阐述了他解读文化的观念,也体现在他有关角斗的文章中,并认为角斗是苦难和公正的表演。这与克利福德·格尔茨的关于解读巴厘岛斗鸡的至少同样著名的著作中所体现的诠释学传统相类似。这两种解释都把体育运动的场面当作文本来对待,并将它比作戏剧,但是其中一种解释据称是使用了结构主义的方法,而另一种是诠释学的方法。[1]

正如我们所看到的,结构主义者被批评为对具体的图像缺乏兴趣(因为他们把图像简化为模式),因此对变化不予关心。针对这种方法而产生了一场称作"后结构主义"的运动。如果说图像学家强调的是有意识地创造意义,而结构主义者像弗洛伊德一样强调无意识的意义,那么,后结构主义者的注意力则集中在不确定性上,即"多义性"(polysemy)或雅克·

---

[1] Bernadette Bucher, *Icon and Conquest: A Structural Analysis of the Illustrations of de Bry's Great Voyages* (1977; English trans. Chicago, 1981), pp. xiii-xvi; Claude Lévi-Strauss, *Structural Anthropology* II (1973; English trans. London, 1977), p. 276; Barthes, *Mythologies*, pp. 15-25; Clifford Geertz, 'Deep Play', in his *The interpretation of Cultures* (New York, 1973), pp. 412-453.

德里达(Jacques Derida)所说的"意义的无穷个表演"上。他们所关注的现象是意义的不稳定性和多样性,以及图像的制作者通过诸如加标签或其他"图像文本"的方式来试图控制这一多样性(见第二章)。①

结构主义和后结构主义研究方法,可以说像专制主义和无政府主义一样有相反的力量和弱点。结构主义研究方法的弱点表现为一种倾向,认为图像总有一种意义,不存在任何含糊性,要破解谜团只有一个办法,只有一种密码有待破解;后结构主义研究方法的弱点恰恰相反,它主张一幅图像所携带的所有意义同样有效。

后结构主义研究方法强调含糊性。对此还可以提出一个问题:它究竟是不是一场新的思想运动?或者更准确地说,它在多大的程度上以及在哪些方面有别于过去的思想运动?在"古典"的图像研究方法的实践者当中,至少有些人早就认识到了多义性和"多音呈现"(multivocality)的问题。② 罗兰·巴特也早就认识到了这些问题,尽管接受多义性的观念事实上将破坏结构主义者对图像的解码,最低限度也会阻碍这一研究方法提出更远大的目标。此外,对宣传的研究早就注意到了题词在罗马的钱币上或文艺复兴时期的奖章上的使用,

---

① Peter Wagner, *Reading Iconotexts: From Swift to the French Revolution* (London, 1995).

② Sydney Anglo, *Spectacle, Pageantry and Early Tudor Policy* (Oxford and London, 1969), p. 81.

以此种手段引导观众用正确的方式"解读"画像。

在我们这个时代，凡是新的东西基本上都强调不确定性，并且主张图像的制作者无论花多大的功夫，无论靠题词还是别的办法，都不可能把意义凝固下来或加以控制。这一强调与整个后现代主义的运动相当吻合，具体来讲与分析画像的"接受"也非常一致。这种方法，将在下一章进行讨论。

第十一章　图像的文化史

> 对电视传播的图像进行的分析……应当用研究文化消费者靠这些图像所建构的东西来补充。
>
> ——米歇尔·德塞托

我们在前面已经讨论了图像的意义,但其中有一个根本性的问题还很少提及,那就是这个意义是对谁而言的?正如我们所看到的,欧文·潘诺夫斯基对当时的马克思主义者,诸如弗里德里克·安塔尔(Frederick Antal)和阿诺德·豪泽等人所从事的艺术社会史研究没有给予足够的重视。艺术社会史研究集中在艺术品从画室里的制作到市场消费的整个过程。然而,这里完全有理由认为,其所定义的图像意义与图像学家和后结构主义者的想法根本不同,必须依赖于它们的"社会背景"。我这里说的"社会背景"是广义的,不仅包括图像受委托制作的具体环境以及物质环境,也包括总的文化和政治背景。总之,"背景"所指的是当初打算将画像展示在什么地方让人们观赏。在对这些多少有些新鲜的图像研究方法的讨论中,保留了社会史或文化史的一席之地。

艺术社会史

"艺术社会史"这个概念实际上就像一把张开的大伞,覆盖了各色各样的研究方法,有些方法是相互对立的,但也有一些是相互补充的。在有些学者看来,例如阿诺德·豪泽,艺术是对整个社会的反映;另一些历史学家,例如弗朗西斯·哈斯克尔则把注意力集中在艺术这个较小的范围里,着重研究艺术家与他们的庇护者之间的关系。最近又出现了两种研究图像的方法,主要受到了女权主义理论和接受理论的推动,这两种方法也可以归在艺术社会史这把大伞底下。

所谓"女权主义的研究方法",我所指的是不仅从阶级的角度,而且从性别的角度,对艺术社会史进行分析。这里所说的"性",既包括艺术家和庇护者的性别,也包括艺术作品表现的人物的性别,还包括这些作品打算以及实际上为哪种性别的观众制作或展示。女权主义的研究方法是个正在扩大的领域,它的先驱者有琳达·诺克林(Linda Nochlin)和格里塞尔达·波洛克(Griselda Pollock)。像研究"想象"和"幻想"的社会史学家一样,她们也提出了"这是谁的想象?",以及"这是谁的幻想?"等问题。在回答这些问题时,她们决心要揭露和抨击男性凝视。在她们看来,男性凝视来自于"男尊女卑的文化",带有对女性的攻击性和"主宰性"。

像结构主义者一样,女权主义者也为解释图像这一共同宝库增添了新内容,也就是说,在分析图像时继续无视性别这个主题实际上已变成不可想象的事情,就像过去的图像分析无法回避阶级的问题一样。从性别的角度研究图像已经形成了一系列方法。这在前面的讨论中已经有所阐述,例如(见第六章和第七章)讨论了如何表现妇女在阅读,妇女在工作,以及如何表现女巫和中东的后宫嫔妃等。①

在艺术社会史研究中,新近出现的第二种方法把注意力集中于观众如何对图像做出反应,或如何接受艺术作品的历史,与文学研究中所谓的"接受理论"和"读者反应"的思潮平行发展。例如,大卫·弗里德伯格(David Freedberg)的著作《图像的力量》(*The Power of Images*, 1989)所讨论的主题是观众对图像的反应。从某种意义上说,马克思本人也尝试过这种类型的艺术社会史研究。艺术社会史方法过去的研究重点是社会对图像产生的作用,而现在已经把重点转移到研究图像对社会产生的作用。还有一些学者在研究观众与图像之间的物质关系,其中最著名的一本著作是迈克尔·弗雷德(Michael Fried)的《吸收与戏剧风格》(*Absorbtion and Theatricality*, 1981)。

---

① Griselda Pollock, 'What's Wrong with Images of Women', reprinted in Rozsika parker and Griselda Pollock, eds, *Framing*, *Feminism* (London, 1977), pp. 132-138; *idem*, *Vision and Difference* (London, 1988); *idem*, 'What difference does Feminism make to art history?', in Richard Kendall and Griselda Pollock, eds., *Dealing with Degas* (London, 1992), pp. 22-39; Linda Nochlin, 'Women, Art and Power', in Norman Bryson, Michael Holly and Keith Moxey eds., *Visual Theory* (Cambridge, 1991), pp. 13-46; *idem*, *Representing Women* (London, 1999).

在这类学者或学派当中有一些历史学家和文学批评家,他们重点研究艺术家头脑中观众的形象。在视觉艺术研究中,这个概念相当于文学批评中所说的"隐含的读者"(implicit reader)。他们考察的对象是巴特所说的"图像的语汇"。它所指的是一种作用方式,通过这种方式去说服或强迫观察者得出某个特定的解释,例如鼓动他们认同某个胜利者或某个受害者,或者反过来(正像本书在讨论19世纪的历史画时所提出的那些观点),把观众置于正在观看的图像所表现的历史事件的目击者位置上。①

还有一些历史学家和文学批评家,例如弗里德伯格本人,所研究的重点不是观众将对图像做出的预期反应,而是研究他们已经做出的实际反应。他们的研究主要依据文本:例如祈祷手册上旅行者的笔记,对朝圣进香者的行为或对观看影片、政治漫画的观众的行为所做的记载。事实将会证明,这种方法在几年以后会成为最有价值的研究方法。这种研究可以暂且称作"图像文化史"(cultural history of images),或者称作"图像的历史人类学"(historical anthropology of images),因为它所关注的问题是重构在某个特定的文化中制约接受和解释图像的规则或惯例,无论这些规则或惯例是有意识的还是无

---

① David Freedberg, *The Power of Images* (Chicago, 1980); Michael Fried, *Absorbtion and Theatricality: Painting and Beholder in the Age of Diderot* (Berkeley and Los Angeles, 1980); Wolfgang Kemp, 'Death at Work: A Case Study on Constitutive Blanks in Nineteenth-Century Painting', *Representations* X (1985).

意识的。其关键是重现英国艺术史学家迈克尔·巴克森德尔(Michael Baxandall)所说的"时代的眼睛"。他对 15 世纪意大利绘画和 16 世纪德国雕塑进行过认真的研究,并撰写了一本书探讨当时的文化习俗,例如量桶、舞蹈和书法等对图像的接受所产生的影响。①

巴克森德尔研究的习俗是指制约图像的形式被接受的习俗。其他文化习俗对观众如何看待图像及其传递信息的方式影响更大。让我们举一个例子来说明他那本书的中心论点:观众带着自我意识去观察图像,构成了一种文化习俗。约翰·巴格拉夫(John Bargrave,1610—1680)是坎特伯雷基督教会的教士,也是一位学者、旅行家和收藏家。1655 年,他在因斯布鲁克亲眼观察瑞典女王克里斯蒂娜如何被天主教会接纳,并将她的相貌记录在他雕刻的一幅素描版画上。1660 年,他在罗马买来了一些教皇亚历山大七世及其红衣主教们的版画像,把这些画像粘贴在一本书里,然后加上他自己写的题注。这些题注大多是评论画像的效果,例如"这幅画非常像他",或"酷似其本人",等等。有一次,当他看到有关 1647 年那不勒斯起义的一份说明后,写下了以下这句话:"这是最近一次经过那不勒斯,我是作为目击者而写下了这句话。"巴格拉夫对他那个时代发生的事件抱有兴趣,热衷于收集相互

---

① Michael Baxandall, *Painting and Experience in Fifteenth-Century Italy* (Oxford, 1972); idem, *Lime-wood Sculptors in Renaissance Germany* (New Haven, 1980).

有紧密联系的版画。他极其认真地把这些版画视为不久前各种事件的证据。①

这些是对图像的正面反应。还会有相反的反应,对研究同样很有价值。正如我们看到的,埃森斯塔特导演的影片《伊凡雷帝》第二集,在斯大林逝世以前一直遭禁映。戈雅曾经画过一幅著名的绘画,表现了1808年5月3日死刑的场面,由于政治原因,他一直把这幅画藏在普拉多的地窖里。相反,与他同时代的德拉克洛瓦的绘画《自由引导人民》却变成了测量政治气温的温度计(见第四章):1831年,这幅画被法国政府买下;1833年被藏在地窖里;1849年才重现人间,但为时极短;路易·拿破仑牢固地掌握了政权以后,这幅画再次遭禁。问题的关键在于,这幅画会让当时的一些观众回想起1792年处决了国王路易十六以后建立的法兰西共和国,从而使这时的君主制政体处于尴尬的地位。1832年,法国画家杜米埃画了一幅讽刺国王路易·菲利普的漫画而受到审判并判刑6个月,就像后来的福楼拜因为发表了小说《包法利夫人》(*Madame Bovary*, 1857)而遭到审判一样,都可以用来说明当时的道德观念和政治态度。②

---

① John Bargrave, *Pope Alexander VII and the College of Cardinals*, ed., James C. Robertson (London, 1862), pp. 8, 41; cf. Stephen Bann, *Under the Sign: John Bargrave as Collector, Traveller and Witness* (Ann Arbor, 1994), especially pp. 106, 115-116.

② Gwyn A. Williams, *Goya and the Impossible Revolution* (London, 1976), p. 5; Maurice Agulhon, *Marianne into Battle: Republican Imagery and Symbolism in France, 1789-1880* (1979: English trans. Cambridge, 1981), pp. 38-61.

电影的历史也提供了类似的例子,可以用来说明当时人们对影片做出的反应,特别是揭示了某些影片在首映时人们的看法。《一个国家的诞生》在美国好几个州遭到禁映,这个事实有助于后代人理解当时的人们对格里菲斯创作的电影画面如何解释。影片《飘》上映后,全国有色人种促进会提出抗议,指责该影片有"种族主义"的镜头,也可以用来说明同样的问题。①

在某些情况下,这些文本揭示了某个特定的图像遭到了"误解"。图像接受的历史就像文本接受的历史一样证明了对同一对象或同一事件有不同的解释,与其说属于特例还不如说是个常规,何况人们也无法找到充分的理由来说明某个解释是"正确的",而其他的解释是"错误的",从而使得"误解"这一一般意义上的观念受到了致命一击。尽管如此,"误解"这个概念还是有用的,可以用作一种方法来表明在某个特殊的时期,图像的意图与效果之间存在的差异,图像(政府、传教士和画家等)所传递的信息,与不同群体的观众、读者和听众所接受的信息之间存在的差异。正是在这个意义上,比如说,瓦斯科·达·伽马把印第安人的庙宇"误认"为基督教的教堂(见第七章)。

正如我们(在第二章)所看到的,对于图像中观看皇帝入城仪式之类的群众场面,编年史学家和大使所做的解释与设

---

① Peter Noble, *The Negro in Films* (London, 1948).

计这类壮观场面的人的意图之间永远存在着差异。观众并不知道其中用了哪些典故,有时会把某个女神当作另一个女神。

对图像的反应,不仅有文字的证据,还有画像的证据。用画像来表现画像,例如画室中的绘画,酒店墙上挂的版画,告诉了我们这些画像做何用途,也可以说明有关爱好倾向的社会史。画像上的涂抹同样也可以告诉我们一些故事。委拉斯贵支为西班牙王储巴尔塔萨·卡洛斯所画的在骑术学校中的画像就是一个著名例子。这幅画经历了一个故事:在最初的画像中,我们可以看到首相奥利瓦雷公爵站在右边,与他保持着一定的距离。但是,奥利瓦雷在1643年失宠,被放逐后,变成了"微不足道的人",于是被从画面上抹去了。更准确地说,我们今天在华莱士陈列馆中还可以看到的这后来的版本中,他已经被抹去了。再举一个例子,大卫的《拿破仑加冕》这幅画,因为"经过反复掂量,为谨慎起见,不表现拿破仑给自己戴上皇冠",不得不重画一遍。1815年波旁王朝复辟以后,先贤祠圆顶上的拿破仑画像被国王路易十八的画像所取代。在1848年革命中,埃尔桑画的《路易·菲利普像》被销毁了(图9)。①

关于观众对画像如何做出反应,还有一些相关的证据,那

---

① Enriqueta Harris, 'Velázquez's Portrait of Prince Baltasar Carlos in the Riding School', *Burlington Magazine* CXVIII (1976), pp. 266-275; John H. Elliott, *The Count-Duke of Olivares* (New Haven, 1980), p. 676; Anita Brookner, *David* (London, 1980), p. 153.

就是各种类型的捣毁圣像和艺术品的运动。这些行为会让后代人去思考一个问题：究竟是图像中的哪些特征激发了观众做出如此强烈的暴力反应呢？捣毁艺术品的行为有些是出于虔诚。例如，有一位不知名的观众，把中世纪的绘画《最后的晚餐》里犹大的眼睛抠掉。在东正教徒和新教徒当中出现了一种出于神学目的的捣毁艺术品运动。他们把圣像撕碎，甩在地上，理由是他们认为圣像不但不是基督教徒与上帝交流的渠道，反而构成了一道障碍。还有一种捣毁艺术品的运动出自政治的原因，例如在1792年，广场上路易十四的雕像被群众捣毁，20世纪60年代布拉格的斯大林雕像被捣毁。1966年，爱尔兰共和军把竖立在都柏林山顶上的纳尔逊雕像捣毁，因为在他们看来，纳尔逊海军上将是英国霸权的象征。

还有一种是女权主义的捣毁圣像运动，最著名的例子是1914年向陈列在伦敦国立美术馆中委拉斯贵支画的《洛克比维纳斯》发动的攻击。那次行为是由妇女参政论者发动的，目的是让她们的事业引起人们的广泛注意。此外，还有以美学为目的的捣毁圣像运动。最著名的例子是人们对一些现代雕塑，从罗丹（Rodin）的《思想者》（*Thinker*）到雷吉·巴特勒（Reg Butler）的《未名政治犯》（*Unknown Political Prisoner*）发动的攻击。不过，还有一种捣毁圣像运动在形式上比较温和，主张把广场上的雕像移到博物馆或雕像公园去展出。例如，1989年匈牙利的政治制度发生变革以后，布达佩斯的一批共产主义英雄人物的雕像就遭受了这样的命运（布达佩斯的雕像公园于1993年开放)。其实,在这之前,当1947年印度宣布独立以后,英国女王维多利亚的雕像已经遭遇过同样的命运。①

这些捣毁艺术品的行为,像涂鸦一样,提供了大量的证据,可以讲述观众如何对图像做出反应的历史。有一批雕塑家在汉堡建造了一座"反纪念碑"(anti-monument)后,主动邀请公众做出反应,让他们在柱子上签字,以示团结,结果得到了各种完全不同的反应,有人写道"绝不允许法西斯主义死灰复燃",但也有人写上"外国佬滚出去",甚至有人写"只要是女孩我都爱",等等。②

所以,一点不奇怪,图像制作者也会设法控制公众对他们的作品做出的解释,主要的方法是向公众提供不同类型的线索。这种控制的做法有些是图画,有些是框架的设计,或者通过大小和颜色来强调画中的某个人物比其他人更为重要。另一种手段是画中有画,就像贺加斯的版画那样,在同一幅画里把教士萨切维雷尔与强盗麦克希思并列在一起,促使观众对他们进行比较。

此外,观众的反应还可以通过文字的方式加以影响和操

---

① David Freedberg, *The Power of Images* (Chicago, 1989), pp. 378-428; Dario Gamboni, *The Destruction of Art: Iconoclasm and Vandalism since the French Revolution* (London, 1997).

② James E. Young, 'The Counter-Monument: Memory against Itself in Germany Today', in William J. T. Mitchell, ed., *Art and the Public Sphere* (Chicago, 1992), pp. 49-78.

纵,例如奖章上的题词和摄影照片上的文字说明等。这类图像文本有些前面已做过讨论,例如贝叶挂毯上的文字说明可以让观众识别出眼睛中箭的那位勇士是国王哈罗德。又例如,在迭戈·里维拉的壁画中,有关的文字清楚地说明这是一个劳动场景,目的是鼓励观众参加劳动。奖章中的画像很小,观众用裸眼难以"解读",因此题铭非常重要。我曾经写过一本书讨论法国国王路易十四的官方图像。我在书中提出,为纪念这位国王的重大事件而制作的奖章上往往有题铭,无论从形式还是功能上讲,都相当于报纸上的文章标题。例如,1686年制作的一枚奖章上写有"法国王储一日而下二十城";另一枚奖章上镌有"闪电袭击阿尔及尔",指的是1683年法国对该城市的轰炸,把法国的军事行动表现为雷霆之力。①

本书的最后几页需要指出,潘诺夫斯基以后的许多学者不仅指出了其图像志和图像学方法中存在的弱点,而且分别提出了一些建设性的建议。他们提出的积极建议是否应当作为取代图像学的方法来对待呢?这是一个很难回答的问题。至少,就我个人的观点而言,答案是否定的,理由是潘诺夫斯

---

① Peter Wagner, *Reading Iconotexts: From Swift to the French Revolution* (London, 1995); Maren Stange, *Symbols of Social Life: Social Documentary Photography in America, 1890-1950* (Cambridge, 1989), pp. 44, 117-118; Peter Burke, *The Fabrication of Louis* XIV (New Haven, 1992), pp. 97-98, 102.

基所主张的图像研究方法的某些成分,完全可以同取代它的方法中的某些成分综合起来。本书的出发点是,如果不把图像与社会现实联系起来,那么,图像既不能反映社会现实,也不是一个符号系统,而是处于这两端之间的某些位置上。它们证明个人与社会群体据之以观察社会,包括观察他们想象中的社会的那些套式化但逐渐变化的方式。

我们现在应当来归纳一下本书将图像视为证据的讨论中提出的论点。正如我们所看到的,图像提供的证词往往被人们忽视,有时甚至被否定。文学批评家斯蒂芬·巴恩提出了一种更全面的怀疑论。他在最近出版的一本书中说道:"视觉形象不能证明任何东西——或者说,它们所证明的东西太琐碎,无法当作历史分析中的成分来加以考虑。"[1]图像提供的证词有时会被置之不理,理由是,它们所证明的不过是某个特定文化中当前流行的表现方法的惯例而已。肯定派与怀疑派或者结构主义者之间在这个问题上不断地发生冲突。前者认为画像携带着有关外部世界的可靠信息;后者主张没有,而是把注意力集中于绘画本身,集中于画像内部的组织以及各个部分之间的关系,或同类型的这幅画与那幅画之间的关系,而肯定派试图通过绘画去窥见画外的现实世界。

这场辩论多次让我联想到聋子之间的对话。如果用更带有视觉形象的方式来说,这场辩论与所谓的"鸭兔图"有点类

---

[1] Bann, *Under the Sign*, p.122.

似,都可以看作是鸭或是兔,但同时又什么也不像。尽管如此,我依然认为,只要有人愿意的话,可能存在着"第三条道路"。采用第三种方法并不意味着骑墙,而是小心谨慎地加以区分,正如我在写作本书的整个过程中试图做到的那样,避免用一种方法去简单地取代另一种方法,而是坚持传统历史研究中最严格的考证方法,并在考虑这一批评的基础上重构一种历史方法的规则。

采用第三种方法的人不再纠缠于图像是否可信的问题,而是关注于可信的程度及其方式,从不同的目标去关注其可信度。有人把图像视为"镜子"或"快照",与他们对立的一方只不过把图像视为一个符号系统或套式。第三种方法反对把双方简单地对立起来,而是主张图像的套式像文本一样,过滤了来自外部世界的信息,而不是排斥这些信息。当然,"怪物人种"是一种非常原始的套式(见第七章),它排斥任何信息,但属于特例。

例如,我们只要阅读一下19世纪的旅行家或历史学家写下的东西,或看一下同时代的画家创作的作品,就可以切实地认识到无论是个人还是群体使用的套式。表现异族文化的各种方法,例如表现中国文化的三种方法,都遵循着某种套式,但并不妨碍向我们传递有关中国文化的许多细节,以及19世纪的人们所持的态度、价值观和偏见的信息。

换句话说,图像所提供的有关过去的证词有真正的价值,可以与文字档案提供的证词相互补充和印证。事实确实如此,特别是有关事件史的图像。历史学家对史料档案非常熟悉,对他们来说,图像所提供的基本上是他们已经熟悉的东西。然而,即便如此,画像仍然可以增添一些东西,让历史学家进入过去的某些史料无法让他们接触到的方面。在文字史料缺乏或比较薄弱的研究领域中,图像提供的证词特别有价值,尤其是在研究非正式的经济活动的时候,在自下而上看历史的时候,在研究感受如何发生变化的时候。君主加冕或签订和约的绘画和版画描绘了场面的庄严气氛,可以说明人们如何看待这些仪式,同时也可以把重点放在典礼上或仪式化的事件上,例如17世纪的这类绘画让我们认识到,在那个时代的人们眼中,仪式是多么的重要。

在经济史和社会史的研究领域中,图像提供了特别有价值的证词,可以用它来证明街头贸易的习俗,而有关这一类贸易的文字记载非常少见,因为它们相对来说带有非正式的性质。这类图像可以用来补充行会档案提供的证据。有关其他文化的图像,正如我们一再看到的那样,可能不够准确,而且带有偏见,但作为证据,它们恰恰证明了偏见的存在。这本身就是一件再好不过的事情。正如美国历史学家彼得·帕雷特(Peter Paret)所指出的,使用图像作为证据,并非最不重要的一个好处是这个证据"可以让作者和读者一道来检验"。档案证据往往只提供给那些准备访问档案馆的人,因为这些档案收藏在档案馆内。这些人往往需要花费很长的时间去阅读档案。相反,绘画和摄影照片却往往比较容易获得,特别是复制的绘画和摄影照片,要浏览其中携带的信息,所花费的时间相对说来也不长。①

当然,非常明显,大多数图像的制作,像文本的制作一样,并不是为了以后被历史学家当作证据来使用。希望把图像当作证据来使用的任何人需要时刻认识到这一点,然而他们有时恰恰会忘记这一点。正如我们所看到的,大多数图像的制作是为了让它们发挥各种不同的功能,包括宗教的、美学的、政治的以及其他方面的各种功能。图像往往在社会的"文化建设"中发挥自己的作用。正是出于这些理由,我们可以说,图像见证了过去的社会格局,尤其是见证了过去的观察和思维方法。

这里还有一个问题,那就是如何解读图像提供的证词。我希望本书的读者不至于会期望把这本书变成一本如何对图像进行解码的"技巧手册",似乎所有的图像提出的谜团只有一个固定的答案。相反,本书的目的在于试图说明图像往往是含糊的,具有多义性。事实证明,高谈阔论一番不应当如何解读图像,说明还有哪些陷阱正在那里等待着我们使用的研究方法,然后做出几点归纳,恐怕要容易得多。多样性一直是当代的主题,其中包括图像的多样性以及使用它们的多样性。因此,关注不同研究领域的历史学家,例如研究科学史、性史、

---

① Peter Paret, *Imagined Battle: Reflections of War in European Art* (Chapel Hill, 1997), p.14.

战争史、政治史以及其他领域的历史学家,可以提出多种不同的方法去使用图像提供的证词。

即使在文化史学家当中,他们在使用视觉证据时也存在着很大差异。例如,布克哈特在《君士坦丁大帝时代》和《意大利文艺复兴时期的文化》中使用了绘画风格和图像学的证词,帮助他归纳出时代精神的特征,把越来越华丽的装饰解释为衰落的迹象,或把人物画像的兴起解释为个人主义的征兆。但其他历史学家在考察画像时,是为了寻找线索去发现社会生活中的微小细节,而不是试图去发现整个时代的特征。

这里可以用17世纪荷兰艺术家雅各布·奥克特维尔特所画的住宅大门和前廊的系列绘画作为例子来加以说明。对研究音乐史的历史学家来说,画像中的流浪乐师是非常珍贵的证据,可以证明音乐在当时荷兰的生活中所处的地位(图81)。对研究经济史的历史学家来说,他们最感兴趣的是画像中的小贩在家门口兜售的货物,它们主要是一些容易腐烂的食物,例如鱼和水果(葡萄和樱桃)。这些画像证明当时有上门做这类生意的习俗,而在其他类型的档案中找不到相关的记载。对于社会史学家来说,他们最感兴趣的是识别画像中小贩的身份,男人卖鱼和肉禽,妇女卖水果,说明当时已经存在性别的劳动分工。正如我们所看到的(见第五章),西蒙·沙玛在《富人的困窘》中把这些画像解释为边界的标志,把户内和户外、私人场所和公共场所、住宅和街道区分开来。他就边界所提出的观点与他的那本著作提出的一个主要论

图 81 《大门口的流浪乐师》,油画

雅各布·奥克特维尔特作,1665 年。现藏圣路易艺术博物馆。

点,即 17 世纪荷兰特质的建构,有一定的联系。①

---

① Cf. Francis Haskell, 'Visual Sources and *The Embarrassment of Riches*', *Past and Present* CXX (1988), 210-226.

然而，沙玛非常谨慎，没有贸然从个别图像直接跨入对荷兰特质做出归纳。他的分析之所以有说服力就在于他非常仔细地解读具体的画像。相反，同样是这位作者写的《风景与记忆》(*Landscape and Memory*)，虽然也是一本十分吸引人的著作，提供了能从森林、河流和岩石中产生历史联想的图库，但它像布克哈特的著作一样，倾向于简单地从列举的图像中得出人类有记忆以来的而不是某些特定时期的结论。

尽管不同的历史学家在分析技术上和目的上有明显的差异，但从以上各章对事例的具体分析中，我们还是可以得出几点归纳性的看法。出于谨慎，我们可以把这几点结论在这里重述一遍，不是把它们当作普遍适用的原则，而仅仅是对不同背景下反复出现过的问题和解释做一个归纳。① 当然，这里涉及的问题并不仅限于图像提供的证词，虽然在考察图像而不是文本的时候，例如"背景"也会呈现出一些不同的意义。

1. 图像不能让我们直接进入社会的世界，却可以让我们得知同时代的人如何看待这个世界，男人如何看待女人，中产阶级如何看待农民，平民如何看待战争，等等。历史学家不应当忘记图像的制作者在表现这个世界时有两种相反的趋势，一种是将它理想化，另一种是对它进行讽刺。他们面临的问题是需要把典型者的表象与异常者的画像区别开来。

---

① Robert M. Levine, *Images of History: 19th and Early 20th-Century Latin American Photographs as Documents* (Durham, NC., 1980), pp.75-148. 这本书以回答问卷的方式讨论了方法问题。

2. 图像提供的证词需要放在"背景"中进行考察,更准确地说,需要放在一系列多元的背景(文化的、政治的、物质的等)下考察,包括在特定的地点和时间(比如说)表现儿童的艺术套式,艺术家及当初的赞助者和顾客的爱好,以及准备让图像发挥什么作用。

3. 无论历史学家关注的是所有保留下来的、观赏者在某个特点的地点或时间能见到的所有图像(用赞克的话来说,就是"一个同时代的人所经历的图像的总和"),还是关注(比如说)炼狱的形象在时代的长期推移中发生的变化,系列图像所提供的证词总会比单个图像提供的证词更为可信。事实证明,法国历史学家所说的"系列史"(serial history)有时是极有帮助的。①

4. 无论是用图像证史还是用文本证史,历史学家都需要解读字里行间的内容,注意到微小而有重大意义的细节,包括具有重大意义的缺失,并把它们当作线索,以便寻找图像制作者并不知道他们已经知道了的信息,或寻找他们并不知道自己所持有的那些看法。莫雷利通过研究图像中所描绘的耳朵和手的形状来识别它的作者(见第一章),这对历史学家来说有重要的启发意义。

---

① Paul Zanker, *Augustus and the Power of Images* (1987: English trans. Ann Arbor, 1988); Michel Vovelle and Gaby Vovelle, *Vision de la mort et de l'au-delà en Provence* (Paris, 1970); Michel Vovelle, ed., *Iconographie et histoire des mentalités* (Aix, 1979).

这里可以举一个例子。摄影家奥古斯托·斯塔尔(Augusto Stahl)在1865年前后拍摄了一张里约热内卢的街景照片,表现了一家商店里面和外面的人群(图82)。这个商店在照片中只占了很小的一个角落,位于左下方边缘上,因此摄影者不大可能事先告诉照片中的那群人应如何站立,穿什么衣服(正如我们所看到的,19世纪的社会摄影有时也属于这种情况)。在人群中,有一个男人头戴礼帽却光着脚。这个事实可以拿来用作证据,证明在那个特定的地点和时间里,那个男人所属的社会阶级有什么样的穿着习俗。

图82 《里约热内卢的佛洛雷斯塔街》,摄影
奥古斯托·斯塔尔摄,约1865年。私人收藏。

这样的穿着习俗在今天的欧洲人看来似乎有些奇怪,因为在他们的心目中,礼帽可有可无,鞋子却不可或缺。然而,在 19 世纪的巴西,由于气候和社会的原因结合在一起,情况恰恰相反。草帽很便宜,皮鞋却相当贵。我们曾经从一本书中得知,非裔巴西人买鞋子是用作社会身份的象征,其实并不穿,上街时把鞋子捧在手中。这张照片实际上为本书反复提到的一个论点提供了最后一个事例,正如欧文·潘诺夫斯基常说的(引自福楼拜和瓦尔堡)一句话:"上帝啊,一切都在细节中。"(*Le bon Dieu est dans le détail.*)

参考书目

Abell, Walter, *The Collective Dream in Art* (Cambridge, MA, 1957)
Ades, Dawn, *et al.*, eds, *Art and Power* (London, 1996)
Agulhon, Maurice, *Marianne into Battle: Republican Imagery and Symbolism in France, 1789–1880* (1979: English trans. Cambridge, 1981)
Aldgate, Anthony, 'British Newsreels and the Spanish Civil War', *History* LVIII (1976), pp. 60–3
——, *Cinema and History: British Newsreels and the Spanish Civil War* (London, 1979)
Alexandre-Bidon, Danièle, 'Images et objets de faire croire', *Annales Histoire Sciences Sociales* LIII (1998), pp. 1155–90
Alpers, Svetlana, *The Art of Describing: Dutch Art in the Seventeenth Century* (Chicago, 1983)
——, 'Interpretation without Representation', *Representations* I (1983), 30–42
——, 'Realism as a comic mode: Low-life painting seen through Bredero's eyes', *Simiolus* VIII (1975–6), pp. 115–39
Anderson, Patricia, *The Printed Image and the Transformation of Popular Culture, 1790–1860* (Oxford, 1991)
Ariès, Philippe, *Centuries of Childhood* (1960: English trans. London, 1965)
——, *The Hour of Our Death* (1977: English trans. London, 1981)
——, *Un historien de Dimanche* (Paris 1980)
——, *Images of Man and Death* (1983: English trans. Cambridge, MA, 1985)
Armstrong, C. M. 'Edgar Degas and the Representation of the Female Body', in *The Female Body in Western Culture*, ed. S. R. Suleiman (New York, 1986)
Atherton, Herbert M, *Political Prints in the Age of Hogarth: A Study of the Ideographic Representation of Politics* (Oxford, 1974)
Baker, Steve, 'The Hell of Connotation', *Word and Image* I (1985), pp. 164–75
Bann, Stephen, 'Face-to-Face with History', *New Literary History* XXIX (1998), pp. 235–46
——, 'Historical Narrative and the Cinematic Image', *History & Theory Beiheft* XXVI (1987), pp. 47–67
Barnouw, Dagmar, *Critical Realism: History, Photography and the Work of Siegfried Kracauer* (Baltimore, 1994)
Barnouw, Eric, *Documentary: A History of the Non-Fiction Film* (New York, 1974)
Barrell, John, *The Dark Side of the Landscape* (Cambridge, 1980)
Barthes, Roland, *Camera Lucida* (1980: English trans. London, 1981)
——, *Image, Music, Text*, ed. Stephen Heath (New York, 1977), pp. 32–51
——, *Mythologies* (1957: English trans. London, 1972)
——, 'The Reality Effect' (1968: English trans. in Barthes, *The Rustle of Language*, Oxford, 1986), pp. 141–8
Baxandall, Michael, *Limewood Sculptors in Renaissance Germany* (New Haven, 1980)
——, *Painting and Experience in Fifteenth-Century Italy* (Oxford, 1972)

Belting, Hans, *Likeness and Presence* (1990: English trans. London, 1994)
Benjamin, Walter, 'The Work of Art in the Age of Mechanical Reproduction' (1936: English trans. in *Illuminations*, London, 1968), pp. 219–44
Berggren, Lars, and Lennart Sjöstedt, *L'ombra dei grandi: Monumenti e politica monumentale a Roma (1870–1895)* (Rome, 1996)
Bermingham, Ann, *Landscape and Ideology: The English Rustic Tradition, 1740–1860* (London, 1986)
Białostocki, Jan, 'The Image of the Defeated Leader in Romantic Art' (1983: reprinted in Białostocki, *The Message of Images*, Vienna, 1988), pp. 219–33
Binski, Paul, *Medieval Death: Ritual and Representation* (London, 1996)
Blunt, Antony, *Poussin* (2 vols, London, 1967)
Boime, Albert, *The Unveiling of the National Icons* (Cambridge, 1994)
Bondanella, Peter, *The Films of Roberto Rossellini* (Cambridge, 1993)
Borchert, James, *Alley Life in Washington: Family, Community, Religion and Folklife in an American City* (Urbana, 1980)
——, 'Historical Photo-Analysis: A Research Method', *Historical Methods* XV (1982), pp. 35–44
Bredekamp, Horst, *Florentiner Fussball: Renaissance der Spiele* (Frankfurt, 1993)
Brettell, Richard R. and Caroline B. Brettell, *Painters and Peasants in the Nineteenth Century* (Geneva, 1983)
Brilliant, Richard, 'The Bayeux Tapestry', *Word and Image* VII (1991), pp. 98–126
——, *Portraiture* (London, 1991)
——, *Visual Narratives: Storytelling in Etruscan and Roman Art* (Ithaca, 1983)
Brothers, Caroline, *War and Photography: A Cultural History* (London, 1997)
Brown, Patricia F., *Venetian Narrative Painting in the Age of Carpaccio* (New Haven, 1988)
Brubaker, Leslie, 'The Sacred Image', in *The Sacred Image. East and West*, ed. Robert Ousterhout and L. Brubaker (Urbana and Chicago, 1995), pp. 1–24
Brunette, Peter, *Roberto Rossellini* (New York, 1987)
Bryson, Norman, *Vision and Painting: The Logic of the Gaze* (London, 1983)
Bucher, Bernadette, *Icon and Conquest: A Structural Analysis of the Illustrations of de Bry's Great Voyages* (1977: English trans. Chicago, 1981)
Burke, Peter, *The Fabrication of Louis XIV* (New Haven, 1992)
Cameron, Averil, 'The Language of Images: The Rise of Icons and Christian Representation', in *The Church and the Arts*, ed. Diana Wood (Oxford, 1992), pp. 1–42
Camille, Michael, *Mirror in Parchment: The Luttrell Psalter and the Making of Medieval England* (London, 1998)
——, 'The *Très Riches Heures*: An Illuminated Manuscript in the Age of Mechanical Reproduction', *Critical Inquiry* XVII (1990–1), pp. 72–107
Carteras, S. P., *Images of Victorian Womanhood in English Art* (London, 1987)
Cassidy, Brendan, ed., *Iconography at the Cross-Roads* (Princeton, 1993)
Cederlöf, Olle, 'The Battle Painting as a Historical Source', *Revue Internationale d'Histoire Militaire* XXVI (1967), pp. 119–44
Christin, Olivier, *Une révolution symbolique: L'iconoclasme huguenot et la reconstruction catholique* (Paris, 1991)
Clark, Timothy J., *The Absolute Bourgeois: Art and Politics in France, 1848–1851* (London, 1973)
——, *Image of the People: Gustave Courbet and the 1848 Revolution* (London, 1973)
——, *The Painting of Modern Life: Paris in the Art of Manet and his Followers* (New Haven, 1985)
Clark, Toby, *Art and Propaganda in the 20th Century: The Political Image in the Age*

of Mass Culture (London, 1977)
Clayson, Hollis, *Painted Love: Prostitution in French Art of the Impressionist Era* (New Haven, 1991)
Collinson, Patrick, *From Iconoclasm to Iconophobia: The Cultural Impact of the Second Reformation* (Reading, 1986)
Comment, Bernard, *The Panorama* (1993: English trans. London, 1999)
Cosgrove, Denis, and Stephen Daniels, eds, *The Iconography of Landscape* (Cambridge, 1988)
Coupe, William A., *The German Illustrated Broadsheet in the Seventeenth Century* (2 vols, Baden-Baden, 1966)
Cousin, Bernard, *Le Miracle et le Quotidien: Les ex-voto provençaux images d'une société* (Aix, 1983)
Curtis, L. Perry jr, *Apes and Angels: The Irishman in Victorian Caricature* (Newton Abbot, 1971)
Davidson, Jane P., *David Teniers the Younger* (London, 1980)
——, *The Witch in Northern European Art* (London, 1987)
Davis, Natalie Z., *Slaves on Screen: Film and Historical Vision* (Toronto, 2000)
Desser, David, *The Samurai Films of Akira Kurosawa* (Ann Arbor, 1983)
Dillenberger, John, *Images and Relics: Theological Perception and Visual Images in Sixteenth-Century Europe* (New York, 1999)
Dowd, D. L., *Pageant-Master of the Republic: Jacques-Louis David and the French Revolution* (Lincoln, NE, 1948)
Duffy, Eamon, *The Stripping of the Altars* (New Haven, 1992)
Durantini, Mary Frances, *The Child in Seventeenth-Century Dutch Painting* (Ann Arbor, 1983)
Eco, Umberto, *La struttura assente: Introduzione alla ricerca semiologica* (Milan, 1968)
Edgerton, Samuel Y., *Pictures and Punishment: Art and Criminal Prosecution during the Florentine Renaissance* (Ithaca, 1985)
Elsner, Jas, *Art and the Roman Viewer* (Cambridge, 1995)
——, *Imperial Rome and Christian Triumph: The Art of the Roman Empire, AD 100–450* (Oxford, 1998)
Etlin, R., ed., *Nationalism in the Visual Arts* (London, 1991)
Ferro, Marc, *Cinema and History* (English trans. London, 1988)
Forsyth, Ilene H., 'Children in Early Medieval Art: Ninth through Twelfth Centuries', *Journal of Psychohistory* IV (1976), pp. 31–70
Foucault, Michel, *The Order of Things* (1966: English trans. London, 1970)
Fox, Celina, 'The Development of Social Reportage in English Periodical Illustration during the 1840s and Early 1850s', in *Past and Present* LXXIV (1977), pp. 90–111
Franits, Wayne, ed., *Looking at Seventeenth-Century Dutch Art: Realism Reconsidered* (Cambridge, 1997)
——, *Paragons of Virtue* (Cambridge, 1993)
Freedberg, David, *The Power of Images* (Chicago, 1989)
Fried, Michael, *Absorbtion and Theatricality: Painting and Beholder in the Age of Diderot* (Berkeley and Los Angeles, 1980)
Friedman, John B., *The Monstrous Races in Medieval Art and Thought* (Cambridge, MA, 1981)
Gamboni, Dario, *The Destruction of Art: Iconoclasm and Vandalism since the French Revolution* (London, 1997)
Garton Ash, Timothy, 'The Life of Death' (1985: reprinted in Timothy Garton Ash, *The Uses of Adversity*: second edn Harmondsworth, 1999), pp. 109–29

Gaskell, Ivan, 'Tobacco, Social Deviance and Dutch Art in the Seventeenth Century' (1987: reprinted in Franits, 1997), pp. 68–77
——, 'Visual History', in *New Perspectives on Historical Writing*, ed. Peter Burke (1991: second edn, Cambridge 2000), pp. 187–217
George, M. Dorothy, *English Political Caricature: A Study of Opinion and Propaganda* (2 vols, Oxford, 1959)
Gilman, Sander L., *Health and Illness: Images of Difference* (London, 1995)
——, *The Jew's Body* (New York, 1991)
Ginzburg, Carlo, 'Clues: Roots of an Evidential Paradigm' (1978: reprinted in C. Ginzburg, *Myths, Emblems, Clues* [London, 1990]), pp. 96–125
Goffman, Erving, *Gender Advertisements* (London, 1976)
Golomstock, Igor, *Totalitarian Art: In the Soviet Union, the Third Reich, Fascist Italy and the People's Republic of China* (London, 1990)
Gombrich, Ernst H., 'Aims and Limits of Iconology', in *Symbolic Images* (London, 1972), pp. 1–25
——, *The Image and the Eye* (London, 1982)
——, 'Personification', in *Classical Influences on European Culture*, ed. Robert R. Bolgar (Cambridge, 1971), pp. 247–57
——, *In Search of Cultural History* (Oxford, 1969)
——, 'The Social History of Art' (1953: reprinted in E. Gombrich, *Meditations on a Hobby Horse* [London, 1963]), pp. 86–94
Grabar, André, *Christian Iconography: A Study of its Origins* (Princeton, 1968)
Graham-Brown, Sarah, *Images of Women: Photography of the Middle East, 1860–1950* (London, 1988)
——, *Palestinians and their Society, 1880–1946: A Photographic Essay* (London, 1980)
Grenville, John, 'The Historian as Film-Maker', in *The Historian and Film*, ed. Paul Smith (London, 1976), pp. 132–41
Grew, Raymond, 'Picturing the People', in *Art and History: Images and Their Meanings*, eds Robert I. Rotberg and Theodore K. Rabb (Cambridge, 1988), pp. 203–31
Gruzinski, Serge, *La guerre des images* (Paris, 1990)
Gudlaugsson, S. J., *De comedianten bij Jan Steen en zijn Tijdgenooten* (The Hague, 1945)
Hale, John R., *Artists and Warfare in the Renaissance* (New Haven, 1990)
Harley, J. B., 'Deconstructing the Map' (1989: reprinted in *Writing Worlds*, ed. T. J. Barnes and James Duncan [London, 1992]), pp. 231–47
Harris, Enriqueta, 'Velázquez's Portrait of Prince Baltasar Carlos in the Riding School', *Burlington Magazine* CXVIII (1976), pp. 266–75
Haskell, Francis, *History and its Images* (New Haven, 1993)
——, 'The Manufacture of the Past in Nineteenth-Century Painting', *Past and Present* LIII (1971), pp. 109–20
Hassig, Debra, 'The Iconography of Rejection: Jews and Other Monstrous Races', in *Image and Belief*, ed. Colum Hourihane (Princeton, 1999), pp. 25–37
Hauser, Arnold, *The Social History of Art* (2 vols, London, 1951)
Held, Jutta, *Monument und Volk: Vorrevolutionäre Wahrnehmung in Bildern des ausgehenden Ancien Regime* (Cologne and Vienna, 1990)
Herbert, Robert L., *Impressionism: Art, Leisure and Parisian Society* (New Haven, 1988)
Herding, Klaus, and Rolf Reichardt, eds, *Die Bildpublizistik der Französischen Revolution* (Frankfurt, 1989)
Herlihy, David, 'Am I a Camera?', *American Historical Review* XCIII (1988), pp. 1186–92

Higonnet, Anne, *Berthe Morisot's Images of Women* (Cambridge, MA, 1992)
——, *Pictures of Innocence: The history and crisis of ideal childhood* (London, 1998)
Hirsch, Julia, *Family Photographs: Content, Meaning and Effect* (New York, 1981)
Holliday, Peter J., ed., *Narrative and Event in Ancient Art* (Cambridge, 1993)
Honig, Elizabeth A., 'The Space of Gender in Seventeenth-Century Dutch Painting', in Franits, pp. 187–201
Honour, Hugh, *The First Golden Land: European Images of America* (London, 1975)
Hope, Charles, 'Artists, Patrons and Advisers in the Italian Renaissance', in *Patronage in the Renaissance*, ed. Guy F. Lytle and Stephen Orgel (Princeton, 1981), pp. 293–343
Horn, Hendrik J., *Jan Cornelisz Vermeyen: Painter of Charles V and his Conquest of Tunis*, (2 vols, Doornspijk, 1989)
Hughes, Diane O., 'Representing the Family', in *Art and History*, eds Robert I. Rotberg and Theodore K. Rabb, (Cambridge, 1988), pp. 7–38
Hughes, William, 'The Evaluation of Film as Evidence', in *The Historian and Film*, ed. Paul Smith (London, 1976), pp. 49–79
Huizinga, Johan, *The Autumn of the Middle Ages* (1919: English trans. Chicago, 1996)
Hults, Linda C., 'Baldung and the Witches of Freiburg: The Evidence of Images', *Journal of Inter-Disciplinary History* XVIII (1987–8), pp. 249–76
Hurley, F. J., *Portrait of a Decade: Roy Stryker and the Development of Documentary Photography* (London, 1972)
Ivins, William H., Jr, *Prints and Visual Communication* (Cambridge, MA, 1953)
Jaffé, Irma B., *John Trumbull: Patriot-Artist of the American Revolution* (Boston, 1975)
Jarvie, Ian C., Seeing through Movies', *Philosophy of Social Science* VIII (1978)
Johns, Elizabeth, *American Genre Painting* (New Haven, 1991)
——, 'The Farmer in the Works of William Sidney Mount', in *Art and History*, eds Robert I. Rotberg and Theodore K. Rabb (Cambridge, 1988), pp. 257–82
Johnson, Edward D. H., *Paintings of the British Social Scene from Hogarth to Sickert* (London, 1986)
Jongh, Eddy de, 'Erotica in Vogelperspectief', *Simiolus* III (1968), pp. 22–72
——, 'The Iconological Approach to Seventeenth-Century Dutch Painting', in *The Golden Age of Dutch Painting in Historical Perspective*, ed. Franz Grijzenhout and Henk van Veen (1992: English trans. Cambridge, 1999), pp. 200–23
——, 'Realism and Seeming Realism in Seventeenth-Century Dutch Painting' (1971: English trans. in Franits, pp. 21–56
Jouve, Michel, 'Naissance de la caricature politique moderne en Angleterre (1760–1800)', in *Le journalisme d'ancien régime*, ed. Pierre Rétat (Paris, 1981), pp. 167–82
Kemp, Wolfgang, 'Death at Work: A Case Study on Constitutive Blanks in Nineteenth-Century Painting', *Representations* X (1985), pp. 102–23
Kern, Stephen, *Eyes of Love: The Gaze in English and French Paintings and Novels, 1804–1900* (London, 1996)
Kestner, Joseph, *Masculinities in Victorian Painting* (Aldershot, 1995)
Kinmonth, Claudia, 'Irish Vernacular Furniture: Inventories and Illustrations in Interdisciplinary Methodology', *Regional Furniture* X (1996), pp. 1–26
Klein, Robert, 'Considérations sur les fondements de l'iconographie' (1963: reprinted in *La Forme et l'intelligible*, Paris 1970), pp. 353–74
Kracauer, Siegfried, 'History of the German Film' (1942: reprinted in his *Briefwechsel*, ed. V. Breidecker, Berlin 1996), pp. 15–18
——, *History: The Last Things before the Last* (New York, 1969)

Kunzle, David, *The Early Comic Strip* (Berkeley, CA, 1973)
Kuretsky, Susan D., *The Paintings of Jacob Ochtervelt* (Oxford, 1979)
Lalumia, Matthew P., *Realism and Politics in Victorian Art of the Crimean War* (Epping, 1984)
Landau, David and Peter Parshall, *The Renaissance Print 1470–1550* (New Haven, 1994)
Lane, Richard, *Masters of the Japanese Print* (London, 1962)
Lawrence, Cynthia, *Gerrit Berckheyde* (Doornspijk, 1991)
Leith, James A., 'Ephemera: Civic Education through Images', in *Revolution in Print*, ed. Robert Darnton and Daniel Roche (Berkeley and Los Angeles, 1989), pp. 270–89
——, *The Idea of Art as Propaganda in France, 1750–1799* (Toronto, 1965)
Levine, Robert M., *Images of History: 19th and Early 20th Century Latin American Photographs as Documents* (Durham, NC, 1989)
Lévi-Strauss, Claude, 'Split Representation in the Art of Asia and America', in *Structural Anthropology* (1958: English trans. New York, 1963), pp. 245–68
Lewis, Suzanne, *Reading Images: Narrative discourse and reception in the 13thc illuminated Apocalypse* (Cambridge, 1995)
——, *The Rhetoric of Power in the Bayeux Tapestry* (Cambridge, 1999)
Link, Luther, *The Devil: A Mask without a Face* (London, 1995)
Lüsebrink, Hans-Jürgen, and Rolf Reichardt, *Die 'Bastille': Zur Symbolik von Herrschaft und Freiheit* (Frankfurt, 1990)
MacKenzie, John M., *Orientalism: History, Theory and the Arts* (Manchester, 1995)
Mâle, Emile, *L'art religieux de la fin du Moyen Age en France* (Paris, 1908)
——, *L'art religieux de la fin du seizième siècle: Etude sur l'iconographie après le concile de Trente* (Paris, 1932)
——, *The Gothic Image: Religious Art in France of the Thirteenth Century* (1902: English trans. New York, 1913)
Marin, Louis, *Etudes sémiologiques* (Paris, 1971)
Marrinan, Michael, *Painting Politics for Louis Philippe* (New Haven and London, 1988)
Mason, Peter, 'Portrayal and Betrayal: The Colonial Gaze in Seventeenth-Century Brazil', *Culture and History* VI (1989), pp. 37–62
Matless, David, *Landscape and Englishness* (London, 1998)
Meiss, Millard, *Painting in Florence and Siena after the Black Death* (Princeton, 1951)
Mellinkoff, Ruth, *Outcasts: Signs of Otherness in Northern European Art of the Later Middle Ages* (Berkeley, 1993)
Merback, Mitchell B., *The Thief, the Cross and the Wheel: Pain and the Spectacle of Punishment in Medieval and Renaissance Europe* (London, 1999)
Michalczyk, John J., *The Italian Political Film-Makers* (London, 1986)
Miles, Margaret R., *Image as Insight* (Boston, 1985)
Mitchell, William J. T., *Iconology* (Chicago, 1986)
——, ed., *Landscape and Power* (Chicago, 1994)
Mitter, Partha, *Much Maligned Monsters: History of European Reactions to Indian Art* (Oxford, 1977)
Monaco, James, *How to Read a Film* (New York, 1977)
Newman, Edgar, 'L'image de foule dans la révolution de 1830', *Annales Historiques de la Révolution Française* LII (1980), pp. 499–509
Nochlin, Linda, *Representing Women* (London, 1999)
——, 'Women, Art and Power', in *Visual Theory*, ed. Norman Bryson, Michael Holly and Keith Moxey (Cambridge, 1991), pp. 13–46

Novak, Barbara, *Nature and Culture: American Landscape and Painting 1825–1875* (1980, revised edn New York 1995)
Pächt, Otto, *The Rise of Pictorial Narrative in Twelfth-Century England* (Oxford, 1962)
Panofsky, Erwin, *Early Netherlandish Painting* (2 vols, Cambridge, MA, 1953)
——, *Gothic Architecture and Scholasticism* (1951: reprinted New York)
——, *Studies in Iconology* (New York, 1939)
——, 'Style and Medium in the Moving Pictures', *Transition* (1937) pp. 121–33
Paret, Peter, *Art as History: Episodes from 19th-Century Germany* (Princeton, 1988)
——, *Imagined Battles: Reflections of War in European Art* (Chapel Hill, 1997)
Pickering, Frederick P., *Literature and Art in the Middle Ages* (London, 1970)
Pollock, Griselda, *Vision and Difference* (London, 1988)
——, 'What difference does feminism make to art history?', in *Dealing with Degas*, ed. Richard Kendall and Griselda Pollock (London, 1992), pp. 22–39
——, 'What's Wrong with Images of Women?', reprinted in *Framing Feminism*, ed. Rozsika Parker and Griselda Pollock (London, 1977), pp. 132–8
Pomian, Krzysztof, *Collectors and Curiosities* (1987: English trans. Cambridge 1990)
Porter, Roy, 'Seeing the Past', *Past and Present* CXVIII (1988), pp. 186–205
Prendergast, Christopher, *Napoleon and History Painting* (Oxford, 1997)
Prince, Stephen, *The Warrior's Camera: The Cinema of Akira Kurosawa* (Princeton, 1991)
Pronay, Nicholas, 'The Newsreels: The Illusion of Actuality', in *The Historian and Film*, ed. Paul Smith (London, 1976), pp. 95–119
Qaisar, Ahsan Jan, *Building Construction in Mughal India: The Evidence from Painting* (Delhi, 1988)
Rabb, Theodore K. and Jonathan Brown, 'The Evidence of Art: Images and Meaning in History', in Rotberg and Rabb, pp. 1–7
Reichardt, Rolf, 'Prints: Images of the Bastille', in Robert Darnton and Daniel Roche, *Revolution in Print* (Berkeley and Los Angeles, 1989), pp. 223–51
Ringbom, Sixten, *From Icon to Narrative* (Åbo, 1965)
Roads, Christopher H., 'Film as Historical Evidence', *Journal of the Society of Archivists* III (1965–9), pp. 183–91
Rochfort, Desmond, *The Murals of Diego Rivera* (London, 1987)
Rogin, Michael, '"The Sword Became a Flashing Vision": D. W. Griffith's *The Birth of a Nation*', *Representations* IX (1985), pp. 150–95
Rosenberg, Pierre, *Le Nain* (Paris, 1993)
Rosenstone, Robert A., *Visions of the Past* (Cambridge MA, 1995)
Rosenthal, Donald A., *Orientalism: The Near East in French Painting 1800–80* (Rochester, NY, 1982)
Rotberg, Robert I., and Theodore K. Rabb, eds, *Art and History: Images and their Meanings* (Cambridge, 1988)
Ruby, Jay, *Picturing Culture: Explorations of Film and Anthropology* (Chicago, 2000)
Ryan, J. R., *Picturing Empire* (London, 1997)
Said, Edward, *Orientalism*, (1978: second edn London, 1995)
Samuel, Raphael, 'The Eye of History', in his *Theatres of Memory*, vol. 1 (London, 1994), pp. 315–36
Saxl, Fritz, 'A Battle Scene without a Hero', *Journal of the Warburg and Courtauld Institutes* III (1939–40), pp. 70–87
Schama, Simon 'The Domestication of Majesty: Royal Family Portraiture, 1500–1850', in Rotberg and Rabb, pp. 155–84
——, *The Embarrassment of Riches: An Interpretation of Dutch Culture in the Golden Age* (London, 1987)

——, *Landscape and Memory* (London, 1995)
Schapiro, Meyer, 'On Some Problems in the Semiotics of Visual Art', *Semiotica* I (1969), pp. 223–42
Schön, Erich, *Die Verlust der Sinnlichkeit oder die Verwandlungen des Lesers* (Stuttgart, 1987)
Schulz, Jürgen, 'Jacopo Barbari's View of Venice: Map Making, City Views and Moralized Geography', *Art Bulletin* LX (1978), pp. 425–74
Schwartz, Gary, and Marten J. Bok, *Pieter Saenredam: The Painter and his Time* (1989: English trans. Maarssen, 1990)
Screech, Timon, *The Western Scientific Gaze and Popular Imagery in Later Edo Japan* (Cambridge, 1996)
Scribner, Robert W., *For the Sake of Simple Folk* (1981: second edn Oxford, 1995)
Seidel, Linda, *Jan van Eyck's Arnolfini Portrait: Stories of an Icon* (Cambridge, 1993)
Seta, Cesare de', ed., *Città d'Europa: Iconografia e vedutismo dal xv al xviii secolo* (Naples, 1996)
Shawe-Taylor, Desmond, *The Georgians: Eighteenth-Century Portraiture and Society* (London, 1990)
Skinner, Quentin, 'Ambrogio Lorenzetti: The Artist as Political Philosopher', *Proceedings of the British Academy* LXXII (1986), pp. 1–56
Smith, Bernard, *European Vision and the South Pacific* (1960: second edn New Haven, 1985)
Smith, David, 'Courtesy and its Discontents', *Oud-Holland* C (1986), pp. 2–34
Smith, Lesley, 'Scriba, Femina: Medieval Depictions of Women Writing', in Lesley Smith and Jane H. M. Taylor, eds, *Women and the Book: Assessing the Visual Evidence* (London, 1996), pp. 21–44
Sprigath, Gabriel, 'Sur le vandalisme révolutionnaire (1792–94)', *Annales Historiques de la Révolution Française* LII (1980), pp. 510–35
Stange, Maren, *Symbols of Social Life: Social Documentary Photography in America, 1890–1950* (Cambridge, 1989)
Sullivan, Margaret, *Brueghel's Peasants* (Cambridge, 1994)
Sutton, Peter C., *Pieter de Hooch* (Oxford, 1980)
Tagg, John, *The Burden of Representation: Essays on Photographies and Histories* (Amherst, 1988)
Taylor, R., *Film Propaganda* (London, 1979)
Thomas, Keith, *Man and the Natural World* (London, 1983)
Thomas, Nicholas, *Possessions: Indigenous Art and Colonial Culture* (London, 1999)
Thompson, Paul, and Gina Harkell, *The Edwardians in Photographs* (London, 1979)
Thornton, Dora, *The Scholar in his Study* (New Haven, 1998)
Thornton, Peter, *The Italian Renaissance Interior* (London, 1991)
——, *Seventeenth-Century Interior Decoration in England, France and Holland* (New Haven, 1978)
Trachtenberg, Alan, *Reading American Photographs: Images as History, Mathew Brady to Walker Evans* (New York, 1989)
Trachtenberg, Joshua, *The Devil and the Jews: The Medieval Conception of the Jew and its Relation to Modern Antisemitism* (New York, 1943)
Trachtenberg, Marvin, *The Statue of Liberty* (1974: reprinted Harmondsworth, 1977)
Trexler, Richard, 'Florentine Religious Experience: The Sacred Image', *Studies in the Renaissance* XIX (1972), pp. 7–41
Vecchi, Alberto, *Il culto delle immagini nelle stampe popolari* (Florence, 1968)
Vovelle, Gaby, and Michel Vovelle, *Vision de la mort et de l'au-delà en Provence*

(Paris, 1970)
Vovelle, Michel, ed., *Iconographie et histoire des mentalités* (Aix, 1979)
——, ed., *Images de la Révolution Française* (Paris, 1988)
Wagner, Peter, *Reading Iconotexts: From Swift to the French Revolution* (London, 1995)
Warburg, Aby, *The Renewal of Pagan Antiquity* (1932: English trans. Los Angeles, 1999)
Warnke, Martin, *Political Landscape: The Art History of Nature* (1992: English trans. London, 1994)
Welch, David, *Propaganda and the German Cinema, 1933–1945* (Oxford, 1983)
White, Hayden, 'Historiography and Historiophoty', *American Historical Review* XCIII (1988), pp. 1193–99
Williamson, Judith, *Decoding Advertisements: Ideology and Meaning in Advertising* (London, 1978)
Wind, Edgar, *Pagan Mysteries in the Renaissance* (1958: second edn Oxford, 1980)
Wirth, Jean, *L'image médiévale: Naissance et développement* (Paris, 1989)
Yarrington, Alison, *The Commemoration of the Hero, 1800–1864: Monuments to the British Victors of the Napoleonic Wars* (New York, 1988)
Yates, Frances A., *Astraea: The Imperial Theme in the Sixteenth Century* (London, 1975)
Yeazell, Ruth B., *Harems of the Mind: Passages of Western Art and Literature* (New Haven, 2000)
Zanker, Paul, *Augustus and the Power of Images* (1987: English trans. Ann Arbor, 1988)
Zeman, Zbynek, *Selling the War: Art and Propaganda in World War II* (London, 1978)
Zika, Charles, 'Cannibalism and Witchcraft in Early Modern Europe: Reading the Visual Evidence', *History Workshop Journal* XLIV (1997), pp. 77–106
Zimmer, Heinrich, *Myths and Symbols in Indian Art and Civilisation* (1946: second edn New York, 1962)

索 引

absences　缺失　45，94，174—175

Ackermann, Rudolf　鲁道夫·阿克尔曼，1764—1814，德国版画家　84

advertisements　广告　94—97，107，173—174

aerial photography　航空摄影　25

Aldgate, Anthony　安东尼·阿尔杰特，英国历史学家　160

Alpers, Svetlana　斯韦特兰娜·阿尔珀斯，美国历史学家　84

Antal, Frederick　弗里德里克·安塔尔，1887—1954，匈牙利艺术史学家　178

Anti-heroic style　反英雄主义风格　70，149—150

Ariès, Philippe　菲利普·阿里耶斯，1914—1984，法国历史学家　12，104—107，114

Asch, Timothy　阿什·蒂莫西，美国电影导演　167

Ast, Friedrich　弗里德里希·阿斯特，1778—1841，德国古典学者　30

Augustus　奥古斯都，前27年—14年在位，罗马帝国皇帝　65—67，75

Bachofen, Johann Jacob　约翰·雅各布·巴霍芬，1815—1887，瑞士语言学家　170

Bakhtin, Mikhail　米哈依尔·巴赫金，1895—1975，俄国文化理论家　55

Bann, Stephen　斯蒂芬·巴恩，1942—　，英国批评家和历史学家　13，183—184

Barbari, Jacopo 雅各布·巴尔巴里,约1516年去世,威尼斯艺术家 31

Bargrave, John 约翰·巴格拉夫,1610—1680,基督教会大教堂教士 180

Barker, Henry Aston 亨利·阿斯顿·巴克尔,1774—1856,英国画家 147

Barker, Robert 罗伯特·巴克尔,1739—1806,英国画家 147

Barthes, Roland 罗兰·巴特,1915—1980,法国符号学家 22, 35, 169, 176—177, 179

Bartholdi, Frédéric Auguste 弗雷德里克·奥古斯特·巴托尔迪,1834—1904,法国雕塑家 62

Baxandall, Michael 迈克尔·巴克森德尔,1933— ,英国艺术史学家 180

Bayeux Tapestry 贝叶挂毯 10, 91—92, 96, 100, 153—154

Bellotto, Bernardo 贝纳多·贝洛托,1721—1780,威尼斯画家 84—85

Belting, Hans 汉斯·贝尔廷,德国历史学家 57

Benjamin, Walter 瓦尔特·本雅明,1892—1940,德国批评家 17

Berckheyde, Gerrit 格里特·贝克海德,1638—1698,荷兰画家,85—86

Bernini, Gian Lorenzo 吉安·洛伦佐·贝尼尼,1598—1680,罗马雕塑家 50, 53, 171

Bertolucci, Bernardo 贝尔纳多·贝托鲁奇,1940— ,意大利电影导演 167, 173

Bilac, Olavo 奥拉沃·比拉克,1865—1918,巴西新闻记者 140

Bingham, George Caleb 乔治·卡勒伯·宾汉,1811—1879,美国艺术家 103—104

Boas, Franz 弗朗茨·博阿斯,1858—1942,德国-美国人类学家 155

Bosch, Hieronymus 希罗尼穆斯·波西,约1450—1516,德国画家 53

Bosse, Abraham 博斯,1802—1676,法国版画家 115—117

Botticelli, Sandro 山德罗·波提切利,1445—1510,佛罗伦萨画家 33, 37, 39

Bourke-White, Margaret 玛格丽特·伯克-怀特,1904—1971,美国摄影家 23, 120

Brady, Mathew 马修·布拉迪,1831—1896,美国摄影家 148

Brahe, Tycho 第谷·布拉赫,1546—1601,丹麦天文学家 82

Braudel, Fernand 费尔南·布罗代尔,1902—1985,法国历史学家 81

Brazil 巴西 60, 82, 124, 126—128, 188—189

Brownlow, Kevin 凯文·布朗洛,1938— ,英国电影导演 162

Brueghel, Pieter, the Elder 老彼得·勃鲁盖尔,约1520—1569,尼德兰画家 137—138, 173

Bruno, Giordano 乔丹诺·布鲁诺,1548—1600,意大利的异教徒 78—79

Buddhism 佛教 47, 162

Buñuel, Luis 路易斯·布纽埃尔,1900—1983,西班牙电影导演 171

Burckhardt, Jacob 雅各布·布克哈特,1618—1897,瑞士文化史学家 11, 33, 41, 186

Burke, Edmund 埃德蒙·伯克,1729—1797,爱尔兰政治思想家 44

Callot, Jacques 雅克·卡洛,约1592—1635,来自洛林的艺术家 50, 150, 152

Camille, Michael 迈克尔·米歇尔,美国艺术史学家 17, 109

Canal, Giovanni Antonio 乔万尼·安东尼奥·卡纳尔,又名卡纳莱托(Canaletto),1697—1768,威尼斯画家 84

Cannibals 野蛮人 126—128

Capa, Robert 罗伯特·卡帕, 1913—1954, 匈牙利-美国摄影家 23—24

caricature 漫画 79, 122

Carpaccio, Vittore 维托雷·卡尔帕乔, 约1465—1525, 威尼斯画家 14, 84, 92, 97

Carr, Edward H. 爱德华·H.卡尔, 1892—1982, 英国历史学家 19, 160

Cassirer, Ernst 恩斯特·卡西尔, 1874—1975, 德国哲学家 35

Cavell, Edith 艾迪思·卡维尔, 1865—1915, 英国护士 76

Ceausescu, Nicolae 尼古拉·齐奥塞斯库, 1918—1989, 罗马尼亚领袖 74

Cederström, Gustaf 古斯塔夫·塞德斯特伦, 1845—1933, 瑞士画家 158

Cerquozzi, Michelangelo 米开朗基罗·塞尔夸齐, 1602—1660, 意大利画家 142

Certeau, Michel de 米歇尔·德·塞托, 1925—1986, 法国理论家 178

Charles V 查理五世, 1516—1555, 神圣罗马帝国皇帝 25, 60, 67—69, 141, 145, 148, 151—153

Chéret, Jules 朱尔斯·谢雷特, 1836—1932, 法国广告牌设计家 94

Children 儿童 104—107, 114

China 中国 63—64, 93, 108—110, 113, 123, 132

Constable, John 约翰·康斯太勃尔, 1776—1837, 英国画家 44

Constantine 君士坦丁, 312—337年在位, 罗马皇帝 67

context 背景 178—180

Cranach, Lucas 卢卡斯·克拉纳赫, 1472—1553, 德国艺术家 55—56, 151, 173

索　引

Crane, Stephen　斯蒂芬·克雷恩,1871—1900,美国作家　149
Crivelli, Carlo　卡洛·克里韦利,1430—1495,威尼斯画家　88
crowds　群众　117

Daguerre, Louis　路易·达盖尔,1787—1851,法国达盖尔银版摄影法的发明者　23
Dali, Salvador　萨尔瓦多·达利,1904—1989,西班牙画家　41
Dardel, Fritz Ludvig von　弗里茨·路德维格·冯·达德尔,1817—1901,瑞典军人和艺术家　97—98,122
Daumier, Honoré　奥诺雷·杜米埃,1808—1879,法国艺术家　79,180
David, Jacques-Louis　雅克-路易·大卫,1748—1825,法国画家　69—70,73,140,160,182
Davis, Natalie Z.　娜塔莉·Z.戴维斯,1929—　,美国历史学家　164
Debret, Jean-Baptiste　让-巴蒂斯特·德布雷,1768—1848,法国艺术家　82
deconstruction　解构　176—177
Degas, Edgar　爱德加·德加,1834—1917,法国艺术家　136
Delacroix, Eugene　欧仁·德拉克洛瓦,1708—1863,法国画家　15—16,61—62,129—131,180
Delaroche, Paul　保罗·德拉罗什,1797—1856,法国画家　158
Delumeau, Jean　让·德吕莫,1923—　,法国历史学家　54
Deneuve, Catherine　凯特琳·德纳芙,1943—　,法国女演员　95
Depardieu, Gérard　杰拉尔·德帕迪约,1948—　,法国电影演员　164
Derrida, Jacques　雅克·德里达,1930—　,法国哲学家　176
Desjardins, Martin　马丹·德雅尔丹,1637—1694,佛兰德斯-法国雕塑

家　69

Desmoulins, Camille　卡米尔·德穆兰,1760—1794,法国新闻记者　79

details, significant　重要细节　32—33,52,62,81,93—94,102,188—189

documentary style　纪实风格　14,22,130,159

doubling　146,172

Douglas, David　戴维·道格拉斯,1898—1982,英国历史学家　10

Doyle, Sir Arthur Conan　亚瑟·柯南道尔爵士,1859—1930,英国作家　32—33,81

Drebbel, Cornelis　科内利斯·德雷贝尔,约1572—1633年,荷兰发明家　84

Dryden, John　约翰·德莱登,1631—1700,英国诗人　126

Dürer, Albrecht　阿尔布雷希特·丢勒,1411—1528,德国艺术家　93

Duplessis, Joseph‐Siffréde　约瑟夫-西弗雷德·迪普莱西,1725—1802,法国画家　28

Eco, Umberto　安伯托·艾柯,1932—　,意大利符号语言学家和小说家　32,96,174

Eisenstein, Sergei　谢尔盖·埃森斯坦,1898—1948,苏联电影导演　161,180

Elizabeth I　伊丽莎白一世,1558—1601年在位,英格兰女王　59

Erlanger, Philippe　菲利普·埃尔朗热,1903—　,法国历史学家　163

ethnographic style　人种学风格　14,130

Eugen of Sweden　瑞典的欧根,1865—1947,亲王兼艺术家　43

ex-votos　供奉画　50—51

Eyck, Jan van 扬·凡·艾克,约 1389—1441,佛兰德斯画家 14
eye, innocent 纯真之眼 19
eyewitnessing 目击,参见 documentary, ethonographic styles 14, 143, 162, 179—180

Falconet, Etienne-Maurice 埃田纳-莫里斯·法尔科内,1716—1791,法国雕塑家 67
Félibien, Andre 安德雷·菲利比昂,1619—1695,法国艺术批评家 119
Fellini, Federico 费德里科·费里尼,1920—1993,意大利电影导演 161
Feminism 女权主义 179
Fenton, Roger 罗杰·芬顿,1819—1869,英国摄影家 148
formula 公式 96, 144, 146—147, 154, 156
Foucault, Michel 米歇尔·福柯,1926—1984,法国哲学家 34, 174
Fox, Charles James 查尔斯·詹姆斯·福克斯,1749—1806,英国政治家 76—77
Fox-Talbot, William Henry 威廉·亨利·福克斯-塔尔波特,1800—1877,英国摄影家 103—103
Fragonard, Jean-Honoré 让-奥诺雷·弗拉戈纳尔,1732—1806,法国艺术家 114
Frederick William of Brandenburg 布兰登堡的弗雷德里克·威廉,1640—1688 年在位,"大选侯" 67
Freedberg, David 大卫·弗里德伯格,英国艺术史家 57, 179
Freud, Sigmund 西格蒙德·弗洛伊德,1855—1939,奥地利心理学家 32, 169—171
Freyre, Gilberto 吉尔伯托·弗雷尔,1900—1987,巴西社会学家和历史学

家 11—12

Fried, Michael　迈克尔·弗雷德,美国艺术史学家　179

Friel, Brian　布里安·弗里尔,1929—　,北爱尔兰剧作家　167

Gainsborough, Thomas　托马斯·庚斯博罗,1727—1788,英国画家　26

Gama, Vasco da　瓦斯科·达·伽马,约1469—1525,葡萄牙航海家　123

Gardner, Robert　罗伯特·加德纳,美国电影导演　150

gaze　凝视　125—126,135

Geertz, Clifford　克利福德·格尔茨,1926—　,美国人类学家　175—176

genre　类型　114—116,159

Gérard, François　弗朗索瓦·热拉尔,1770—1837,法国画家　71

Gerasimov Aleksandr　亚历山大·格拉希莫夫,1881—1963,苏联画家　74

Gerasimov Sergei　谢尔盖·格拉希莫夫,1885—1964,苏联画家　120

Géricault, Théodore　泰奥多尔·热里科,1791—1824,法国画家　129

Gérome, Jean-Léon　让-莱昂·热罗姆,1824—1904,法国画家　129—130

Gerz, Jochen and Esther　约岑·格尔兹和埃斯特尔·格尔兹,德国雕塑家　79

Gillray, James　詹姆斯·吉尔雷,1756—1815,英国艺术家　79

Gilman, Sander　桑德尔·吉尔曼,美国艺术史学家　139

Gilpin, William　威廉·吉尔平,1724—1804,英国作家　44

Ginsburg, Carlo　卡洛·金兹伯格,1939—　,意大利历史学家　32,170

Giorgione　乔尔乔涅,约1478—1510,威尼斯画家　43

Goethe, Johann Wolfgang von　约翰·沃尔夫冈·冯·歌德,1749—1832,德国作家　101

Goffman, Erving　欧文·戈夫曼,1922—1982,美国社会学家　26

Gombrich, Ernst H. 恩斯特·H.贡布里希,1909— ,奥地利—英国艺术史学家 14,32,36,41

Goubert, Pierre 彼埃尔·古贝尔,1915— ,法国历史学家 118

Goya, Francisco de 弗朗西斯科·德·戈雅,1746—1828,西班牙画家 25,140,149,180

Graham-Brown, Sarah 萨拉·格雷厄姆-布朗,摄影史学家 22

Grégoire, Henri 亨利·格雷戈瓦尔,1750—1831,法国革命者,教士 78

Gregory the Great 大格里高利,约540—604,教皇 35,46,48,54

Grenville, John 约翰·格伦维尔,1928— ,英国历史学家 160

Grien, Hans Baldung 汉斯·巴尔东·格里昂,1470—1545,德国艺术家 136

Griffith, H. W. H. W. 格里菲斯,1875—1948,美国电影导演 157,159,181

Gros, Antoine-Jean 安托万-让·格罗斯,1771—1835,法国画家 147

Grosz, Georg 乔治·格罗斯,1893—1959,德国艺术家 135—136

Guicciardini Francesco 弗朗西斯科·奎恰迪尼,1483—1540,意大利历史学家 147

Guys, Constantin 康士坦丁·居伊,1802—1892,法国艺术家 15,130,148

Hale, John 约翰·哈尔,1923—2000,英国历史学家 146

Hamdi, Osman 奥斯曼·哈姆迪,又称"哈姆迪总督",1842—1910,奥斯曼帝国画家 130

Haskell, Francis 弗朗西斯·哈斯克尔,1928—2000,英国艺术史学家 10,13,158,178

Hauser, Arnold 阿诺德·豪泽,1892—1978,匈牙利艺术史学家 31—32, 178

Hellqvist, Carl 卡尔·赫尔奎斯特,1851—1890,瑞士画家 158

Herodotus 希罗多德,约公元前484—前420,希腊历史学家 124

heroic style 英雄主义风格 65—68, 73, 148—150, 156

Hersent, Louis 路易·埃尔森,1777—1860,法国画家 29, 182

Hill, Christopher 克里斯托弗·希尔,1912— ,英国历史学家 162

Hinduism 印度教 47, 123

Hine, Lewis 刘易斯·海恩,1874—1940,美国摄影家 21—22

Hitler, Adolf 阿道夫·希特勒,1889—1945,德国独裁者 71, 72, 74—75

Hogarth, William 威廉·贺加斯,1697—1764,英国艺术家 104—105, 115, 117, 134, 144, 151, 173, 183

Holmes, Sherlock 夏洛克·福尔摩斯,小说中虚构的侦探 32, 81

Hooch, Pieter de 彼得·德·霍赫,1629—1684,荷兰画家 87, 89

Huizinga, Johan 约翰·赫伊津哈,1879—1945,荷兰文化史学家 11, 41, 155

Hunt, William Holman 威廉·霍尔曼·亨特,1827—1910,英国画家 157—158

iconoclasm 捣毁圣像运动 54—55, 78, 182

iconography 图像志 34—45

iconology 图像学 34, 36

iconotexts 图像文本 39, 143, 159, 183

icons, iconostasis 圣像间壁 54

idealization 理想化 15—16, 117—119, 153, 187

image management 画像布局 73, 77

Ingres, Jean-Auguste-Dominique 让－奥古斯特－多米尼克·安格尔, 1780—1867, 法国画家 73, 129—130

Intertextuality 交织 97, 104

Ivins, William H., Jr. 小威廉·M. 埃文斯, 1881—1961, 美国古籍收藏馆主任 17

Izquierdo, Sebastian 塞巴斯蒂亚诺·伊斯基耶多, 1601—1681, 西班牙耶稣会士 52

Jancsó, Miklós 米克洛斯·扬索, 1921— , 匈牙利电影导演 165—166

Japan 日本 82, 94, 108—109, 123, 132, 162, 167

Jaucourt, Louis 路易·若古, 1704—1779, 法国文人 59—60

Jews 犹太人 135—136

Joan of Arc 圣女贞德, 约 1412—1431, 法国圣女 52—53

Johnson, Eastman 伊斯特曼·约翰逊, 1824—1906, 美国画家 14, 131—132

Jongh, Eddy de 埃迪·德·容, 荷兰艺术历史学家 36, 88, 107

Klee, Paul 保罗·克利, 1879—1940, 瑞士艺术家 46

Kleiner, Solomon 索罗门·克莱纳, 1703—1761, 德国艺术家 108

Kracauer, Siegfried 西格弗里德·克拉考尔, 1889—1966, 德国电影史学家和理论家 23, 33, 163, 166

Kurosawa, Akira 黑泽明, 1910—1998, 日本电影导演 162, 167

Lacan, Jacques 雅克·拉康,1901—1981,法国心理分析学家 125

landscapes 风景 42—45

Lange, Dorothea 多罗西娅·兰格,1895—1965,美国摄影家 22,120

Le Nain brothers 勒南兄弟,安托万·路易·勒南和马修·勒南,活跃于 1620—1648 年,法国画家 105,117—119

Lenin, Vladimir Ilych 弗拉基米尔·伊里奇·列宁,1870—1924,俄国革命家 71—75,78

Leonardo da Vinci 列奥纳多·达·芬奇,1452—1519,托斯卡纳艺术家 147,171

Lessing, Gottfried Ephraim 戈特弗里德·埃弗雷姆·莱辛,1729—1781,德国文学批评家 175

Lévi-Strauss, Claude 克洛德·列维-斯特劳斯,1908— ,法国人类学家 146,172,175—176

Levine, Robert 罗伯特·列文,美国历史学家 12

liberty 自由 61—64,146

Loggan, David 戴维·洛根,1634—1692,德国版画家 32,84

Lorrain, Claude 克劳德·洛兰,1600—1682,来自洛林的画家 43

Louis XIII 路易十三,1610—1643 年在位,法国国王 67,152

Louis XIX 路易十四,1643—1715 年在位,法国国王 28—29,59—60,67,69,73,78,145,147—148,152,162—164,174,183

Louis XV 路易十五,1715—1774 年在位,法国国王 20,87

Louis XXI 路易十六,1774—1792 年在位,法国国王 28—29,135

Louis XXVIII 路易十八,1815—1824 年在位,法国国王 71,182

Louis Philippe 路易·菲利普,1830—1848 年在位,法国国王 29,62,69,79,181

Low, David　戴维·洛,1892—1963,英国漫画家　79

Loyola, Ignatius　圣依纳爵·罗耀拉,1491—1556,西班牙圣徒　52, 54

Luther, Martin　马丁·路德,1483—1546,德国宗教改革家　55—56,141

Mâle, Emile　埃米尔·马勒,1862—1954,法国艺术史学家　35

Manet, Edouard　爱德华·马奈,1832—1883,法国画家　115, 136, 140

Manuel, Niklaus　尼克劳斯·曼纽埃尔,约1484—1530,瑞士画家　148

Manzoni, Alessandro　亚历山德罗·曼佐尼,1785—1873,意大利作家　119,157

maps　地图　17, 31

Marcus Aurelius　奥勒留斯·马库斯,161—180年在位,罗马帝国皇帝　67—68

Matejko, Jan　扬·马泰伊科,1838—1893,波兰画家　158

McCahon, Colin　柯林·麦克卡洪,1919—1987,新西兰画家　44

medals　奖章　144—145, 152, 177

Meissonier, Ernest　恩斯特·梅索尼埃,1815—1891,法国画家　158

Mellinkoff, Ruth　鲁思·梅林科夫,美国历史学家　135, 139

Menzel, Adolph　阿道夫·门采尔,1815—1905,德国画家　158

Merian, Matthäus, the Elder　老马萨乌斯·梅里安,1593—1650,瑞士版画家　141

Metsu, Gabriel　加布里埃尔·梅特苏,1629—1669,荷兰画家　105

Millais, John　约翰·米莱斯,1829—1896,英国画家　108

Millet, Jean-François　让-弗朗索瓦·米莱,1814—1875,法国画家　119

misunderstanding　误解　40, 181

Mitchell, William　威廉·米歇尔,美国文学批评家　12

Monet, Claude 克劳德·莫奈,1840—1926,法国画家 42—43, 115

monstrous races 怪物种族 126—128

Montagu, Lady Mary Wortley 玛丽·沃特利·蒙塔古夫人,1689—1762,英国旅行家 129

Morelli, Giovanni 乔万尼·莫雷利,1816—1891,意大利艺术鉴赏家 21, 32—33, 39, 170

Mucha, Alphonse 阿方斯·穆夏,1860—1939,捷克广告牌设计师 94

Mussolini, Benito 本尼托·墨索里尼,1883—1945,意大利独裁者 71, 74

Napoleon Bonaparte 拿破仑·波拿巴,1769—1821,法国皇帝 69—70, 73, 78, 147—148, 182

Nelson, Horatio 贺拉修·纳尔逊,1758—1805,英国海军上将 76

Nightingale, Florence 弗洛伦斯·南丁格尔,1820—1910,英国护士 76

Nikon 尼孔,俄国大教长 1605—1681

Nochlin, Linda 琳达·诺克林,美国艺术史学家 179

nudity 裸体 38—39

Ochtervelt, Jacob 雅各布·奥克特维尔特,1634—1682,荷兰画家 88, 186

Olier, Jean-Jacques 让-雅克·奥列尔,1608—1657,法国宗教作家 119

Olivares, Count-Duke of 奥利瓦雷公爵,1587—1645,西班牙政治家 181—182

Ophuls, Marcel 马塞尔·奥菲尔斯,1927— ,法国电影导演 155

Orieniahsm 东方主义 128—131

Organ, Bryan 布里安·奥尔,1935— ,英国画家 26

O'Sullivan, Timothy 蒂莫西·奥苏利文,1840—1882,美国摄影师 24

Panofsky, Erwin 欧文·潘诺夫斯基,1892—1968,德国艺术史学家 34—45, 168—169, 176, 178

Panorama 全景画 147—148, 158

Paret, Peter 彼得·帕雷特,美国历史学家 185

Pasini, Alberto 阿尔伯托·帕西尼,1826—1899,意大利画家 130—131

peasants 农民 120, 122, 136—138

Penny, Nicholas 尼古拉斯·彭尼,英国艺术史学家 77

period eye 时代之眼 180

picturesque 如画 44, 110

Pliny the Elder 老普利尼,公元前23—79,古罗马作家 127

point of view 观点 30—31, 121—122

police records 警方档案 14

Pollock, Griselda 格里塞尔达·波洛克,1949— ,艺术史学家 179

Pontecorvo, Gillo 吉洛·庞特科沃,1919— ,意大利电影导演 164—165

portraits 人物肖像 25—30

Poussin, Nicolas 尼可拉·普桑,1594—1665,法国画家 35

printing 印制 16—17, 83

programme, pictorial 画像套式 36

propaganda 宣传 58, 79, 87, 145, 153

Pronay, Nicholas 尼古拉斯·普罗奈,英国历史学家 160

Propp, Vladimir 弗拉基米尔·普罗普,1895—1970,俄国民俗学家 172—173

psychology, psychoanalysis 心理学,心理分析学 95, 125, 169—171

Puenzo, Luis 路易斯·普恩佐,1945— ,阿根廷电影导演 167

Quadros, Jánio 让尼奥·库亚德罗斯,1917—1992,巴西总统 60

Ranke, Leopold von 列奥波德·冯·兰克,1795—1886,德国历史学家 23

reading images 解读画像 35, 143, 177

reading, images of 解读的画像 100—102, 113—114

realism 现实主义,see also Socialist Realism 30, 149

reality effect 真实效应 22

Reformation 宗教改革 55—57

Reitz, Edgar 埃德加·雷兹,1932— ,德国电影导演 166

Rejlander, Oscar Gustav 奥斯卡·古斯塔夫·赖兰德,瑞典摄影家 23

Rembrandt 伦勃朗,1606—1669,荷兰画家 76,114

Renier, Gustaaf 古斯塔夫·雷尼埃,1892—1962,荷兰历史学家 13

Renoir, Auguste 奥古斯特·雷诺阿,1841—1910,法国画家 115

representations 表现 174

Reynolds, Joshua 乔舒亚·雷诺兹,1723—1792,英国画家 27, 76

Richard II 理查德二世,1377—1399 年在位,苏格兰国王 28, 59

Riefenstahl, Leni 莱妮·里芬斯塔尔,1902— ,德国电影导演 72

Rigaud, Hyacinthe 亚森特·里戈,1659—1743,法国画家 28

Riis, Jacob A. 雅各布·A.里斯,1849—1914,丹麦—美国摄影家 22

Ripa, Cesare 切萨雷·里帕,约1555—1622,意大利艺术作家 34, 61

Rivera, Diego 迭戈·里维拉,1886—1957,墨西哥画家 43, 64—65, 135

Rizi, Francisco 弗朗西斯科·里齐,1614—1685,西班牙画家 140

Roche, Daniel 丹尼尔·罗什,1931— ,法国历史学家 81

Rossellini, Roberto 罗伯托·罗塞利尼,1906—1977,意大利电影导演 157, 162—164

Roubaud, Franz 弗伦茨·鲁博,1856—1928,德国画家 158

Ruskin, John 约翰·拉斯金,1819—1900,英国艺术批评家 25

Saavedra Fajardo, Diego de 迭戈·德·萨维德拉·法雅尔多,1584—1648,西班牙政治思想家 61

Saenredam, Pieter 彼得·沙恩雷丹,1597—1665,荷兰画家 97—99

Said, Edward 爱德华·萨义德,1935— ,巴勒斯坦—美国批评家 128—129, 134

Samuel, Raphael 拉菲尔·塞缪尔,1934—1996,英国社会史学家 10, 23

Sander, August 奥古斯特·桑德尔,1876—1964,德国摄影家 103—104

satire, pictorial 画讽 25, 116—117, 122, 144, 187

Saxl, Fritz 弗里茨·萨克斯尔,1890—1948,德国艺术史学家 35

Schama, Simon 西蒙·沙玛,1945— ,英国历史学家 12, 105, 107, 187

Schapiro, Meyer 迈耶·夏皮罗,美国艺术史学家 172

Schön, Erich 艾里希·舍恩,德国文学史学家 101

Scorsese, Martin 马丁·斯科塞斯,1942— ,美国导演 101

Scott, Sir Walter 瓦尔特·斯各特爵士,1771—1832,苏格兰作家

157, 161

Scribner, Robert 罗伯特・斯克里布纳, 1941—1998, 澳大利亚历史学家 55, 168

semiotics 符号语言学 95—96, 146, 151, 171—177

series of images 连环画 46—47, 151—152, 187—188

Serov, Vladimir 弗拉基米尔・塞尔罗夫, 1910—1968, 苏联画家 71—72

Shurpin, Fyodor 费奥多尔・舒尔平, 1904— , 苏联画家 30, 73

Skinner, Quentin 昆廷・斯金纳, 1940— , 英国历史学家 60

snapshot culture 快照文化 21

social photography 社会摄影学 22

Socialist Realism 社会主义的现实主义 64, 120

Song of Roland 《罗兰之歌》 123—124

Spielberg, Stephen 斯蒂芬・斯皮尔伯格, 1946— , 美国电影导演 161

split representation 分离式表现法 146, 172

Stahl, Augusto 奥古斯托・斯塔尔, 巴西摄影家 188

Stakhanov, Gregor 格雷戈尔・斯达汉诺夫, 苏联矿工 76, 160

Stalin, Joseph 约瑟夫・斯大林, 1870—1953, 苏联领袖 30, 71—72, 73, 74—75, 78, 180

Steen, Jan 扬・斯丁, 1626—1679, 荷兰画家 90, 105

stereotype 套式, see formula 125—139,

structuralism 结构主义 95—96, 146, 151, 171—177

Stryker, Roy 罗伊・斯特莱克, 1882—1975, 美国摄影家 23, 103

studies, scholars in 书房中的学者 92—94

Swammerdam, Jan 简・施旺麦丹, 1637—1680, 荷兰解剖学家和昆虫学家 84

Tasso, Torquato 托尔夸托·塔索,1544—1595,意大利诗人 147

Tenniel, John 约翰·坦尼尔,1820—1914,英国艺术家 60,134—135

Ter Borch, Gerard 杰拉德·特·伯赫,1617—1681,荷兰画家 143

Teresa of Avila 阿维拉的圣特雷萨,1515—1582,西班牙圣徒 51

Thomas, Keith 基思·托马斯,1933— ,英国历史学家 32

Tibet 西藏 124—125

Tischbein, Wilhelm 威廉·蒂施拜因,1751—1820,德国艺术家 101

Titian 提香,约1481—1576,威尼斯画家 26,37—40,140

Trii Kiyomasu 鸟居清倍,1697—1722,日本艺术家 110

townscape 城镇风光 84—87,108

Trachtenberg, Alan 阿兰·特拉亨伯格,美国批评家 122

Trumbull, John 约翰·特朗布尔,1756—1843,美国画家 142—143

Typicality, 典型性 102—103,122

Uccello, Paolo 保罗·乌切洛,1397—1475,佛罗伦萨画家 82

Valentino, Rudolph 鲁道夫·瓦伦蒂诺,1895—1926,意大利-美国演员 130

Valéry, Paul 保罗·瓦莱里,1871—1945,法国诗人 21

Vandalism 汪达尔运动,see iconoclasm

Van der Meulen, Adam-Frans 亚当·凡·德·缪伦,1632—1690,佛兰德斯战地艺术家 148

Vasari, Giorgio 乔尔乔·瓦萨里,1511—1574,托斯卡纳艺术家 147

Velázquez, Don Diego de Silva y 唐·迭戈·德·席尔瓦-委拉斯贵支, 1599—1660,西班牙画家 61,140,114,181—182

Vermeyen, Jan　扬·韦尔迈因,约 1500—1559,佛兰德斯战地艺术家　148,151—152

Vernet, Horace　贺拉斯·韦尔内,1789—1863,法国画家　147,148

Vernet, Joseph　约瑟夫·韦尔内,1714—1789,法国画家　11,86—87,148

Vigne, Daniel　达尼埃尔·维涅,1942—　,法国电影导演　164

Visconti, Luchino　卢基诺·维斯康蒂,1906—1976,意大利电影导演　161

Vovelle, Michel　米歇尔·伏维尔,1933—　,法国历史学家　46—47

Wagner, Peter　彼得·瓦格纳,艺术史学家　39,144

Wajda, Andrzej　安杰依·瓦伊达,1926—　,波兰电影导演　160,164

Wallenstein, Albrecht von　阿尔布雷希特·冯·沃伦斯坦,1583—1634,波希米亚将军　141

Warburg, Aby　阿比·瓦尔堡,1866—1929,德国文化史学家　11,33,35,39—40,189

Warburg institute　瓦尔堡研究所　35

Warner, Marina　玛利娜·瓦尔纳,1946—　,英国作家　62

Webber, John　约翰·韦伯,1752—1798,英国绘图师　130

Wellington, Duke of　威灵顿公爵,1769—1852　76

West, Benjamin　本杰明·韦斯特,1738—1820,美国画家　73,77

Westmacott, Richard　理查德·威斯特马科特,1775—1856,英国雕塑家　76—77

Whistler, James A. M.　詹姆斯·A. M.惠斯勒,1834—1903,美国画家　41

White, Hayden　海登·怀特,1928—　,美国批评家　160, 170

White, John　约翰·怀特,活跃于 1584—1993,英国艺术家　18—19, 81, 130

Widerberg, Bo　波·威德尔堡,1930—1997,瑞典电影导演　166

Wilkie, David　戴维·维尔基,1785—1841,苏格兰画家　97, 115, 158—159

Williamson, Judith,　朱迪思·威廉森　95—96

Wind, Edgar　埃德加·温德,1900—1971,德国艺术史学家　35

Witt, Johannes de　约翰内斯·德·维特,访问苏格兰的荷兰人　90—91

Witte, Emmanuel de　埃曼纽尔·德·维特,约 1617—1692,荷兰画家　110

women　妇女　108—114, 135—136, 179

Wright, Joseph　约瑟夫·赖特,1734—1797,英国画家　101—102

Xavier, Francis　弗兰西斯·克扎维埃,1506—1552,西班牙圣徒　123

Zabolotsky, Petr Efimovich　彼特尔·埃菲莫维奇·扎波洛茨基,约 1803—1866,俄国画家　120

Zanker, Paul　保罗·赞克,德国古历史学家　187

Zeitgest　时代精神　31, 36, 40

Zhang Zeduan,　张择端,中国艺术家　108—109

Zompini, Gaetano　加埃塔诺·宗皮尼,1700—1798,威尼斯艺术家　110

致　　谢

本书作者和编辑谨向以下图像资料拥有者允许本书复制这些资料（已有完整文字说明的资料除外），表示诚挚的感谢：

Auckland Art Gallery Toi o Tamaki (presented by the Rutland Group): 13; Bibliothèque Nationale de France, Paris: 9 (Cabinet d'Estampes), 29, 33, 34, 76 (Cabinet d'Estampes, Collection de Vinck); Bildarchiv Marburg: 15; Gérard Blot: 61; photo by permission of the British Library, London: 19; photo © The British Museum (Department of Prints and Drawings): 3, 60; Cambridge University Library: 64; photo © Fitzwilliam Museum, University of Cambridge: 11; photo © The British Museum (Department of Prints and Drawings): 3, 60; by permission of the Syndics of Cambridge University Library: 64; Fogg Art Museum, Cambridge, MA (bequest of Grenville L. Winthrop): 65; Goethe-Nationalmuseum, Weimar (Nationale Forschungs- und Gedenkstätten der klassischen deutschen Litteratur): 50; Library of Congress, Washington, DC, Prints and Photographs Division (US Farm Security Administration Collection): 63; National Gallery of Art, Washington, DC (Samuel H. Kress Collection): 27 (photo © 2001 Board of Trustees, National Gallery of Art, Washington, DC); National Gallery, London: 52 (presented by Lord Duveen through the NACF), 75 (Presented by Sir Richard Wallace); New York Public Library: 5; Nordiska Museets bildbyrå: 46; Philadelphia Museum of Art (John G. Johnson Collection): 67; photo © Photothèque des Musées de la Ville de Paris/Habouzit: 8; RMN, Paris: 1, 61; Royal Archives, Photograph Collection, Windsor Castle: 74 (photo, The Royal Archives © Her Majesty Queen Elizabeth II); Statens Konstmuseer/© Nationalmuseum, Stockholm: 57; Stiftung Weimarer Klassik: 50; Tate Britain, London (Agnes Ann Best bequest): 51 (© Tate, London 2000); University of Pennsylvania Library, Philadelphia, PA (Edgar Fahs Smith Collection: Smith Folio 542.1 G363): 41; Utrecht University Library (Ms. 842): 40; V&A Picture Library/© The Board of Trustees of the Victoria & Albert Museum: 39, 55; photo courtesy of the Warburg Institute, London: 18.